本书得到“中央高校基本科研业务费专项资金”资助
（supported by“the Fundamental Research Funds for the Central Universities”）

Research on the Regulation of Digital Platforms: from the Perspective of Competition Policy

竞争政策视野下
互联网平台规制研究

戴龙　著

法律出版社
LAW PRESS·CHINA
北京

图书在版编目(CIP)数据

竞争政策视野下互联网平台规制研究 / 戴龙著. --
北京：法律出版社，2024
ISBN 978-7-5197-9151-3

Ⅰ. ①竞… Ⅱ. ①戴… Ⅲ. ①网络公司－公司法－研究－中国 Ⅳ. ①D922.291.914

中国国家版本馆 CIP 数据核字(2024)第 098119 号

竞争政策视野下互联网平台规制研究
JINGZHENG ZHENGCE SHIYE XIA HULIANWANG PINGTAI GUIZHI YANJIU

戴 龙 著

责任编辑 李 群 陈 熙
装帧设计 贾丹丹

出版发行 法律出版社
编辑统筹 法规出版分社
责任校对 张红蕊
责任印制 耿润瑜
经 销 新华书店

开本 710 毫米×1000 毫米 1/16
印张 24　字数 288 千
版本 2024 年 7 月第 1 版
印次 2024 年 7 月第 1 次印刷
印刷 三河市龙大印装有限公司

地址：北京市丰台区莲花池西里 7 号(100073)
网址：www.lawpress.com.cn
投稿邮箱：info@lawpress.com.cn
举报盗版邮箱：jbwq@lawpress.com.cn

销售电话：010-83938349
客服电话：010-83938350
咨询电话：010-63939796

书号：ISBN 978-7-5197-9151-3　定价：68.00 元

凡购买本社图书，如有印装错误，我社负责退换。电话：010-83938349

序 言

互联网经济是当今最活跃的经济领域，也是创新与竞争最为激烈的新兴经济部门。从广义上看，互联网经济是以网络平台为核心，以数据为驱动，通过算法和算力提升效率和水平的新型商业形态，和“平台经济”“数字经济”具有相同的概念内涵。自 2007 年苹果推出第一款智能手机以来，以 PC（personal computer）端为代表的互联网经济快速向移动互联网转移，形成以智能手机为载体的新经济业态。这场从 PC 端向移动端转移的智能革命，也被称为“第二次信息技术革命”，以区别于 20 世纪 70 年代以固定终端为载体、以“万维网”为代表的第一次信息技术革命。第二次信息技术革命的突出特点就是各种信息技术创新围绕移动终端进行，实现了移动通信工具和计算机互联的高度一体化，开创了人类科技和经济发展中以智能平台为中心的技术集成和新商业模式。

“互联网经济”这一概念，描述了以有线或无线网络串联起来的一系列经济形态的整体特征，是贯穿第一次和第二次信息技术革命时代的通用术语，也是最早用来描述新兴网络经济的常用说法。如果把“互联网经济”视为代表以网络经济与技术发展的 1.0 阶段，“平台经济”则侧重于描述互联网经历了第二次信息技术革命后形成的以网络平台为核心的新经济模式，是互联网经济的2.0版本。“平台经济”侧重于利用平台的交叉网络外部性特征，发挥平台在双边市场的信息匹配功能，形成了平台既是交易市场又承担起对平台内交易行为进行监管的义务的新型经济业态。当前，人类社会已经进入数字经济时代，所谓“数字经济”体现了数据本身作为生产要素，以大数据、区块链、云计算、人工智能等高新科技开发为特征，形成以平台、数据、算法和算力推动的新型经济形态，反映互联网经济发展到更高水平的3.0版本。

如果说互联网经济还以有形物为交易对象的话，那么平台经济则进入有形物和无形物相互交叉的网络交易时期，发展到数字经济阶段后有形的货物商品逐步让位于无形的虚拟商品，大规模虚拟商品的订购和交付以数据形式在网络空间进行。由此，在数字经济时代，数据成为新型生产要素，不仅推动线下或线上服务业经营范式的革新，也赋能传统工业、农业更新换代，形成了以数字产业化和产业数字化为特征的万物互联场景。数字经济的蓬勃发展，在给各国经济带来新的发展机遇的同时，也给世界各国的国家治理、企业竞争与个人信息保护带来巨大挑战。由于现代国家治理体系基本是在传统工业经济基础上搭建起来的，现行的各项法律制度也是适应工业经济时代发展的需要而制定的，面对全新的数字经济时代出现的新问题，各国治理体系和法律制度都需要做出调整。近年来，世界主要国家均出台了一系列适应数字技术变革的新型法律制度，国际社会也在加快推动适应新型数字经济发展和技术变革的治理体系建设。

在人类社会从农业经济迈向工业经济的第一次工业革命（蒸汽机革命）和第二次工业革命（电气化革命）时期，中国均稍逊于主流国际社会。在世界迎来第三次工业革命（信息化）之际，中国有幸开始改革开放，使中国经济在各个领域都获得快速发展的历史机遇。人类社会现在正在迎来第四次工业革命，在以数据作为生产要素、以数字化为特征的新时期，我国成功地实现了弯道超车，凭借我国市场庞大的数据流量和旺盛的“企业家精神”，不仅缩小了与美、日等发达国家的差距，在某些方面甚至还超过发达国家。如今，中国已经成为世界公认的数字经济大国，这不仅为我国数字经济的发展打下了坚实的基础，也对开展数字社会治理的理论研究提出了更高的要求。

党的二十大提出了建设“中国式现代化”的宏伟蓝图，提出到2035年我国发展的总体目标为，“经济实力、科技实力、综合国力大幅跃升”“实现高水平科技自立自强，进入创新型国家前列”“建成现代化经济体系，形成新发展格局”“全过程人民民主制度更加健全”“人的全面发展、全体人民共同富裕取得更为明显的实质性进展”等。中国共产党领导中国人民坚持理论创新，坚持独立自主，坚持中国道路，创造了人类文明的新形态，拓展了发展中国家走向现代化的新途径。在中国式现代化理论的指导下，我们既要继续鼓励、支持以互联网平台为代表的新兴经济业态的发展，又要将其纳入中国式现代化的法治发展轨道，把科技创新、经济发展与社会公平正义融合起来，构建具有中国特色的数字经济发展与监管模式。

当下，数字技术革命日新月异，加速向经济、社会各领域渗透融合，不断催生出新产品、新业务、新业态，深刻改变着人们的生产、生活和社会交往方式，也改变着国家进行经济管理和提供社会服务的模式。随着网络技术的广泛渗透和跨界融合，全球数字治理体系也面临着一系列挑战，而网络空间的国家安全和数据安全、个人信息与隐私保护、数据确权与交易规则、平台竞争与反垄断规制成为当前互联网平台治理的四大重点领域。梳理国际社会关于数字技术变革达成的共识，探索适应数字经济发展的新型理论和法律制度，总结关于数字经济治理的经验和教训，已经成为我国理论界肩负的历史使命。本书聚焦平台治理问题中的公平竞争和垄断规制问题，通过对互联网平台的多边市场以及天然走向集中的行业特征分析，探讨传统竞争监管法律在应对平台新型反竞争行为规制方面的不足，提出在竞争政策视野下平台规制的基本原则、应对策略和法律构建的建议。

互联网平台治理是最近几年来理论界研究的焦点问题。在本书的写作过程中，为了凸显与先行研究成果的不同，作者带领研究团队查阅了国内外的相关文献，进行了深入、细致的研究分析。作者利用自身从事跨学科学术交流和广泛开展调查研究的优势，克服单纯从学理层面、法理层面进行研究的局限性，力图把学理分析、法理探索和实践研究结合起来，实现跨越法学、经济学、数字技术变革与创新发展的交叉融合分析。因此，本书以竞争政策视野下的互联网平台规制为主线，提出在加强数据安全与信息保护的前提下，要尊重技术创新和经济发展的规律，实现对互联网平台公平竞争与垄断规制的协调理论。作者认为，在当前世界经济发展格局面临百年未有之大变局，数字技术变革进入区块链、大语言模型和交互式人工智能运用为代表的新时期，我国的互联网平台竞争规制应当坚持包容审慎，鼓励创新发展，加强协调治理的监管理念。

当然，由于作者的学识有限，书中有不当之处在所难免，恳请学界同人和阅读本书的读者批评、指正。

目 录

第一章　互联网经济发展中的平台竞争规制问题

以数字技术革新为代表的第二次信息技术革命席卷全球，加速向经济社会的各领域渗透融合，催生了新产品、新业态和新模式，深刻改变着人们的生产、生活和交往方式，也改变着国家进行经济管理和提供社会服务的模式。数字平台企业之间的激烈竞争，一方面激发了互联网公司的技术创新和经营模式创新，催生了众多数字产品和数字服务；另一方面产生了诸如“算法合谋”“二选一”“大数据杀熟”“扼杀式收购”等新问题。本章通过互联网平台竞争的多边市场以及具有天然集中的经济学特征，分析当前平台竞争中的新型反竞争问题，指出传统竞争监管法律在应对互联网平台新型反竞争行为规制方面的不足，为后续各章在竞争政策视野下开展互联网平台规制的基本原则、应对策略和法律规则提供基础理论。

第一节　互联网经济发展的经济学理论

数字经济的蓬勃发展既给人类社会的生产、生活和交往方式带来巨大的改变，也改变了既往的企业运营和竞争方式。经济学家最早对数字市场的平台竞争行为展开经济分析，给我们提供了一幅不同于传统工业经济时代的市场竞争图景。研究数字经济中的竞争和垄断规制问题需要先从平台的经济学特征入手，认识其不同于传统市场交易的典型特征。概括而言，平台企业的运营具有双边市场、规模经济、多重归属和交叉网络外部性等特征，这些特征既对传统的竞争规制理论形成诸多挑战，也给基于传统法律的竞争治理带来新的难题。

一、平台竞争的经济学特征

（一）双边市场

所谓双边市场，一般来说，是指在数字经济领域，基于平台的网络外部性，在一个平台的双边存在能够通过相互作用而共同获益的不同各方。[①] 一方面，平台因为汇集了大量的消费者（用户）而对各种商品的供应商产生强大的吸引力；另一方面，平台又因为汇集了拥有海量商品的供应者而使消费者端的不同需求得到满足。平台双边的各方都通过平台寻找自己的潜在客户或商品，各方又能够通过平台提供的海量信息或商品满足自己的需求。在人类进入数字经济时代以前，政府的角色主要是通过监督线下市场中企业的合法运营，确保市场公平竞争，保护社会公共利益和消费者利益不受侵害。进入数字经济时代后，市场交易通过虚拟的网络空间进行，政府的角色由监管市场转变为监管平台，监管对象也由线下市场转变为网络虚拟市场。所谓“双边市场”仅针对特定的交易双方而言，事实上在平台上存在多方

---

① See Jean - Charles Rochet and Jean Tirole, *Platform Competition in Two - Sided Market*, Journal of the European Economic Association 1, No. 4 (2003), p. 990 - 1209.

经营者（企业）和消费者（客户），加上作为监管者的政府，平台市场整体上呈现出四方主体互动的特征（见图1-1）。因此，双边市场也被称为“多边市场”① 或“多边平台”。②

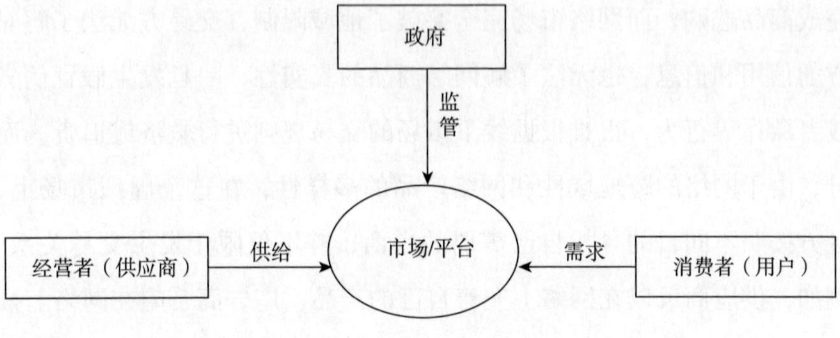

图1-1 数字经济时代围绕平台的各方主体

从图1-1中可以看出，平台成为各方进行市场交易和监管的核心。就经营者（供应商）和消费者（用户）而言，在一般的线下市场交易中，经营者在大型超市或小型集市上提供商品，消费者（用户）挑选自己中意的商品，只要完成了支付手续，交易就告完成。这是一种典型的单边市场模式，大型超市或小型集市只提供交易的场所，买卖方双方直接进行交易，各方之间的权利义务关系非常明确，只要不出现假冒伪劣或欺诈等涉嫌违法行为，并不需要政府的过多干预。现实生活中绝大多数的商品交易采取这种形式，由于线下市场的范围狭窄，交易双方的信用和信息比较透明，即便出现纠纷，交易方

① ［法］让·夏尔·罗歇、［法］让·梯若尔：《双边市场：关于研究进展的报告》，载［法］让·梯若尔：《创新、竞争与平台经济——诺贝尔经济学奖得主论文集》，寇宗来、张艳华译，法律出版社2017年版，第74页。

② ［美］戴维·S. 埃文斯：《平台经济学：多边平台产业论文集》，周勤、赵驰、侯赟慧译，经济科学出版社2016年版，前言第1页。

也可以按照《民法典》、《产品质量法》以及《消费者权益保护法》等相关法律法规解决争议。

但是，进入数字经济时代后，交易各方通过一个虚拟的网络市场完成商品选购，而网络市场完全突破了地域限制，交易方无法了解对方的信用和信息，也无法了解网络商品的真实性，一旦发生假冒伪劣或者欺诈等行为，很难根据线下市场的交易规则进行救济或追责。而且，由于网络的跨地域性和网络产品的多样性，在这个虚拟市场上，各方按照不同目的寻找自己需要的东西，并不仅限于发生交易关系。例如，供应商可以在网络上兜售自己的产品，广告商希望在网络上推出自己的商标、商号以吸引眼球，网络游戏开发商推出各种线上消费的游戏项目，网络视频开发商在网络上推销各种影视产品，新闻媒体直接向用户推送各种报道和信息等。因此，在虚拟网络上发生的可能是需要线下交易才能完成的传统商品买卖，也可能是脱离线下交易的线上数字产品或服务，还可能是完全免费的各类新闻报道、信息等媒介服务。

（二）规模经济

“规模经济”是微观经济学上的一个术语，是指具有自然垄断属性的某些产业，因为初期投入成本巨大，后期收益在用户达到一定的规模后，其边际成本才会随着用户规模的扩大而逐渐递减。过去这些行业主要集中于供水、供电、交通、通信、邮政、航空、海运等公共设施领域，因其初期投入的成本太大而收益周期较长，私人企业缺乏投资能力或动机，需要政府聚集公共资金进行投资建设。数字经济虽然属于私营企业占据主导地位并且竞争激烈的行业领域，但是也具有明显的规模经济特征。这体现在网络平台的创建需要相当的固定成本，而开发、创建和维护这些网络的成本在某种程度上和产量无关，但是如果网络平台的任何一端不能汇集海量的用户或供应商，即达到临界规模，平台对双边市场上的经营者和消费者都因缺乏吸引力而无法维持。

临界规模是指平台能够通过双边市场各方之间的相互依赖效应（正反馈效应）实现自身长期均衡发展所需的最低需求量，即各边的最低参与人数。达到临界规模是自然垄断行业进行持续运营的最低规模，在数字经济中体现为平台一端能否吸引足够的用户，以此为基础吸引另一端的供应商付费支持平台的运营。在达到临界规模之后，平台运营的正反馈效应才会出现。由于数字平台因用户数量的增加而多支出的边际成本几乎可以忽略不计，因而平台双边市场的正反馈效应比普通的自然垄断行业更为明显。

（三）交叉网络外部性

数字平台的规模经济特征牵引出其具有的交叉网络外部性特征。凯慈（Katz）和夏皮罗（Shapiro）教授早在1985年的研究中就提出电信网络存在外部性，即一方用户的效应取决于加入该电信网络的其他用户的数量。[①] 在后续的研究中，学者进一步将网络外部性分为直接网络外部性和间接网络外部性。[②] 直接网络外部性，即直接网络效

---

① See Michael L. Katz and Carl Shapiro, *Network Externalities, Competition, and Compatibility*, The American Review, Vol. 75, No. 3, 1985, p. 424 – 440.

② See Carl Shapiro and Hal. Varian, *Information Rules, A Strategic Guide to Network Economics*, Harvard Business School Press, 1998.

应，是指消费者因为其他具有类似需求的用户都在使用某个商品而认为该商品价值更大，进而自己也使用该商品。直接网络效应会加速催化反应，使产品的扩散更为迅速。例如，腾讯公司推出性能优越的微信产品后，立即吸引了大量用户使用微信，而微信因汇集大量的用户群，使更多的其他非微信用户也转移到微信群，这就是直接网络效应发挥催化作用的结果。由于微信用户的朋友圈都使用微信进行即时聊天，用户只有通过微信才能与其朋友圈进行交流，这使微信本身的价值更大，从而汇集了越来越多的用户。

间接网络外部性，即间接网络效应，是相对于直接网络外部性而言的，是指在一方主体更多地使用某种产品的前提下，另一方主体将会赋予该种产品更高的价值。在数字经济领域，网络平台的一端因汇集更多的消费者（用户），而使其对另一端市场的经营者（供应商）更具有吸引力，促使其提供更多的商品；另外，网络平台因为拥有海量商品能够满足不同用户的需求而聚集越来越多的消费者，消费者的聚集进而吸引更多的供应商提供商品，形成正反馈效应。在网络平台达不到临界规模的情况下，这种正反馈效应也可能转化为负反馈效应，即如果网络平台不能吸引足够的用户就会对另一端的供应商失去吸引力，而商品供应的不足又会加速用户离开该网络平台，使该平台自身的价值降低，最终可能被迫退出市场。

（四）多重归属

多重归属是网络平台不同于传统线下市场的又一特征。在传统线下市场，消费者从一个交易场所寻找不到自己想要的商品时，转移到另一个交易场所需要花费一定的时间或交通成本。但是在数字经济背景下，消费者（用户）可以同时使用多个网络平台，经营者（供应商）也会同时在多个网络平台供应自己的商品。从消费者的角度来说，从一个网络平台转换到另一个网络平台几乎不需要花费成本，只需要在电脑或移动终端上点击几下就完成了交易平台的选择。例如，消费者可能会同时使用天猫、京东商城或亚马逊等网购平台进行购物，用户可能同时拥有多张银行卡，收单商场也能同时刷多个银行卡或信用卡，消费者（用户）几乎不需要花费成本，就能够完成交易平台或支付工具的变更。消费者（用户）可以同时选择不同平台或支付工具的网络特征就是平台的“多重归属”属性，平台也因为用户的这种多重归属特征，使其不得不构思自身的横向差异化或纵向差异化竞争策略。①

综上所述，数字平台的双边市场、规模经济、多重归属和交叉网络外部性特征不同于传统的线下市场，也使其成为数字贸易的核心场所。数字经济以网络平台为轴心，形成了各类经营者（供应商）通过平台发布信息或兜售商品，消费者（用户）也通过平台搜寻自己感兴趣的商品或资讯，各类主体都通过平台满足自己需求的平台生态圈。网络平台不仅成为经营者和消费者进行交易的虚拟市场，其本身也汇集越来越多的功能。大型数字平台因其网络外部性使平台经营者既具有传统自然垄断行业的规模效应，又因消费者（用户）的多归属特征使平台经营者倾向于打造日趋复杂、功能多元的平台生态系统，以强化平台的吸引力和竞争力。数字平台之间的竞争使平台企业

---

① 参见［美］戴维·S. 埃文斯：《平台经济学：多边平台产业论文集》，周勤、赵驰、侯赟慧译，经济科学出版社2016年版，第15页。

不断地通过横向或纵向扩张，汇集越来越多的功能、数据与用户，进一步促使平台经营向头部企业集中，形成了数字平台特有的“赢者通吃”或“一家独大”的市场结构特征。

二、大型数字平台的创新与竞争

现代微观经济学在讨论市场结构时，一般从竞争或垄断程度上把市场分成完全竞争、垄断竞争、寡头垄断和完全垄断四种基本的市场结构模型。在这种理论框架下，不同时期的经济学家依据不同的分析方法，从市场结构（market structure）、市场行为（market conduct）、市场绩效（market performance），即通说的SCP分析范式，分析市场结构、行为合理化与国家政策干预之间的关系。概括而论，哈佛学派以垄断竞争理论为基础，采用静态的实证研究方法，以市场结构为重点，提出竞争干预的“结构主义”政策主张；芝加哥学派以“可竞争市场”理论为依据，重点分析企业的市场绩效问题，提出了竞争干预的“绩效主义”政策主张；新产业组织理论以交易费用理论为基础，采用演绎推理为主的研究方法，提出竞争干预的“行为主义”政策主张。①

应当说，传统的产业组织理论和经济学分析方法很好地诠释了工业经济时代的经济发展问题，为政府在一定情况下进行政策干预提供了相应的理论依据。但是，自20世纪90年代以来，以互联网为代表的信息科技快速发展，带来企业行为和经济生活的巨大变化。特别是自2007年苹果公司推出智能手机并上市以来，世界各国都从借助PC

① 参见牛晓帆：《西方产业组织理论的演化与新发展》，载《经济研究》2004年第3期。

端的固定网络进入以智能终端为代表的移动互联时代，人们的工作、出行、购物和消费方式受到强烈冲击，一场以数字革命和智能互联为特征的新时代拉开帷幕。在这场全新的技术变革和创新驱动之下，企业的经营管理和行为模式都呈现出新格局，固有的经济理论和法律规制受到很大的挑战。事实上，早在数字经济出现之前，已经有少数学者发现，信息产品的特征和高度的技术竞争，使信息经济领域出现了竞争和垄断被双双强化的态势，即市场的开放度越高，竞争就越激烈，技术创新的速度也就越快，所形成的行业垄断性就越强。行业垄断性增强导致市场集中度提高，但市场集中度的提高并没有压制竞争，反而引发更加激烈的市场竞争，在竞争和垄断双强态势的作用下，竞争和垄断这种二律背反的共生现象演化出一种新的市场结构——寡头垄断市场结构。①

寡头型垄断市场结构不仅克服了完全竞争市场中因厂商规模过小而导致创新能力不足的弊端，也克服了完全垄断市场中因缺乏竞争而导致的效率低下的问题，还有效地平衡了垄断竞争市场和传统工业寡头垄断市场中无法双双推动高度竞争和技术创新并存的问题。在新型寡头垄断市场结构下，垄断既是竞争的结果，又是进一步竞争的起点，信息经济背景下除了技术之外几乎不存在其他妨碍有效竞争的障碍，致使垄断不仅无法遏制竞争，反而会使竞争程度加剧。

当技术竞争成为唯一的起决定作用的竞争方式时，高额垄断利润的刺激会使企业长期保持对垄断地位的高度激烈的竞争。在高度竞争

① 参见李怀、高良谋：《新经济的冲击与竞争性垄断市场结构的出现——观察微软案例的一个理论框架》，载《经济研究》2001 年第 10 期。

条件下形成的垄断态势会推动企业向上下游纵向延伸，通过并购等形式在横向上把企业规模做大，在纵向上打通上下游流通机制，而高度竞争和垄断态势又刺激企业进行技术创新，形成了源源不断的创新动力和社会氛围。之所以出现这样奇特的市场结构和竞争机制，是由数字经济时代技术的不相容性定理和信息产品标准化的要求决定的。一方面，互联网平台企业每多提供一个单位信息产品的边际成本为零，企业几乎可以无限制地扩大规模，这导致拥有技术竞争优势的平台企业得益于正反馈机制，加速获得“一家独大”的市场效果；另一方面，信息产品标准化的要求只能容忍一种技术的存在，但某种技术的垄断并不是竞争的最后结果，仅仅是新一轮更激烈竞争的开始，这加剧了互联网平台领域中竞争—垄断—竞争的不断循环，使互联网产业里的垄断地位的取得和失去都越来越快。

寡头垄断市场结构加速了单寡头垄断市场的出现，这一点在数字经济领域里得到验证。① 由于互联网平台的交叉网络外部性特征，达到用户基数临界值的网络平台会形成正反馈效应，产生用户锁定或商品锁定效果，锁定效果进一步增加了用户的转移成本，最终形成互联网平台竞争的“赢者通吃”结果。但是，单寡头垄断市场不同于完全垄断市场，完全垄断市场中只存在一家企业，而单寡头垄断市场是指单寡头企业遥遥领先于其他企业，形成主流市场的垄断地位。在各个细分市场，由于存在不同的个性化需求，借助于互联网信息获取的便利性和市场的全球性，这种细分市场也能形成一定的规模，满足个

① 参见傅瑜、隋广军、赵子乐：《单寡头竞争性垄断：新型市场结构理论构建——基于互联网平台企业的考察》，载《中国工业经济》2014 年第 1 期。

性化需求的厂商也能实现规模经济。由于个性化需求的种类多，数量庞大，相应的厂商数量也多，市场规模总量并不亚于主流市场，因此在互联网行业领域会形成“一超多强”的长尾效应。目前，在数字经济领域，形成了某个行业中一家互联网平台企业独大，其后尾随多个同业竞争的互联网平台企业，维持潜在的“颠覆者”态势，证实了互联网平台的竞争性垄断市场状况。

第二节　互联网平台的新型反竞争行为

互联网平台经济在21世纪初获得快速发展，与此同时各种新型经营模式和竞争行为日新月异，变化迅速。ICT（Information and Communication Technologies）行业发展的摩尔定律[①]反映在平台经济领域，就是平台竞争行为瞬息万变，快节奏和高频率的竞争和创新交织在一起，既推动了技术进步，又带来了从未有过的竞争问题。概括而言，互联网平台的新型反竞争行为可以概括为不正当竞争行为和垄断行为。

一、平台新型不正当竞争行为的规制

基于平台双边市场的交叉网络效应，平台能否吸引用户就成为各大互联网企业生死攸关的竞争力体现。由于平台经济的市场进入门槛

① 摩尔定律是由英特尔创始人之一戈登·摩尔（Gordon Moore）提出来的。其内容为：当价格不变时，集成电路上可容纳的元器件的数目，约每隔18~24个月便会增加一倍，性能也将提升一倍。换言之，每一美元所能买到的电脑性能，将每隔18~24个月翻一倍以上。这一定律揭示了信息技术进步的速度。

较低，互联网平台经营者不得不构思自身的差异化竞争策略，而用户自身因时间和精力有限，其注意力如何分配就成为平台竞争的稀缺资源。只有获取用户的注意力，才会产生网络数据流量。大量的网络流量数据可以为平台企业收集用户的相关信息提供基础。用户数据就是网络用户浏览网络时留下的蛛丝马迹，由用户数据的汇集、加工、聚合、处理后形成的大数据成为数字经济时代的新型生产要素，因此，平台经济又有“流量经济”和“大数据经济”之说。

用户注意力的有限性和基于注意力而产生的数据流量的生产要素特征，引发了平台经营者花样繁多的新型网络竞争行为。概括而言，互联网平台的新型竞争行为有：(1) 流量劫持；(2) 网络商业抄袭；(3) 强制搭售或捆绑插件；(4) 屏蔽、恶意影响用户端其他服务或产品；(5) 恶意干扰、修改或欺骗、诱导、误导、强迫用户修改参数；(6) 恶意抢注或使用他人的域名；(7) 恶意软件不兼容、恶意卸载；(8) 对搜索结果进行人工干预；(9) 未经许可商业性使用他人网络产品或服务；(10) 垂直搜索超过必要限度；(11) 违背通用技术协议恶意抓取数据；(12) 利用优势地位，推荐或优待自家产品；(13) 掠夺性定价或交叉补贴；(14) 垂直挤压，强迫用户和商家进行“二选一”；(15) 利用算法实施价格歧视，大数据杀熟；(16) 滥用知识产权和标准必要专利（SEP）；(17) 对初创企业进行扼杀式收购，掐尖并购，等等。上述行为，已经远远超出了传统的不正当竞争行为或垄断行为的范围，具有互联网平台竞争的新特点和新模式。

互联网平台的新型不正当竞争行为成为世界各国理论界和实务界关注的对象，传统大陆法系国家通过修改反不正当竞争法或者新增立法试图将其纳入规制范围。我国于 2017 年修订了《反不正当竞争法》，新增第 12 条（所谓“互联网专条”），用于规制网络行业的新型不正当竞争行为。“互联网专条”禁止经营者利用技术手段，通过影响用户选择或其他方式，实施妨碍、破坏其他经营者合法提供的网络产品或者服务正常运行的行为。该条通过具体列举加兜底条款的方式，对互联网行业的新型不正当竞争行为进行规制，但是由于互联网行业处于动态变化之中，通过列举的做法很难穷尽未来出现的新型不正当竞争行为类型。而被“互联网专条”明确列举的禁止性行为就成为经营行为的禁区，未来出现的新型不正当竞争行为可能并不能被“互联网专条”所覆盖，因而“互联网专条”面临一出台就可能已经落伍的弊端。

二、平台新型垄断行为的规制

互联网平台的新型垄断行为主要体现为利用算法实现合谋，利用平台优势地位实行价格歧视或排他交易，对初创企业进行扼杀式收购等方式。传统大陆法系国家通过修改立法或者新增立法试图将其纳入规制范围。对互联网新型反竞争行为中符合垄断行为特征的，理论上可以由《反垄断法》进行规制。传统反垄断法的规制对象包括垄断协议、滥用市场支配地位和经营者集中规制。但是，这些利用平台实施的垄断行为与传统《反垄断法》所禁止的垄断行为相比具有更加隐秘和难以取证的技术特征，在行为外观上也很难适用传统《反垄断法》的规制标准。因此，我国《电子商务法》立法时，在第 22 条将电子商务经营者拥有技术优势、用户数量、对相关行业的控制能力以及其他经营者对该电子商务经营者在交易上的依赖程度，作为替代

《反垄断法》第 18 条规定的相关市场支配地位认定因素，成为判断电子商务经营者是否拥有市场支配地位的新标准。①

2022 年 6 月 24 日，我国第十三届全国人民代表大会常务委员会第三十五次会议修订通过了《反垄断法》，使这部实施了将近 14 年的《反垄断法》以全新的面貌出现在世人面前。2022 年《反垄断法》力图解决过去十余年间法律实施过程中出现的问题，回应数字经济时代竞争与垄断问题的挑战，在维持反垄断法律制度基本架构的前提下引入针对垄断协议的“双罚制”和“安全港”制度，新增“经营者集中审查‘停表制度’和分级分类审查制度”，开创了《反垄断法》走向本土化和超越发达经济体反垄断法律制度的新篇章。②

《反垄断法》的任务是预防和禁止那些影响市场竞争秩序，具有严重排除、限制竞争效果的垄断行为。2022 年《反垄断法》增设第 9 条，把“经营者不得利用数据和算法、技术、资本优势以及平台规则等从事法律禁止的垄断行为”列入总则的原则性规定，体现了我国政府既要推动数字经济的创新发展，又要加强对平台竞争行为法律的规范和引导，在立法上进行“规范与发展”并重的立场。除了总则第 9 条关于数字经济竞争规制条款之外，在滥用市场支配地位规制部分增设了第 22 条第 2 款，该款规定：具有市场支配地位的经营者不得利用数据和算法、技术以及平台规则等从事滥用市场支配地位的行为。这一规定和总则第 9 条形成呼应。但总则的原则性规定的范围

① 全国人大财经委电子商务法起草组编：《中华人民共和国电子商务法解读》，中国法制出版社 2018 年版，第 115 ~ 122 页。

② 关于新《反垄断法》的立法创新和制度特点，笔者归纳了《新反垄断法十大特点整理》，于 2022 年 6 月 27 日刊登在公众号“三见道智库”。

更加宽泛，除了涵盖滥用市场支配地位的行为规制之外，还包括垄断协议规制和经营者集中规制的相关问题。从实践层面来看，前述算法合谋其实就是数字平台企业利用数据、算法和技术实行垄断协议的表现形式，而所谓“掐尖收购”或“扼杀式并购”问题，可以归类为利用“资本优势”实施排除、限制竞争的经营者集中行为。

第三节 互联网平台竞争监管面临的挑战

数字经济领域反垄断问题是世界各国同时面对的新型竞争监管问题，一些国际组织（如经济合作与发展组织、世界贸易组织、联合国贸易和发展会议、世界银行等）和主要经济体开展了大量研究，提出了一系列应对数字平台反垄断问题的政策建议。少数国家则启动相应的立法或修法程序，以应对日益显现的平台反垄断问题。世界上的主要经济体也加大了竞争执法力度，针对跨国互联网平台企业的反垄断案例日趋增多。概括而言，体现在以下几个方面。

一、理论挑战：传统反垄断理论的滞后与不足

反垄断法的理论可以追溯到从自由资本主义发展到垄断资本主义阶段所产生的社会经济问题。资本主义国家经历了工业革命之后，在社会经济的各个领域都产生了独霸一方的工业巨头，这些工业巨头垄断了国家的经济命脉，对内欺压中小企业，剥削消费者，对外实行兼并扩张，阻碍技术进步，已经动摇了资本主义赖以生存的经济民主和自由竞争。为了拯救资本主义制度，发达资本主义国家开始利用反垄断法规制大型工业企业，维护中小企业和消费者的利益。1890 年，

世界上最早的美国《谢尔曼反托拉斯法》，就是在这种背景下通过的。后来，美国国会又通过制定《克莱顿法》和《联邦贸易委员会法》，构筑起一整套完整的反垄断法律制度。可以说，美国反垄断法律制度就是为了应对垄断资本主义时期的工业垄断问题，通过法制手段维护公平竞争的市场秩序和追求民主、自由的资本主义制度。

美国反垄断法诞生以后，先是以哈佛学派为代表的结构主义规制学说长期指导法律实施，形成了反垄断法以重点规制大企业垄断行为、肢解垄断企业为主的做法。20 世纪 70 年代后芝加哥学派兴起，主张不以市场结构而以市场行为作为判断企业行为是否违法的主要标准，并逐渐成为指导反垄断法实施的经济理论。后来芝加哥学派进一步完善反垄断法的分析方法，形成了延续至今的以经济效率和消费者福利作为评价反竞争效果的经济分析理论。当前，世界主要国家大都学习和借鉴美国反垄断法的理论分析和实践经验，形成了比较完备的反垄断法学和经济学分析理论。

进入 21 世纪以来，世界经济发展进入以平台竞争、数字技术和人工智能为代表的数字经济时代。数字经济对人类以往形成的理论体系和法律规范形成全方位挑战，世界各国都面临调整现有制度以适应数字经济发展带来的诸多挑战的问题。但是，数字经济的快速发展使人类社会来不及深入思考就被迫做出回应，以解决数字革命产生的技术不透明、歧视与公平正义等问题。在数字经济时代，市场创新瞬息万变，动态竞争特征明显，经营者即便占据很高的市场份额也不能高枕无忧，反而时刻面临新技术和新商业模式创新带来的高强度竞争。数字平台企业的低成本扩张、免费服务甚至反向补贴，也使传统反垄断法以价格、成本分析为特征的诸如“阿里达－特纳”测试、“假定的垄断者（SSNIP）”测试、赫芬达尔（HHI）市场集中度指数分析不再有效。而数字经济时代特有的以互联网平台为核心的双边市场、垂直挤压、自我优待以及对潜在竞争对实施扼杀式并购或封禁行为等，都难以在现有理论框架内得到合理解释。

因此，数字经济时代的技术革新和动态竞争对传统反垄断法的基础理论提出了严峻挑战，固守于工业经济时代的政治经济理论和法律规范已经不足以解决数字经济发展中出现的新问题。在国际上，以美国学者为代表，发起了反托拉斯法需要重返结构主义规制，维护竞争法制多元价值追求的新布兰代斯运动。[①] 在国内，我国学者中也有人提出需要重构反垄断法的分析范式和制度架构的主张。[②] 习近平总书记指出，“当今世界正在经历百年未有之大变局”，数字经济时代在提出全新挑战的同时，也带来超越传统反垄断法与发达国家知识理论的历史机遇。平台经济发展中的新问题，需要我们重新审视现有的政治经济与法律理论，重新思考反垄断法在新时期的定位与使命。为此，我国理论界不能固守任何传统理论和教条，而是要积极响应时代的号召与要求，勇于探索新的知识领域，寻求平台经济可持续发展的治理体系和法治理论。

二、制度挑战：适应平台经济动态竞争与创新的制度匮乏

反垄断法构筑了以规制垄断协议、滥用市场支配地位和经营者集

---

① See Lina M. Khan, *Amazon's Antirust Paradox*, The Yale Law Journal, Volume 126, No. 3, January 2017, p. 710 – 805.

② 参见杨东：《论反垄断法的重构：应对数字经济的挑战》，载《中国法学》2020 年第 3 期。

中控制为核心的制度框架。传统反垄断法律制度建立在以市场结构和效率分析的理论基础之上，对垄断行为进行行为合理性与符合消费者福利的综合评估。然而，传统反垄断法的“三大支柱”，在应对数字经济时代的平台竞争新问题时显得捉襟见肘。随着平台经济的崛起，平台在组织、帮助经营者达成和实施垄断协议方面的作用越来越大，但平台和达成并实施垄断协议的经营者之间并不明显表现为横向或纵向关系，不能简单地套用横向或纵向垄断协议的规范。在苹果电子书案中，美国法院对这种所谓“轴辐协议”，启用了本身违法原则进行违法认定。我国近年来也出现了大量涉及“轴辐协议”的案例，但是囿于《反垄断法》的结构性缺陷，我国行政执法机关只能转用滥用共同支配地位等条款进行规制或者只对达成协议的某一方实施处罚，这显然无法对实施垄断行为的各方进行有效、合理的规制。①

滥用市场支配地位规制最能反映传统反垄断法结构性规制的特征，其确立的以市场份额为核心的支配地位认定标准，对工业经济时代企业需要经过较长时间的竞争才能建立起稳定的市场支配地位是适合的，但是在市场瞬息万变的数字经济时代，仅凭市场份额就推定企业具有支配地位已经越来越不符合市场竞争的现实。正因如此，在奇虎诉腾讯滥用市场支配地位案（3Q 大战）中，即便腾讯 QQ 在即时通信市场的份额高达 80% 以上，但在整个即时通信领域平台化竞争仍然日趋白热化的背景下，最高人民法院驳回了奇虎公司对腾讯公司滥用市场支配地位行为的指控。在数字平台竞争中，平台之间为争夺

---

① 参见戴龙:《论组织帮助型垄断协议的规制——兼议我国〈反垄断法〉的修订》，载《法学评论》2021 年第 1 期。

用户的注意力和广告主的相互竞争跨越了由产品或者服务所划定的界限，给经营者施加了足够强大的竞争约束，数据流量和用户数量正在成为平台企业竞争力的源泉。以数据、算法为特征的新型竞争行为，正在取代传统工业企业建立在市场份额基础上的结构性竞争优势，成为评估平台企业市场支配力量的新型考虑要素。①

传统反垄断法建立了以营业额规模和横向并购为主要对象的经营者集中规制，这在互联网平台的跨界并购中也遭遇了挑战。首先，营业额规模反映了工业经济时代大企业实施并购交易时改变市场结构的竞争影响，却未必能够反映平台企业收购中小型创新企业的真实意图。在数字经济时代，大型平台企业收购的重点并不是能够改变市场结构的其他大型平台，而是当前规模不大却掌握了某一核心技术和新商业模式的创新企业，收购的目的在于掌握未来技术发展和商业经营的制高点，或者是消灭潜在的竞争对手。收购这类创新企业并不会改变当下的市场竞争结构，也看不出会产生明显的排除、限制相关市场的竞争效果。其次，数字平台发起的所谓“扼杀式并购”的营业额基本上达不到现有反垄断法的经营者集中的申报标准，使其能够轻易逃避依法申报和接受审查的义务。在我国已经发生的平台企业并购案中，被收购企业多是初创企业，被收购时大多面临“要么被收购，要么被消灭”的局面。这种所谓扼杀式并购不属于横向并购，反而是传统反垄断法并不关注的混合并购，这类并购却让未来可能的竞争对手成为大型平台企业的囊中之物。

---

① 参见戴龙：《论我国〈电子商务法〉竞争规制条款的适用》，载《法治研究》2021 年第 2 期。

三、实践挑战：反垄断执法机构的执法能力不足

面临数字经济时代平台竞争出现的新问题，反垄断执法机构进行调查执法时显示出能力不足的问题。首先，互联网平台之间的竞争大多在网络虚拟空间展开，行为具有转瞬即逝与很难取证的特点，这对习惯于留取有形物体的执法机关来说是一个全新挑战。虽然执法机构可以通过截屏、复制软件材料以及扣押手机、电脑等物质载体的方式获取初步的证据材料，但是如何分析在虚拟空间展开的竞争行为，如何提取和解构虚拟竞争行为的数据凭证，都成为反垄断执法遭遇的新型问题。

其次，平台企业开展竞争时采用的算法具有很强的技术性和隐蔽性，反垄断执法人员并不是熟悉计算机技术的专家，而熟悉计算技术的专家未必熟悉法律，怎样识别算法技术的合法与否，如何在算法与法律之间建立违法行为的逻辑分析框架，是一个崭新的技术与法律问题。例如，当前学界讨论较多的“算法合谋”与“大数据杀熟”，本质上是利用算法实行的协同或歧视行为，在对其进行违法性认定时，不能仅凭形式就判断其符合反垄断法的协议或滥用行为，还需要判断算法技术上的不合理性与非效率性，要考量技术本身超出市场主体主观预期等因素，而这些工作显然已经超出传统反垄断法执法的考虑因素。①

最后，当前各国反垄断法实施都非常注重经济分析，进行行为的

---

① 参见丁国峰：《大数据时代下算法共谋行为的法律规制》，载《社会科学辑刊》2021年第3期。

反竞争效果和经济效率的综合评估，从而决定是否对企业的竞争行为进行反垄断监管，防范出现牺牲经济效率的过度执法（假阳性错误）和执法不足（假阴性错误）。[①] 在平台经济领域，基于平台竞争的双边市场、多重归属、交叉网络外部性以及动态创新等特征，对平台竞争行为的分析更加复杂和多样，对竞争执法人员的能力要求更为高阶和多元。反垄断执法人员一般以法学专业见长，并不具有专业的经济分析能力，这也显示了反垄断执法机构应对平台竞争评估的能力不足问题。

第四节　小　　结

自 2007 年苹果公司推出第一款智能手机以来，以 PC 端为技术集成的第一次信息技术革命快速向移动互联网转移，形成了以移动智能终端为核心的新经济业态，开启了所谓“第二次信息技术革命”，标志着人类社会进入了数字经济时代。在数字经济时代，以互联网平台为核心的企业竞争和经营模式都呈现出不同于传统工业经济时代的新特征，也对传统以反不正当竞争法和反垄断法为主的竞争监管法律构成严峻挑战。我国为了应对数字平台竞争的新特征，通过修订《反不正当竞争法》和《反垄断法》，增加应对互联网平台新型反竞争行为的新规定。然而，通过立法作出禁止性规定后，被禁止的反竞争行为也就成为企业经营和竞争的禁区，面对互联网平台层出不穷的

---

① 参见［美］戴维·S. 埃文斯：《平台经济学：多边平台产业论文集》，周勤、赵驰、侯赟慧译，经济科学出版社 2016 年版，第 507 页。

技术创新与动态竞争，法律也就不可避免地成为滞后性的规定。当前，世界主要经济体都面临立法跟不上市场变化，竞争法制始终面临滞后于竞争行为发展的挑战，这也成为理论界和实务界不断进行研究，以动态更新的制度变化应对不断翻新的市场需要的主要动力。

第二章　世界范围内互联网平台规制的强化

世界经济发展进入数字经济时代，数字市场带来全新的生产、生活和消费观念，大大提高了生产和社会的运营效率，也改变了传统市场的市场结构和竞争状况。迄今为止我们所建立起来的政治、经济与法律制度都是过去工业经济时代的产物，是适应工业经济社会的生产与生活、竞争与发展的制度。在人类进入数字化时代后，传统建立在工业经济基础上的法律制度正面临严重挑战。为了弥补数字经济时代互联网规制的空白，美国、欧盟、德国、日本、俄罗斯等域外国家（地区）近年来都加强研究，加大对互联网平台监管的对策与措施，尤其是大力加强对数字市场反垄断规制的研究。虽然当下各国（地区）尚未形成普遍的监管共识，但加强互联网平台竞争的反垄断规制已经逐渐落实到各国（地区）的实践中，深刻地影响着互联网平台经济的创新与发展。

第一节 美国互联网平台经济规制的新动向

一、美国互联网平台规制理论——“新布兰代斯运动”

新布兰代斯运动是在美国新近掀起的一场针对反垄断改革的讨论。如何对数字经济时代下的互联网巨头们展开反垄断调查已经成为美国的社会热点，这不仅引起全民热议，各政党也就此争先表态。2019 年 7 月，时任总统特朗普指令美国司法部加强对互联网平台企业的反垄断调查。2020 年 10 月 6 日，美国众议院司法委员会发布了《数字市场竞争调查》报告，对以脸书（Facebook）、亚马逊、谷歌、苹果为代表的数字平台企业滥用市场力量从事垄断行为进行分析，建议加强反垄断法立法，恢复对平台企业的反垄断执法。[①] 2021 年 2 月 4 日，美国参议院参议员科罗布彻（Amy Klobuchar）提出了《竞争和反垄断执法改革法案》。[②] 学者、记者、律师、政界和社会组织也加入了推动这场“运动”，参与美国反垄断改革的讨论中。2017 年，莉娜·可汗（Lina Khan）在耶鲁法学期刊发表的论文 *Amazon's Antitrust Paradox*（亚马逊的反垄断悖论）更被视为新布兰代斯运动的引

① Subcommittee on Antitrust, Commercial and Administrative Law of The Committee on the Judiciary, Investigation of Competition in Digital Market, 2020, available at https://judiciary.house.gov/news/documentsingle.aspx? DocumentID = 3429. Last viewed on 28 February, 2023.

② New Releases, Senator Klobuchar Introdeces SweepingBill to Promote Competition and Improve Antitrust Enforcement, Februry 4, 2021, available at https://www.klobuchar.senate.gov/public/index.cfm/news-releases? ID = A4EF296B - 9072 - 4244 - 90AF - 54FE43BB0876. Last viewed on 28 February, 2023.

起原因。[①]

在过往的数十年间，美国反垄断执法深受新自由主义经济学思潮的影响，对数字经济领域的新型反垄断问题一直采取宽松政策。但在最近几年间，美国反托拉斯态度发生了很大的转变，在数字经济领域呈现出收紧互联网平台的反垄断规制倾向，这也被称为“新布兰代斯运动”。[②] 为了理解以“新布兰代斯运动”为代表的反托拉斯新政策的主张，有必要对美国“二战”结束后的反托拉斯理论进行梳理，以比较和澄清美国反托拉斯政策在不同历史时期的特征和变化。

（一）美国反垄断监管思想之始——“哈佛学派”

哈佛学派是指 20 世纪 30 年代至 60 年代，由一批哈佛大学的学者形成的比较完整的产业组织理论，其观点最早起源于 1938 年，梅森在哈佛大学对市场竞争过程中对市场结构、市场行为及其市场结果进行的经验研究。[③] 哈佛学派在竞争理论中主张，必须运用竞争政策对市场结构和市场行为进行干预、调节以保持有效竞争，其认为行业高度整合不利于自由竞争，政府必须对市场集中进行干预。哈佛学派被称为“结构主义学派”，他们运用“S（structure）- C（conduction）- P（performance）模型”，即通过市场结构、企业行为和市场绩效的因果关系分析，认为特定的市场结构预示着一定的企业行为，而一定的

---

① See Lina M. Khan, *Amazon's Antirust Paradox*, The Yale Law Journal, Volume 126, No. 3, January 2017, p. 710 - 805.

② Lina Khan, *The New Brandeis Movement: America's Antimonopoly Debate*, Journal of European Competition Law & Practice, 2018, Vol. 9, No. 3.

③ 参见王忠宏：《哈佛学派、芝加哥学派竞争理论比较及其对我国反垄断的启示》，载《经济评论》2003 年第 1 期。

企业行为又导致一定的市场绩效。[①] 在这个由结构到行为，再由行为到绩效的推理中，哈佛学派认为，可以从一定的市场结构中推导出一定的市场绩效。衡量市场结构的一个重要标准是市场集中度，市场绩效的主要标准便是利润率。结构主义学派通过实证分析得出结论：在一个由一家企业或者几家企业构成的垄断或寡头型产业中……少数企业之间很容易进行共谋或者协调行动，通过设定很高的市场进入门槛阻止其他企业的进入，在这种情况下就会出现市场竞争减弱、产生高额利润以及资源配置被扭曲的不良后果。这个“集中度—利润率”的假定表明，在某个市场中如果具有支配力的企业数量增加，经济上就会出现垄断的危险，为了恢复和维持市场的有效竞争，必须执行企业分拆、禁止合并等维持竞争性市场构造的反垄断政策。

哈佛学派的结构主义理论对美国反托拉斯法的执行产生了很大影响，在“二战”结束后至20世纪70年代相当长的时间内成为美国政府制定反垄断政策的依据。哈佛学派的研究相当于论证了“大即原罪”，在判断企业是否涉嫌垄断时，只需要看其市场结构，其市场集中度的高低、企业数量多少及规模大小。在这一理论的指导下，美国反托拉斯法对大企业执行比较严格的分拆政策。但是，过严的反垄断政策限制了美国企业追求规模效益的动机，随着经济全球化的进程加快以及战后日本与德国经济的快速发展，美国企业在与日本等新兴国家企业的竞争中居于劣势，才迫使美国政府重新检讨其过严的反托拉斯政策。

---

① See Herbert Hovenkamp, *The Antitrust Enterprise*: *Principle and Execution*, Harvard University Press, 2005, p. 35 – 38.

在这个阶段，美国反垄断部门对大型企业的态度十分强硬，司法部提出的反垄断诉讼案胜诉率为38% ~100%。实施哈佛学派的竞争理论使美国在20世纪80年代以前，有效地阻止了垄断势力的发展。首先，阻止了生产的高度集中，美国制造业近半数部门所形成的寡头垄断的市场结构在70年代没有得到强化；其次，限制和削弱炼铝、屠宰、卷烟和石油等工业部门的垄断势力。[①] 1974年，美国司法部反托拉斯局起诉美国电话电信公司滥用在电信设备市场的垄断地位，把竞争对手逐出设备和长途电话服务市场，在长达多年的诉讼后，美国电话电信公司最终同意了反托拉斯局的裁决方案，被拆分成7个公司。1984年，美国司法部依据《反托拉斯法》拆分美国电话电信公司，分拆出一个继承了母公司名称的新AT&T公司和7个本地电话公司，美国电信业进入竞争时代。

今天看来，哈佛学派的结构主义学说代表了经济发展前期阶段的一种市场绩效分析，在当今生产越来越全球化、企业竞争越来越趋于综合性和制度化的时代背景下，显得有点过时。但是，哈佛学派实施的“S-C-P模式”对今天的竞争分析仍具有一定的借鉴意义，体现在：在判断一个市场的竞争结构时仍然把市场集中度（主要考虑市场份额）作为一个重要的考虑因素，市场份额仍然是各国进行经营者集中审查的一个重要标准，针对经营者集中的救济方案一般仍以结构性救济（资产剥离）为主，等等。

---

① See Herbert Hovenkamp, *The Antitrust Enterprise*: *Principle and Execution*, Harvard University Press, 2005, p. 35 -38.

（二）美国过去互联网平台规制的主导思想——“芝加哥学派”

芝加哥学派是以20世纪50年代芝加哥大学的一批经济学家和法学家为主体的一个思想流，该学派以探讨产业组织理论见长，但形成与哈佛学派的经济理论完全不同的学术观点。芝加哥学派同样运用“S-C-P模式”分析经济行为，但其看重的恰恰是被哈佛学派忽略的市场行为，认为不能从一定的市场结构推论出必然的市场绩效，市场绩效只能根据企业的市场行为进行具体问题具体分析。因此，芝加哥学派又被称为“行为主义学派”。芝加哥学派通过对“完全竞争”及“垄断”的传统价格理论的分析，认为经济政策追求的目标应当是经济效率，实现经济效率的最佳途径便是尽可能地少干预市场，让市场自身实现资源的优化配置。芝加哥学派批判哈佛学派主张的“构造主义经济”理论，认为其在很大程度上没有证明企业的市场行为一定会导致客观的限制竞争效果，反而主观推论得出一定的市场集中度就意味着垄断利润，完全忽视了适度集中产生的经济效率的提高。[①] 在芝加哥学派的眼里，诸如企业垄断价格等行为本身会促使潜在的竞争者加入竞争行列，固定转售价格反而有利于强化品牌间的竞争并可以防止“搭便车”的行为，企业合并有利于发挥企业的规模效益并提高经济产出，而所谓的进入壁垒以及产品差别化行为更具有促进竞争作用。由此，芝加哥学派认为，除了一些无法饶恕的价格卡

---

① Herbert Hovenkamp, *The Antitrust Enterprise*: *Principle and Execution*, Harvard University Press, 2005, p. 32-35.

特尔、市场分割、因专利许可或者政府管制而产生的进入壁垒以及具有实质性限制竞争效果的企业合并之外，竞争主管部门大可不必介入可以由市场自行调节的市场行为中。

芝加哥学派的观点和新自由主义的思想理念是一脉相承的，其核心价值在于，相信市场在促进竞争中的基础作用，极力排斥政府部门的过度干预。芝加哥学派的主张在 20 世纪 80 年代被里根政府广泛采纳，成为拯救美国经济下滑趋势，加强美国企业竞争力的政策转变。在里根政府时期，美国反托拉斯法的实施得到大幅缓和。随着经济全球化和信息技术革命的兴起，一大批芝加哥学派的经济学家和法学家走上美国反托拉斯法实施的前台，推动了所谓的“反托拉斯革命”。[①]芝加哥学派的经济效率思想不仅对美国，而且对其他具有反垄断法的国家产生了深远的影响。直至今日，追求经济效率仍是各国反垄断法的共同目的。

芝加哥学派在 20 世纪 70 年代后逐渐成为美国反垄断司法的主导思想，该学派认为市场结构主要是通过市场“自然力量”产生，应当以经济学的方法解决经济学的问题，发挥市场作用，减少政府介入。在芝加哥学派代表人物波斯纳大法官撰写的《反垄断法》一书中，他把反垄断的主要目标设为维护消费者福利，在他看来，对大型企业采取过于严厉的反垄断措施显然不利于实现这个目标。[②] 芝加哥学派的另一领军人物是美国保守派法学泰斗罗伯特·伯克。伯克曾明

---

① 参见［美］J. E. 克伍卡、［美］L. J. 怀特编著：《反托拉斯革命——经济学、竞争与政策》（第 4 版），林平、臧旭恒等译，经济科学出版社 2007 年版，导言，第 1－5 页。

② 参见［美］理查德·A. 波斯纳：《反托拉斯法》（第 2 版），孙秋宁译，中国政法大学出版社 2003 年版，导言，第 2 页。

确表示自己的反垄断立场受芝加哥学派的影响，他认为美国国会执行《谢尔曼反垄断法》的目的不仅是推动市场竞争，更重要的是保护消费者权益。芝加哥学派以“消费者利益”为反垄断的目标的观点，也多次被适用在美国最高联邦法院的反垄断判决中。

在以“消费者利益”为标准的反垄断司法主导思想影响下，美国过去以宽松的政策规制互联网平台。在该主导思想下，只要平台提供有利于消费者利益的产品和服务，那么政府便不该干涉和介入监管平台管理，从而更好地发挥市场作用。1998 年，美国司法部起诉微软利用 OS 操作系统的垄断地位进入浏览器市场，排除其他竞争对手，联邦地区法官曾经下令分拆微软，但微软在上诉法庭与司法部达成和解，同意开放 IE 浏览器的工具栏功能以便用户使用第三方搜索引擎，成功逃过了被分拆的命运。这一举措被认为遏制了微软的垄断行为，其催生的互联网竞争环境使谷歌等科技公司在美国获得了崛起的机会。

在 1998 年微软反垄断诉讼后的 20 年间，美国没有再对科技巨头提起真正重量级的反垄断诉讼。在芝加哥学派的竞争理论下，美国对大型企业的态度逐渐温和，不但反垄断行动日渐减少，类似拆分等严厉处罚也日趋消失。谷歌、亚马逊、脸书和苹果等科技巨头之所以能在短短的 20 年间发展成四大互联网企业，很大程度上得益于美国反垄断司法采取的宽松的监管模式。

（三）美国“新布兰代斯学派”的崛起

2017 年，莉娜·可汗（Lina Khan）在耶鲁法学期刊发表的《亚马逊的反垄断悖论》一文引起人们对反垄断准则的重新思考：如果反垄断的准则仅以消费者享受了更低的价格来判定竞争状况良好，那么亚马逊无疑是十分出色的，但很可惜，证据显示平台市场的竞争正在失去活力，产业日益向一两个巨人的周围集中，缺乏竞争将会导致一系列范围更广的风险和更严重的病症。[①]

互联网巨头在宽松监管的红利下迅速崛起，由于数字市场的结构特征之一是市场高度集中和赢者通吃，再加上数据优势、规模效应和转移成本等进入壁垒，因此这些互联网平台巨头已然成为数字市场资源分配的“守门人”（gatekeeper）。随着互联网巨头滥用其数字市场垄断地位，通过设定平台条款打压竞争者从而压制行业创新、侵害公民的隐私和个人数据，甚至危害新闻自由、民主制度和经济自由，越来越多的人认为美国存在垄断问题，人们开始质疑美国过去一贯奉行的互联网平台规制的主导思想。

正如美国《数字市场竞争状况》调查报告所述，“竞争一直是美国经济活力的关键引擎，数字经济尤其如此”。在美国反垄断改革的讨论中，新布兰代斯学派随之崛起。新布兰代斯学派是美国新崛起的一个反垄断思想流派，与美国主流学派中芝加哥学派的观点存有分歧。该学派的名称源于美国最高法院大法官（1916—1939）路易斯·布兰代斯，其认为反垄断是在民主的基础上构建工具和哲学基础。布兰代斯受麦迪逊思想的影响，担心经济权力的集中很大程度上会导致政治权利的集中，甚至会危害到美国的“民主”制度。

新布兰迪斯学派的核心观点是把反垄断与政治挂钩，它认为高度

---

① See Lina M. Khan, *Amazon's Antirust Paradox*, The Yale Law Journal, Volume 126, No. 3, January 2017, p. 710 – 805.

集中的市场结构会导致经济权力的集中，从而侵蚀以分权为基本理念的“民主”制度。该学派不认为大企业必然会滥用市场支配地位，相反，它认为某些行业本身就倾向于垄断的。互联网行业正是其中一例，在以平台经济为主导的互联网行业中，平台通过强大的网络效应以及庞大的规模优势与聚合优势扩张自身的影响力，市场集中度和垄断性日益增加。因此，反垄断并不是反对“企业规模大”，其目的应当是防止大企业滥用这些垄断性引发的排除竞争、干预新闻自由和政治自由等。

此外，与强调以消费者利益和对效率影响的芝加哥学派不同，新布兰代斯学派更加强调“市场结构和竞争过程”，强调过度集中的市场结构会对民主政治产生不利的影响。新布兰代斯学派的代表人物莉娜·可汗（Lina Khan）认为，芝加哥学派侧重于是否为消费者带来利益的结果理论，其实际上是扭曲了美国的反垄断制度，反垄断机构和法院对结果的过于关注将会导致其忽视其他反垄断制度的目的，比如企业滥用市场支配地位虽然没对消费者的利益造成损害，但损害了供应商、创新者和独立企业家等利益。[①] 在数字经济时代下，数字平台的市场架构和竞争状况明显不同于传统线下市场，相较于传统市场竞争主要依赖实体资产，主导数字平台竞争的主要元素是数据和算法。数字平台市场的竞争也不同于传统的市场，它不以价格为竞争核心。例如，互联网平台通常会通过提供免费的服务，从而获取大量的用户数据，继而推动算法的提升。因此，在规制互联网平台时，不能

① See Lina M. Khan, *The New Brandeis Movement*: *America*, Journal of European Competition Law & Practice, Volume 126, No. 3, January 2017.

再以传统市场的标准进行监管，从而避免数字资本凭借宽松管理的漏洞扩张成为掠夺社会资源的垄断势力，防止其危害国家的经济民主发展，保持社会的良性发展。

在《数字市场竞争状况》调查报告发布不久后，2020 年 10 月 20 日，美国司法部与 11 名州司法部长一起对谷歌提起诉讼，指控谷歌“滥用”其线上搜索和广告市场的垄断地位，妨碍市场竞争。同年 12 月 17 日，谷歌再次遭反垄断诉讼，由州司法部长组成的两党联盟提起，38 个州和地区组成的团体声称谷歌通过反竞争行为和合同非法垄断搜索引擎和搜索广告市场，并列举了谷歌正通过以下方式巩固其垄断地位：第一，制定“人为限制的合同”，使谷歌在大多数搜索分销渠道中享有“事实上的排他性”；第二，不允许广告商在自己的广告工具和竞争对手的通用搜索广告工具之间进行交互操作；第三，在“搜索结果页面上的区别性行为”，限制了 Yelp、Tripadvisor 等垂直搜索服务供应商接触消费者的能力。美国各州正在向法院申请各种制裁措施，包括责令谷歌停止参与反竞争行为，甚至可能拆分谷歌公司。

2020 年 12 月 9 日，脸书遭遇了两起反垄断诉讼，分别由美国联邦贸易委员会（FTC）和 46 个州的检察官进行起诉。脸书被指控存在滥用数据优势，利用非公开数据识别竞争威胁，以收购、抄袭或扼杀竞争对手的策略保护和扩大其在社交网络市场的支配地位的嫌疑。诉讼集中在以下几个方面：第一，脸书在 2014 年以 10 亿美元收购了快速发展的初创公司 Instagram，消除其对 Facebook 垄断地位造成的威胁；第二，2015 年以 190 亿美元收购了移动消息应用程序 Whats App，并限制 WhatsApp 在美国市场推广以及只能提供移动通信服务；

第三，脸书屏蔽竞争对手应用访问其应用程序编程接口，从而消除其对脸书的直接威胁。美国联邦贸易委员会指出，脸书选择收购 Instagram 和 WhatsApp，是为了限制新生初创公司带来的竞争，剥夺用户从竞争中获益的权利，该收购行为损害了竞争，让消费者在个人社交网络提供者方面几乎没有选择。美国联邦贸易委员会请求法院禁止脸书实施反竞争行为，并撤销此前脸书对 Instagram 和 WhatsApp 的收购，将它们从脸书中拆分出去。这是继 1998 年微软反垄断案以后，美国反垄断历史上第二大规模的诉讼。尽管在 2021 年 6 月 28 日，美国哥伦比亚特区地方法院驳回美国联邦贸易委员会和各州检察长针对脸书的反垄断诉讼，但在 2021 年 8 月 19 日，美国联邦贸易委员会针对败诉的主要原因（市场份额划定不清等问题）进行了补充，并向法院提交修改版诉状，重新发起对脸书的反垄断诉讼。

2021 年 6 月 24 日，美国众议院司法委员会通过了一揽子反垄断法案，下一步将提交给众议院、参议院及总统进行审议。谷歌、亚马逊、苹果等互联网巨头牵头对上述拟议的新规法案进行抵制，其认为这些法案低估了科技行业面临的激烈竞争，反垄断执法应该促进竞争和保护消费者，而不是惩罚成功的美国公司。上述一揽子法案如下。

（1）《2021 年合并申请费现代化法案》:[①] 该法案通过调整并购备案费促进反垄断执法，越大型的并购案需要支付越多的费用，从而保护竞争；

---

① H. R. 3843, the Merger Filing Fee Modernization Act of 2021, 17th Congress 1st Session, In the House of Representatives, available at https: //www. congress. gov/117/bills/hr3843/BILLS - 117hr3843ih. pdf. Last viewed on 25 February, 2023.

（2）《2021年国家反垄断执法场所法》：[①] 该法案旨在确保执法机构拥有更多的执法资源，使向联邦法院提起反垄断案件的州检察长不会因案件转移到不同地点而面临延误或更高的费用；

（3）《2021年通过服务转换增强兼容性和竞争性》（ACCESS 法案）：[②] 该法案赋予美国联邦贸易委员会新的权力和执法工具，包括寻求赔偿、追缴、禁令救济和民事处罚的权力，同时要求大型在线平台引入数据可携工具规则，使消费者有权利将其数据迁移到竞争对手的服务中；

（4）《2021年平台竞争和机会法》：[③] 该法案旨在限制大型互联网平台通过并购消除竞争对手从而巩固自身垄断地位的行为；

（5）《美国在线选择和创新法案》：[④] 该法案旨在规制数字市场的"守门人"利用其市场力量挑选商家、进行自我优待等扭曲市场的行为；

（6）《终止平台垄断法案》：[⑤] 该法案授权美国联邦贸易委员会和

---

① H. R. 3460, the State Antitrust Enforcement Venue Act of 2021, 17th Congress 1st Session, In the House of Representatives, available at https://www.congress.gov/117/bills/hr3460/BILLS-117hr3460ih.pdf. Last viewed on 28 February, 2023.

② H. R. 3849, the Augmenting Compatibility and Competition by Enabling Service Switching Act of 2021, 17th Congress 1st Session, In the House of Representatives, available at https://www.congress.gov/117/bills/hr3849/BILLS-117hr3849ih.pdf. Last viewed on 28 February, 2023.

③ H. R. 3826, the Platform Competition and Opportunity Act of 2021Act, 17th Congress 1st Session, In the House of Representatives, available at https://www.congress.gov/117/bills/hr3826/BILLS-117hr3826ih.pdf. Last viewed on 28 February, 2023.

④ H. R. 3816, the American Choice and Innovation Online Act, 17th Congress 1st Session, In the House of Representatives, available at https://www.congress.gov/117/bills/hr3816/BILLS-117hr3816ih.pdf. Last viewed on 28 February, 2023.

⑤ H. R. 3825, the Ending Platform Monopolies Act, 17th Congress 1st Session, In the House of Representatives, available at https://www.congress.gov/bill/117th-congress/house-bill/3825/text?r=34&s=1. Last viewed on 28 February, 2023.

司法部采取行动终止平台垄断的行动，甚至包括分拆行动，这是一揽子反垄断法案中最为激进的一项法案。

二、美国《数字市场竞争状况》调查报告

（一）《数字市场竞争状况》调查报告简介

2020年10月6日，美国众议院司法委员会发布了一份《数字市场竞争状况》调查报告（Investigation of Competition in Digital Markets，以下简称《报告》），该《报告》的主导思想受新布兰代斯学派的影响。《报告》的主要调查对象可以分为三项。

第一，《报告》调查了美国目前数字市场的市场结构和竞争状况，介绍了数字市场竞争中特有的新特征，并对数字市场中的几类重要市场进行了总结。

《报告》认为数字市场的竞争可以促进创新、提高生产率、刺激资本投资、激励企业提升产品质量，并刺激公司在隐私和数据保护等其他方面展开竞争。竞争一直是美国经济活力的关键引擎，数字经济尤其如此。因此，需要强化美国互联网平台反垄断的监管，保持数字市场的竞争。

《报告》提出，数字市场的竞争状况和结构与传统市场不同，数字市场具有赢者通吃（Winner - Take - All Markets）、市场集中（Market Concentration）和互联网平台“守门人”（Online Platforms as Gatekeepers）的特征。由此可见，过往传统的反垄断监管模式难以在数字经济新时代下继续发挥作用。

同时，《报告》认为数字市场存在特有的准入壁垒，包括网络效

应（Network Effects）、用户转移存在成本（Switching Costs）、数据优势（Data Advantage）以及规模经济和范围经济（Economies of Scale and Scope）。在数字市场中，与传统市场可以评估的实体资产不同，难以用实体资产方式衡量的数据和算法才是互联网巨头控制数字市场的根本资产。互联网平台巨头所拥有的数据优势不但使其占据了市场主导地位，更可以利用数据优势阻碍竞争者的进入。

在数字市场方面，《报告》介绍了十类市场，分别是在线搜索市场、在线商务市场、社交网络和社交媒体市场、移动应用商店市场、移动操作系统、电子地图市场、云计算市场、语音助手市场、网络浏览器市场和电子广告市场。《报告》中详细分析了上述市场的结构、市场力量的来源、市场准入壁垒，以及市场目前存在和潜在的竞争问题。

第二，在上述数字十类市场的分析基础上，《报告》重点分析了四大互联网巨头——脸书、谷歌、亚马逊和苹果是如何滥用市场力量和商业模式阻碍数字市场竞争的。数字平台市场的竞争明显不同于传统线下市场，它不以价格为竞争核心，主导数字平台市场竞争的主要元素是数据和算法。

1. 脸书

结合上述的市场分类，《报告》认为脸书在社交网络和电子广告市场上有阻碍市场竞争的行为。在市场力量方面，《报告》小组委员会认为脸书在社交网络市场具有垄断力，其覆盖面、（用户）花费时间和用户数量都远超竞争对手。2017 年 9 月至 2018 年 9 月，Meta 公司旗下的 Facebook 在国际上覆盖了 75% 的用户；全球前 20 个人口最多的国家中，有 9 个市场渗透率达到或接近 100%。Instagram 及

WhatsApp 也以非常快的速度增长。社交应用的特点之一是“要么人人都用，要么无人使用”。网络效应、高转移成本和数据优势等进入壁垒，更是大幅地阻挡了其他竞争者进入社交网络市场。此外，《报告》指出，脸书自成立以来，至少收购了 63 家公司，当中不少公司被视为脸书的竞争对手或潜在的竞争对手。在电子广告市场方面，脸书通过杠杆将其在社交网络市场的垄断力传导到电子广告市场上。

具有市场支配地位并不必然导致限制竞争，《报告》指出脸书有滥用其在社交网络市场支配地位损害竞争的行为。首先，脸书有滥用数据优势，利用非公开数据识别竞争威胁，以收购、抄袭或扼杀竞争对手的策略保护和扩大其在社交网络市场的支配地位行为。如脸书在收购 Instagram 前，曾利用内部数据跟踪 Instagram 和其他流行应用的增长情况。其次，脸书有将平台准入武器化的行为，在将其他公司识别为竞争或潜在竞争对手后，脸书通过差异化地执行平台政策限制竞争对手。例如，阻碍脸书的竞争对手进入脸书的社交图谱。

2. 谷歌

结合上述的市场分类，《报告》认为谷歌在通用搜索市场、电子广告市场、移动操作系统和移动应用商店市场、浏览器市场、地图市场和云市场上有滥用支配地位阻碍竞争的行为或潜在可能。以通用搜索市场为例，谷歌占据美国市场份额的 87%，占据全球市场份额更是高达 92%，进入搜索市场需要的巨大成本、数据优势及其数据的自我优化形成极大的市场进入壁垒。谷歌在多个市场上主要涉及滥用市场支配地位及数据优势进行自我优待（Self - Preferencing）、挪用第三方内容（Misappropriating Third - Party Content）、通过利用多种合同性限制和信息分配巩固其市场支配地位，阻碍正常市场竞争。

3. 亚马逊

《报告》认为亚马逊在线上零售市场、付费物流市场、智能助手市场和云市场中有阻碍市场竞争的行为。以在线零售市场为例，亚马逊拥有超过 15 万的自营商品和 230 万活跃的第三方商家，是美国第二大电商网站沃尔玛的 45 倍，具有显著的市场力量。《报告》指出，亚马逊有滥用支配地位欺凌第三方商家、强制商家向亚马逊提供设置最优条款和最低价格、制定掠夺性定价打压竞争对手等妨碍市场竞争的行为。

4. 苹果

《报告》认为苹果在移动操作系统和移动应用商店市场及智能助手市场上有阻碍市场竞争的行为。以移动操作系统和移动应用商店市场为例，全球超过 99% 的移动设备使用 iOS 和 Android 系统。鉴于高转换成本、生态系统锁定和品牌忠诚度等因素，其他操作系统很难与 iOS 和 Android 系统争夺市场份额。苹果在所有苹果的移动设备上安装 iOS 系统，并且不向其他移动设备制造商授权 iOS，其对 iOS 系统具有绝对的控制力使苹果同时担当 iOS 系统应用商店市场的“守门人”。《报告》指出，苹果有滥用支配地位向苹果应用商店的付费应用程序收取 30% 的高额佣金，而违反苹果政策的应用程序将会被苹果公司从 App Store 中删除，从而失去向 iOS 设备的消费者分发应用程序的唯一途径。此外，苹果还有滥用市场支配地位及数据优势进行自我优待从而在竞争中取得优势，打压竞争对手等妨碍市场竞争的行为。

第三，《报告》对美国现有的反垄断法和竞争法及机构的执法力度进行调查，评估其是否足以解决数字市场中的竞争问题，并在此基础上提出了一系列的建议。

针对数字市场的竞争状况，《报告》认为美国应当强化数字平台的反垄断规制及执法。首先，建议美国恢复反托拉斯法的反垄断目标，即反托拉斯法的初衷和广泛目标不仅是要保护消费者，还要保护工人、企业家、独立企业、开放公司、公平经济及民主理想等。其次，在企业并购方面，《报告》认为互联网巨头对中小企业的并购行为会限制竞争，阻碍初创企业的发展，因此应当加强对合并交易的审查及监管执法（《克莱顿法》第7条）。此外，《报告》建议重构《谢尔曼法》第2条，扩展禁止滥用市场支配地位的认定、规制垄断杠杆及掠夺性定价等行为。

在加强反托拉斯执法方面，《报告》建议恢复国会对反托拉斯法的执法并进行严格监督，并且建议强化私人诉讼，取消法院制定的“反托拉斯损害”和“反托拉斯地位”等有损于国会授予“任何个人……因反托拉斯禁止的任何行为而受到伤害”的执法权的标准。同时，减少诉讼的程序性障碍，包括取消强制仲裁条款和对集体诉讼的不当限制。

（二）对美国强化互联网平台反垄断规制的思考

自由竞争的市场经济体制一直是美国引以为傲的经济模式，在这个体制下，美国政府一直秉持着“不干预市场经济”的态度，由此导致可供美国政府选择的市场监管工具十分匮乏。与大多数大陆法系国家比较注重赋予行政执法机关较大的执法权限不同，美国政府的执法权限不仅受到来自宪法框架下“三权分立”的体制制约，在实践中还需要依赖法院的司法判断和法律实施，其中比较具有代表性的市场监管工具“反垄断”，就是依赖法院的司法判断得以实施。因此，我们常常可以看到，即便美国反托拉斯机构将涉嫌垄断的企业起诉到法院，也常常因遭到法院的否决而败诉。

从美国对互联网平台反垄断的监管规制的发展过程，可以看到美国的反垄断政策制定及反垄断执法部门的执法力度不仅受政治影响，带有明显的党政色彩，而且受到美国司法体制的制约。目前，美国两党对互联网平台的反垄断监管达成了一致的态度，即加强对互联网平台的反垄断监管。尽管当前美国两党对互联网平台的反垄断监管达成了加强执法的态度，但从美国众议院司法委员会发布的《报告》可见，该《报告》更具有明显的民主党色彩，民主党在竞争法上持更激进的立场。

然而，过激的反垄断立场和法律实施未必能达到激励数字市场的创新创业动力的目的。以《报告》的建议为例，《报告》认为为了保护潜在的竞争对手、新生的竞争对手和初创企业，应当禁止收购潜在竞争对手和新生竞争者，编撰反对主导企业收购直接竞争和在相邻或相关市场中经营的初创企业的推定标准。然而，在某些时候，企业并购其实是初创企业选择退出市场的一个重要渠道，如果法律规制过严把该渠道完全封锁时，反而会削弱市场的创新创业动力。

此外，美国加强对互联网平台的反垄断监管，未必会必然导致美国互联网平台巨头的竞争力被大幅削弱。因为美国的互联网巨头不像中国的互联网企业，其不存在地域性，它是在全球范围内经营，基本实现了全球性的大规模垄断，其明显适应了不同国家不同标准的反垄断监管，尤其是在部分高标准地区的竞争监管下仍能取得绝对性的垄断。因此，全球范围内的互联网平台规制强化未必会真正削弱美国互联网巨头的竞争力，反而很有可能为已经适应国别差异的美国巨头们再创机遇。最后，美国的经济严重失衡问题并不是单纯的因为垄断，因此，美国试图仅以一套“反垄断”制度解决所有的问题显然是困难的。

第二节　欧盟市场一体化背景下的平台竞争规制

一、欧盟对互联网平台的反垄断规制

欧盟是全球反垄断最活跃的一个地区，近年来对互联网平台的反垄断规制呈现高压势态，并且不断地创新监管方式，成为互联网平台经济治理最为激进的司法辖区。频繁的反垄断调查和高额罚款，让欧盟已然成为国际上针对互联网平台治理的执法中心。欧盟的反垄断法并非一部独立的法典，而是由《欧共体条约》、欧盟委员会的规章及指令和法院判决等所确定的规则构成的体系。欧盟自 2000 年出台《电子商务指令》（Directive on electronic commerce）以来，该指令一直是欧盟监管数字服务的基础。[①] 2017 年 6 月欧盟通过了有关《在线平台和数字单一市场》的决议。[②] 2016 年 4 月，欧盟通过了《通用数

---

① The European Parliament and of the Council, Directive on electronic commerce, 8 June 2002, available at https://eur - lex. europa. eu/legal - content/EN/ALL/? uri = CELEX: 32000L0031. Last viewed on 18 February, 2023.

② The European Parliament and of the Council, Online platforms and the Digital Single Market, 15 June 2017, available at https://www. europarl. europa. eu/doceo/document/TA - 8 - 2017 - 0272_ EN. html. Last viewed on 10 March, 2023.

据保护条例》，其以严厉、激进的方式保护数据主体。[①]《通用数据保护条例》虽然不是竞争法，但它是数据治理的重要法律。2019 年 5 月，欧盟委员会下的竞争事务总局出版了《数字时代竞争政策报告》，该报告分析了数据市场的独有特征及欧盟在平台规制与数据规制领域中的竞争规则。[②] 2020 年 7 月，欧盟发表了《欧洲数字主权》（Digital sovereignty for Europe）报告，该报告阐述了欧盟数字主权的现状，并从三个方面（数据经济和创新、隐私与数据保护，以及网络安全、数据控制和在线平台的行为）介绍了欧盟的担忧和已经采取的措施，以及欧盟下一步构建数据框架、促进可信赖的环境和建立适应竞争和监管规则三个路径的举措。[③] 2021 年 4 月，欧盟数据保护委员会通过《关于针对社交媒体用户的指南》，明确了个人用户数据在社交媒体平台的相关保护要求。[④] 2021 年 7 月，欧盟数据保护委员会通过了《GDPR 下数据控制者及数据处理者概念的指南》，该指南进一步解释了《通用数据保护条例》中数据控制者、联合数据控制

---

① The European Parliament and of the Council, General Data Protection Regulation, 27 April 2016, available at https://eur-lex.europa.eu/legal-content/EN/TXT/?uri=CELEX%3A02016R0679-20160504&qid=1532348683434. Last viewed on 18 April, 2023.

② Directorate-General for Competition (Directorate-General for Competition), Competition policy for the digital era, 20 May 2019, available at https://op.europa.eu/en/publication-detail/-/publication/21dc175c-7b76-11e9-9f05-01aa75ed71a1/language-en. Last viewed on 20 March, 2023.

③ The European Parliament and of the Council, Digital sovereignty for Europe, 2 July 2020, available at https://www.europarl.europa.eu/thinktank/en/document/EPRS_BRI(2020)651992. Last viewed on 3 February, 2023.

④ The European Data Protection Board, Guidelines 8/2020 on the targeting of social media users, 13 April 2021, available at https://edpb.europa.eu/our-work-tools/our-documents/guidelines/guidelines-82020-targeting-social-media-users_en. Last viewed on 14 March, 2023.

者和数据处理者的概念及主体间的关系。[①] 2022 年 7 月，欧盟高票通过了《数字服务法》（Digital Services Act，以下简称 DSA）[②] 和《数字市场法》（Digital Markets Act，以下简称 DMA）[③]，并于同年 10 月发布在官方公报上，两个法案为数字服务市场制定了一套全新的规则，包括社交媒体、在线市场和其他在欧盟运营的在线平台。

（一）严厉高压的反垄断措施

然而，欧盟过往在数字市场反垄断规制上所采取的严厉措施和高压态势，其实并没有真正达到或实现它的目标，由大平台实施的不公平竞争和交易行为仍然普遍存在，欧盟屡次对科技巨头开出天价罚单，但仍然无法改变他们破坏竞争的做法，也没有改变他们的统治地位。在欧盟法框架下，确立了以欧盟委员会的行政执法为主的法律实施方式，并且把罚款作为最主要的处罚手段。欧盟委员会的强势执法自然遭到互联网平台企业的强力抵制，并且也屡屡被美国政府诟病，而且罚款属于“事后”救济的解决方案，对科技公司的调查、判决、上诉都旷日持久。

以谷歌为例，2017 年 6 月，欧盟委员会就谷歌滥用搜索引擎市

---

① The European Data Protection Board, Guidelines on the concepts of controller and processor in the GDPR, 7 July 2021, available at https：//edpb. europa. eu/our – work – tools/documents/public – consultations/2020/guidelines – 072020 – concepts – controller – and_ en. Last viewed on 15 May, 2023.

② The European Parliament and of the Council, Digital Services Act, 27 October 2022, available at https：//eur – lex. europa. eu/legal – content/EN/TXT/? uri = OJ：L：2022：277：TOC. Last viewed on 12 March, 2023.

③ The European Parliament and of the Council, Digital Markets Act, 12 October 2022, available at https：//eur – lex. europa. eu/legal – content/EN/TXT/? uri = OJ：L：2022：265：TOC. Last viewed on 5 July, 2023.

场支配地位的行为处以 24.2 亿欧元的罚款；[①] 2018 年 7 月，就谷歌滥用安卓操作系统的支配性地位处以 43.4 亿欧元的罚款；[②] 2019 年 3 月，针对谷歌扼杀在线广告领域行业的竞争行为处以 14.9 亿欧元的罚款。[③] 欧盟在三年内对谷歌开出的这 3 张罚单总金额高达 82.5 亿欧元，约等于谷歌 2019 年年度净利润的 24%。

此外，欧盟于 2017 年 5 月就脸书在 2014 年收购 WhatsApp 时提供了误导性信息的行为处以 1.1 亿欧元的罚款。[④] 欧盟称此前脸书曾表示其平台和 WhatsApp 无法做到自动匹配用户账户，但两年后脸书推出的服务表明其实际是可以做到这点的。

（二）反垄断措施的新出路

此外，与美国的数字经济产业实力相比，欧洲缺乏科技巨头，只有中小企业。数字市场具有高度集中和赢者通吃的特征，再加上大型互联网平台所拥有的生态系统和数据优势等，欧盟本土的中小企业与欧盟外的互联网巨头相比，在技术研发、商业模式、用户服务等领域均缺乏竞争优势。因此，欧盟也希望能够通过非个人数据的管理办法

---

① European Commission, Case AT. 39740 — Google Search (Shopping), 27 June 2017, available at https://ec.europa.eu/commission/presscorner/detail/en/MEMO_17_1785. Last viewed on March 8, 2023.

② European Commission, Case AT. 40099 — Google Android, 18 July 2018, available at https://ec.europa.eu/commission/presscorner/detail/en/IP_18_4581. Last viewed on 8 March, 2023.

③ European Commission, Case AT. 40411 — Google Search (AdSense), 20 April, 2019, available at https://ec.europa.eu/commission/presscorner/detail/en/IP_19_1770. Last viewed on March 8, 2023.

④ European Commission, Case M. 8228 — Facebook/WhatsApp, 18 May 2017, available at https://ec.europa.eu/commission/presscorner/detail/en/IP_17_1369. Last viewed on 18 May, 2023.

进行反面修法，不要造成企业太高的成本和太大的压力。对于欧盟而言，它对互联网平台的监管政策更倾向于保护中小企业的创新与发展，强调中小企业对欧盟经济发展的重要性。

以罚款为处罚手段的反垄断诉讼的“胜利”，不会阻碍互联网巨头以优势地位在“其他”市场的发展。欧盟过往针对互联网巨头垄断行为的做法就是开“天价罚单”，但高昂的罚款并没有改变平台巨头们的统治地位和破坏竞争的行为，为了追求“数字主权”，欧盟国家希望寻求罚款以外的手段促进竞争，包括发行“数字服务税”等。

二、数字服务法和数字市场法

2020 年 12 月 15 日，欧盟委员会公布了 DSA 和 DMA 两大草案。此后，于 2022 年 7 月 5 日，欧洲议会以 539 票赞成、54 票反对和 30 票弃权的表决结果，高票通过了 DSA 和 DMA，① 为数字服务市场制定了一套全新的规则，包括社交媒体、在线市场和其他在欧盟运营的在线平台。欧盟委员会的目的是希望通过建立相关机制，促进中介服务内部市场建立一套平稳、可预测和值得信赖的在线环境统一规则，让欧盟建立更安全、更具有竞争力的数字市场，促进欧盟数字产业的创新力和竞争力，推动产业的可持续发展。DSA 明确了中介服务提供商的责任和义务，为在线平台设置了强力的透明度要求和问责机制；DMA 明确了数字服务提供者的责任，加强对社交媒体、电商平台和其他在线平台经营者的监管力度。

① The European Parliament and of the Council, Results of vote in Parliament, available at https: //oeil. secure. europarl. europa. eu/oeil/popups/sda. do? id = 57592&l = en. Last viewed on 12 March, 2023.

为了打破互联网巨头的垄断，两部法案以“权力越大、责任越大”和“线下禁止的，线上也应禁止”为原则，对大型企业和中小型企业采取不同的监管标准。欧盟期望两个法案能为数字市场竞争建立明确的事前义务、监管措施、实施措施及威慑制裁等创新举措，强化对互联网平台巨头的规制。大型数字企业在欧盟不对称的规制下将要面临更严峻的监管，使欧盟本土规模不大的科技企业拥有更大的发展空间。欧盟数字立法采取单独制定数据领域为核心内容的相关立法，法案是现行竞争规制的一个补充。

（一）《数字服务法》（DSA）

DSA 认为信息社会服务，尤其是中介服务，已成为欧盟经济和欧盟公民日常生活的重要组成部分，这些服务的数字化转型和更频繁地使用也给个人用户和整个社会带来了新的风险和挑战，例如允许交易商和消费者在社交网络和市场上缔结远程合同，允许企业用户和消费者以新颖的方式通信、访问信息以及进行交易。因此，为了维护内部市场的功能，改善单一市场的运作，强化对数字服务的监管，DSA 正尝试通过统一的数据规则进行反面修法，为中小企业减轻不必要的法律负担，从而为中小企业参与竞争创造良好环境，激励本土的数字创新创业。法案旨在从内容、商品和服务等维度明确在线平台的义务，构建用户的基本权利保护机制，法案希望通过改善删除非法内容和保护用户网上基本权利的机制，为监督、问责大型互联网平台提供框架，保护欧盟的用户免受非法商品、内容或服务的侵害。此外，法案的实施不妨碍欧盟其他规则及国家层面的单边竞争规则的实施。

DSA 是在欧盟 2000 年出台的《电子商务指令》法律框架和主要

原则的基础上起草的，《电子商务指令》旨在促进欧盟电子商务的发展，推动信息社会服务在欧盟成员国之间的自由流动。但随着时代的变迁和科技的发展，数字平台巨头的出现使欧盟网络平台监管的重心发生了转移。在线中介服务提供商在推动欧盟内外的跨境贸易，为欧洲企业和贸易商创造机会的同时，也加速了非法内容或虚假信息的传播，增加了非法商品或服务的泛滥，对用户的权利、信息流通等带来不良的影响。为此，DSA 更新了《电子商务指令》中关于责任免除和服务提供者应遵循其注册地的法律法规的内容，侧重加强互联网平台在内容审核方面的责任，强化欧盟对互联网平台的监管。DSA 规定除最小平台外，所有平台都将被要求建立投诉和补救机制以及庭外纠纷解决机制，与可信任的旗手合作，采取措施制止滥用通知、处理投诉、审查第三方供应商的资质，并提供面向用户的在线广告透明度。相对于欧盟过往开"天价罚单"的做法，DSA 提出的"事前规制"或可成为欧盟希望寻求罚款以外的解决方案之一。

1. DSA 的适用对象

在适用范围上，DSA 规定本条例应适用于向具有场所或者位于欧盟的服务接收者提供的中介服务，而不考虑这些中介服务提供者的场所设立地点。同时，本条例不适用于任何非中介服务的服务，也不适用于对这种服务提出的任何要求，而不考虑相应服务是否通过中介服务而提供。[①] 即 DSA 只适用于传输或存储第三方内容的三类互联

① DSA，Article 2：（1） This Regulation shall apply to intermediary services offered to recipients of the service that have their place of establishment or are located in the Union, irrespective of the place of establishment of the providers of those services. （2） This Regulation shall not apply to any service that is not an intermediary service or to any requirements imposed in respect of such a service, irrespective of whether the service is provided through the use of an intermediary service.

网中介服务提供者。第一，中介服务，即提供网络基础设施的中介服务提供者，如互联网访问提供商、域名注册商等；第二，托管服务，包括云服务和网络托管服务商；第三，在线平台，如在线市场、应用商店、社交媒体平台、内容共享平台、在线旅游和住宿平台等。

2. 互联网中介服务提供者的义务

在责任方面，DSA 依据中介服务提供商的类型、性质和规模大小的不同，在第 3 章详细规定了中介服务提供商、托管服务提供商和在线平台相应的不同内容的义务和免责条款，从而初步实现对数字服务提供商的精准监管。例如在打击网上非法内容方面，通过让用户标记网上非法内容，使平台与“可信标记者”（trusted flaggers）合作打击包括商品和服务在内的网上非法内容；在在线市场方面，创设了“商业用户可追溯性”的新义务，以帮助识别销售非法商品的卖家；要求中介服务提供者为用户提供有效的保障，包括对平台内容的审核决策提出问题的可能性；要求在线平台采取广泛的透明度措施，包括广告来源、数据访问以及推荐算法的透明度。① 同时，DSA 认为中介服务提供者需要自愿主动调查和遵从法律，不能仅因其本着善意和尽职的态度而对非法内容进行自愿的主动调查，或因而采取其他旨在检测、识别、删除或禁止访问非法内容的措施，又或是因而采取必要的、遵守欧盟法律和成员国法律要求，包括本条例规定的要求的措

① DSA，Chapter Ⅲ：DUE DILIGENCE OBLIGATIONS FOR A TRANSPARENT AND SAFE ONLINE ENVIRONMENT.

施，否则，会被视为没有资格获得条例提及的免责。[①]

DSA 针对不同类型的中介服务提供者，并根据他们的规模和影响分级设立了不同程度的义务，使服务提供者的服务不被滥用于非法活动及负责任地开展业务。考虑到用户占欧盟 4.5 亿消费者的 10% 以上的超大型在线搜索引擎和超大型在线平台可能会对非法内容、商品或服务的流通造成更大的风险，DSA 要求二者承担更高的责任标准，具体规定于 DSA 第 3 章第 5 节中，[②] 包括分析及评估其系统性风险并采取合理有效的措施以降低风险、接受独立审计、额外的在线广告透明度和保障用户获取信息选择自由的特定义务等。对小规模的服务提供者，DSA 采取宽松的监管。

3. 中介服务平台违反 DSA 的法律后果

DSA 的执法机制由欧盟和国家合作共同组成，每个成员国需要任命一名数字服务协调员作为独立机构，负责监督在其成员国设立的中介服务与协调机制，并进行包括罚款在内的处罚。各成员国可以根据 DSA 的要求，在国内法中明确规定处罚措施。DSA 规定对未能遵守本条例规定的义务的最高罚款金额为有关中介服务提供者在上一财政年度全球年营业额的 6%；同时，成员国对提供不正确、不完整或有误导性的信息等行为，可处以的最高罚款金额为中介服务提供者或

---

① DSA, Article 7: Providers of intermediary services shall not be deemed ineligible for the exemptions from liability referred to in Articles 4, 5and 6 solely because they, in good faith and in a diligent manner, carry out voluntary own – initiative investigations into, or take other measures aimed at detecting, identifying and removing, or disabling access to, illegal content, or take the necessary measures to comply with the requirements of Union law and national law in compliance with Union law, including the requirements set out in this Regulation.

② DSA, Chapter Ⅲ, section 5 : Additional obligations for providers of very large online platforms and of very large online search engines to manage systemic risks.

有关人员上一财政年度年收入或全球营业额的1%。[①]

（二）《数字市场法》（DMA）

DMA认为数字服务，特别是在线平台在经济中发挥着越来越重要的作用，内部市场能使企业接触到整个欧盟的用户，为欧盟中大量公司开辟全新的商业机会，使欧盟的消费者受益。目前，在欧洲运营的数字平台超过1万家，其中大多是中小型平台，少数大型平台占据了价值创造总额的最大份额。DMA在解释性备忘录中指出，这些大型平台具有极其巨大的经济规模，其增加终端用户的边际成本几乎为零，其特征包括非常强的网络效应、经由多边服务而将众多企业用户与终端用户连接起来的能力、企业用户和终端用户的高度依赖性、锁定效应、终端用户缺乏基于相同目的的多栖选择、垂直集成和数据驱动优势，再加上提供平台的不公平行为，使企业用户和终端用户在实践中的自由选择被迅速减少，因此可以赋予这些服务提供者“守门

① DSA，Article 52：Member States shall ensure that the maximum amount of fines that may be imposed for a failure to comply with an obligation laid down in this Regulation shall be 6 % of the annual worldwide turnover of the provider of intermediary services concerned in the preceding financial year. Member States shall ensure that the maximum amount of the fine that may be imposed for the supply of incorrect, incomplete or misleading information, failure to reply or rectify incorrect, incomplete or misleading information and failure to submit to an inspection shall be 1 % of the annual income or worldwide turnover of the provider of intermediary services or person concerned in the preceding financial year.

人”（gatekeeper）的地位。[①] 这些在企业用户和终端用户之间的“守门人”，创建了围绕其核心平台服务的联合企业生态系统，加剧了现存的市场进入壁垒。此外，由于部分成员国已经采用或提出国家监管方案以解决或者部分解决一些不公平行为和降低数字服务有效竞争的行为，不同成员国规制了不同的监管解决方案，导致内部市场碎片化，继而提高了因遵守不同成员国监管要求而增加合规成本的风险。[②] 因此，DMA 希望通过制定规则确保数字行业市场的可竞争性和公平性，促进内部市场的正常运行，特别是对“守门人”核心平台服务面向的企业用户的终端用户而言。[③] DMA 的实施并不妨碍欧盟其他规则的实施，也不妨碍欧盟成员国家层面依据本国竞争规则的实施。

DMA 旨在明确核心平台服务提供者的责任，加强对社交媒体、

---

① DMA, Whereas:（2）Other such characteristics of core platform services are very strong network effects, an ability to connect many business users with many end users through the multisidedness of these services, a significant degree of dependence of both business users and end users, lock – in effects, a lack of multi – homing for the same purpose by end users, vertical integration, and data driven – advantages. All these characteristics, combined with unfair practices by undertakings providing the core platform services, can have the effect of substantially undermining the contestability of the core platform services, as well as impacting the fairness of the commercial relationship between undertakings providing such services and their business users and end users. In practice, this leads to rapid and potentially far – reaching decreases in business users' and end users' choice, and therefore can confer on the provider of those services the position of a so – called gatekeeper.

② DMA, Whereas:（6）A number of regulatory solutions have already been adopted at national level or proposed to address unfair practices and the contestability of digital services or at least with regard to some of them. This has created divergent regulatory solutions which results in the fragmentation of the internal market, thus raising the risk of increased compliance costs due to different sets of national regulatory requirements.

③ DMA, Whereas:（7）Therefore, the purpose of this Regulation is to contribute to the proper functioning of the internal market by laying down rules to ensure contestability and fairness for the markets in the digital sector in general, and for business users and end users of core platform services provided by gatekeepers in particular.

电商平台和其他在线平台的监管力度。为了更好地针对大型互联网平台破坏竞争的做法，法案引入“守门人”概念，订立“守门人”的客观标准和责任，希望通过为存在“守门人”的欧盟数字领域中的所有业务、有效竞争和公平的市场制定统一规则，从而促进内部市场的正常运行，维护企业用户和终端用户的利益。DMA 指出，“守门人”通常控制着至少一种核心平台服务，是连接企业用户和消费者的重要门户，不但拥有持久、庞大的用户数量基础，并且在欧盟数字市场内占据或预期占据稳固和持久的地位，所以“守门人”在事实上拥有规则制定的权力。因此，欧盟通过法案加强对互联网平台的事前及事中监管，防止科技巨头对企业和消费者施加不公平条件。

1. “守门人”制度的适用对象

在适用范围上，DMA 在第 1 章中明确指出法案的适用对象仅为被认定为“守门人”的大型互联网平台，并明确了“守门人”的客观标准。无论“守门人”的成立地或居住地位于何处，也无论适用于该服务的其他法律如何规定，只要“守门人”向欧盟中建立的企业用户或在欧盟中建立或位于欧盟中的终端用户提供或源于其的核心平台服务，即可以被适用于 DMA。① 根据 DMA 第 2 章的规定，“守

---

① DMA, Chapter Ⅰ, Article 1 : 1. This Regulation shall apply to core platform services provided or offered by gatekeepers to business users established in the Union or end users established or located in the Union, irrespective of the place of establishment or residence of the gatekeepers and irrespective of the law otherwise applicable to the provision of service.

门人”的认定有三大标准。①

（1）企业规模。“守门人”对欧盟内部市场具有重大影响，即企业在过去三个财政年度在欧盟内的年营业额等于或超过 75 亿欧元，或者其平均市值或等价公平市场价值在上一个财政年度至少达到 750 亿欧元，并在至少三个成员国中提供相同的核心平台服务。

（2）用户数量。“守门人”提供了核心平台服务，该服务是连接企业用户与终端用户的重要网关，且提供的核心平台服务在上一财政年拥有超过 4500 万建立在欧盟或位于欧盟的每月活跃终端用户，以及超过 1 万个建立在欧盟的年度活跃企业用户。

（3）预期地位。“守门人”在相关市场中享有或预见享有稳固而持久的地位，要求“守门人”在过去三个财政年度中，每一年都达到上述用户数量，即拥有超过 4500 万的月活跃终端用户及超过 1 万的年活跃商户。

如果在线平台同时满足上述三大标准，该平台将会被推定为“守门人”，除非该平台能够提出确凿论据证明是相反的情况。此外，

---

① DMA, Chapter Ⅱ, Article 3 ：1. An undertaking shall be designated as a gatekeeper if：(a) it has a significant impact on the internal market；(b) it provides a core platform service which is an important gateway for business users to reach end users；and (c) it enjoys an entrenched and durable position, in its operations, or it is foreseeable that it will enjoy such a position in the near future. 2. An undertaking shall be presumed to satisfy the respective requirements in paragraph 1：(a) as regards paragraph 1, point (a), where it achieves an annual Union turnover equal to or above EUR 7, 5 billion in each of the last three financial years, or where its average market capitalisation or its equivalent fair market value amounted to at least EUR 75 billion in the last financial year, and it provides the same core platform service in at least three Member States；(b) as regards paragraph 1, point (b), where it provides a core platform service that in the last financial year has at least 45 million monthly active end users established or located in the Union and at least 10 000 yearly active business users established in the Union, identified and calculated in accordance with the methodology and indicators set out in the Annex；(c) as regards paragraph 1, point (c), where the thresholds in point (b) of this paragraph were met in each of the last three financial years.

为了跟上数字市场快速发展的步伐，即使在上述条件没有得到全部满足时，欧盟委员会也有权通过市场调查评估特定平台的具体情况，并有权在定性评估的基础上作出将其认定为“守门人”的决定。①

2. “守门人”的具体义务

DMA 第3章对“守门人”的义务作出详细规定，为了确保欧盟数字市场的公平和开放，平台一旦被认定为“守门人”，就必须履行法案中所列举的具体义务，包括企业在日常运营过程中实施的积极义务和消极义务。② 在积极义务方面，要求平台在某些特定情况下，允许第三方与“守门人”自身所提供的服务进行互操作；应广告主和广告发布者的要求向其提供广告服务的信息，包括为发布既定广告以及“守门人”提供的相关广告服务，广告主和广告发布者所支付的价格和支付给发布者的金额或者报酬；为在“守门人”平台发布广告的经营者提供访问业绩策略工具的权限，以及为广告商和广告发布者提供对由“守门人”托管的广告进行独立验证所必需的信息；允许商业用户在“守门人”平台外推广产品和服务，并与客户签订合同；允许商业用户访问其在“守门人”平台内活动所生成的数据等；允许辅助服务的商业用户和供应商访问“守门人”在提供任何辅助服务时可用或使用的相同操作系统、硬件或软件功能，并与之进行互

---

① DMA，Chapter Ⅱ，Article 3 ：3. Where the undertaking providing the core platform service fails to notify the Commission pursuant to the first subparagraph of this paragraph and fails to provide within the deadline set by the Commission in the request for information pursuant to Article 21 all the relevant information that is required for the Commission to designate the undertaking concerned as gatekeeper pursuant to paragraph 4 of this Article, the Commission shall still be entitled to designate that undertaking as a gatekeeper, based on information available to the Commission.

② DMA，Chapter Ⅲ PRACTICES OF GATEKEEPERS THAT LIMIT CONTESTABILITY OR ARE UNFAIR：Article 5 – 15.

操作。

在消极义务方面，DMA 要求“守门人”不得以合并个人数据为手段，最终迫使用户登录“守门人”提供的其他服务；不得在商业用户使用“守门人”核心平台服务中要求其使用、提供或者与“守门人”所确认服务进行互操作；不得阻止用户卸载任何预装软件或应用程序；不得阻止或限制商业用户向任何相关公共机构提出与任何“守门人”行为有关的问题；不得以订阅任何其他核心平台服务作为访问、注册或登录“守门人”核心平台服务的条件；不得利用从商业用户取得的数据与其开展竞争；不得限制用户访问“守门人”平台外的服务；不得在技术上限制最终用户使用“守门人”的操作系统在不同软件应用和服务间转换及订阅的能力，包括最终用户选择互联网接入服务供应商；与第三方的类似服务或产品相比，不得在对“守门人”自身或属于同一企业的任何第三方提供的服务和产品进行排名时给予更优惠的待遇，并对该类排名适用公平和非歧视性条件，即“不得优先自我排名”。但终端用户已获得明确的选择，并提供法律意义上的同意时例外。

即使在线平台尚未拥有稳固和持久的市场地位，但是可预见在不久的将来会具有该种地位，也按相应的比例承担义务，以确保该相关“守门人”不会为了取得稳固和持久的市场地位，通过不正当的方式经营。

3. “守门人”违反 DMA 的法律后果

欧盟委员会对故意或因疏忽而未能履行 DMA 的“守门人”，可施以不超过其在上一个财年内全球营业额 10% 的罚款，或可以处以高达公司全球年营业额 5% 的定期罚款。此外，若委员会发现相关违规行为涉及“守门人”在8年前违规决定中所作出承诺相关统一核心平台服务的，可向“守门人”施以高达其在上一个财年内总全球营业额20%的罚款。[①]

相比于欧盟过往只开天价罚单的事后处置方法，DMA和DSA采取“事前规则”和“事后处置”相结合的方法，统一且明确的规定使数字市场的竞争执法变得更加迅速和有力，期望对欧盟数字市场带来积极意义，打击互联网巨头在欧盟的无序扩张，为欧盟中小企业和初创企业提供良好的可持续发展空间。

第三节 日本互联网平台的竞争政策和规制选择

一、日本互联网平台竞争问题的立法规制

（一）对互联网平台规制的立法源起

近年来，日本互联网平台企业快速发展，其整体规模位居世界第

① DMA, Chapter Ⅴ, Article 30 Fines:

1. In the non-compliance decision, the Commission may impose on a gatekeeper fines not exceeding 10 % of its total worldwide turnover in the preceding financial year where it finds that the gatekeeper, intentionally or negligently, fails to comply with:

(a) any of the obligations laid down in Articles 5, 6 and 7;

(b) measures specified by the Commission in a decision adopted pursuant to Article 8 (2);

(c) remedies imposed pursuant to Article 18 (1);

(d) interim measures ordered pursuant to Article 24; or

(e) commitments made legally binding pursuant to Article 25.

2. Notwithstanding paragraph 1 of this Article, in the non-compliance decision the Commission may impose on a gatekeeper fines up to 20 % of its total worldwide turnover in the preceding financial year where it finds that a gatekeeper has committed the same or a similar infringement of an obligation laid down in Article 5, 6 or 7 in relation to the same core platform service as it was found to have committed in a non-compliance decision adopted in the 8 preceding years.

四。除此之外，日本还是亚洲第一个进行反垄断立法的国家，虽然互联网平台给日本社会经济带来了效益，但互联网平台的膨胀对日本竞争环境带来的影响还是让日本政府有所顾虑。在2018年公布的《未来投资战略》中，针对平台经济的崛起，日本内阁提出了相应的竞争法上的对策：为了能够让新的平台企业相继产生，并在日益增长的平台寡头垄断中进行积极竞争，有必要建立一个公平、自由和透明的竞争环境，包括保证数据可移植性和开放应用程序编程接口。《未来投资战略》中明确将于年内确定应对平台经济的竞争法基本原则，并尽快采取符合这些原则的具体措施，包括创造公平、自由和透明的竞争环境、为中小企业和风险企业放松管制以促进创新（如放宽准入要求），明确平台的社会责任，并确保对用户的公平。

为落实《未来投资战略》的要求，日本经济产业省、总务省和公正交易委员会联合多名学者设立了“关于调整数字平台交易环境的研讨会”（「デジタル・プラットフォーマーを巡る取引環境整備に関する検討会」）并于2018发布了《应对数字平台型企业崛起规则的基本原则》（「デジタル・プラットフォーマー型ビジネスの台頭に対応したルール整備の基本原則」，以下简称《基本原则》）。《基本原则》首先对数字平台企业作出了基本评价：在第四次工业革命如火如荼的背景下，数字平台企业利用技术和数据向第三方提供服务的“场所”，并成为不断产生创新业务等的承载者，他们已经成为日本经济和社会的一个重要组成部分。然而，负责多个用户群体的多面市场的数字平台，有可能通过网络效应、低边际成本和规模经济等方式进行扩张，进而构成垄断。基于这一评估，三部门确立了下列政策为解决数字平台企业垄断问题的基本原则：第一，《基本原则》指

出，在对数字平台进行法律上的评价时，既要考虑到数字平台既是社会经济重要的基础设施，又要警惕其具有不透明性和可操作性；第二，审查现存的法律制度是否能够适应、促进数字平台企业的发展；第三，为实现数字平台的透明度，确保数字平台的公平性，需要通过大规模、全面和彻底的调查，促进对数字平台实际情况的了解，并以此引入交易规则，如在特定情况下要求数字平台企业对使用的技术进行披露或说明；第四，要重点审查反垄断法在数字平台领域的运作，以确保数字市场的自由和公平竞争；第五，从移植数据或开放应用程序编程接口等角度，创建可以不断创新的竞争环境；第六，创新监管方式，如将自我监管和法律监管相结合；第七，以国际协调为导向，审查相关规则在域外的使用方式。[①] 从《基本原则》可以看出，此时日本监管机构对平台经济还处于初步规制阶段，给予平台经济自我发展、自我监管的权力，但同时也在计划完善反垄断法的实施，以确保平台经济中的竞争环境。

（二）日本《数字平台透明化法案》

2020 年 5 月 27 日，日本参议院正式通过了《数字平台交易透明化法案》，该法案旨在规制特定的互联网平台，增加特定互联网平台的公开义务。日本在出台《数字平台交易透明化法案》前主要依靠《独占禁止法》对一般的垄断行为进行规制，然而数字市场有其自身的特殊性，其市场份额难以确定、边际成本极低等特点，使以传统的

---

① 日本公正交易委员会：“プラットフォーマー型ビジネスの台頭に対応したルール整備の基本原则”，2018。参见 https://www.jftc.go.jp/houdou/pressrelease/h30/dec/kyokusou/181218betten1.pdf，最后阅览时间：2022 年 6 月 20 日。

方法认定特定数字平台拥有市场支配地位比较困难。[①] 该法案包括 4 章和附则，第 1 章明确了《数字平台交易透明化法案》的目的是通过促进特定大型数字平台的公平和自由竞争，提高国民生活水平和实现国民经济健康发展；基本原则是“以数字平台企业的自主且积极整改为出发点，减少政府及其他法律的干预，形成平台企业与政府部门的‘共同治理’机制”。第 2 章提出了提高特定大型数字平台透明度和公正性的具体措施，包括向平台商户和消费者公开交易条件信息、每年向经济产业省提交自评报告书等，同时规定经济产业省作为主管机构负责审查、评估和发布特定大型数字平台的交易情况，判断是否违反反垄断法的规定，如果出现后者描述的，经济产业大臣可以要求公正交易委员会根据反垄断法采取必要措施。第 3 章和第 4 章明确了与其他政策法律之间的关系以及出现反竞争行为时的处罚政策，不仅处罚行为人，还要处罚公司法人。

作为日本第一部专门规制互联网平台的法案，《数字平台透明化法案》规定得比较笼统，其后续细节还需日后的法规或指南进行补充，但其中对“特定数字平台服务提供商”自主整改及报告义务的附加，不仅有利于提高“特定数字平台服务提供商”对市场竞争行为进行自主整改的积极性，还有利于国家在此基础上对“特定数字平台服务提供商”的市场竞争行为进行最低限度的干预和规制，以实现最大限度地尊重平台经济领域的平台企业的自由和创新发展。[②]

---

① 参见杨东、周鑫：《数字经济反垄断国际最新发展与理论重构》，载《中国应用法学》2021 年第 3 期。

② 参见陈肖盈：《日本平台经济领域竞争环境整顿的经验分析》，载《现代日本经济》2022 年第 1 期。

（三）《数字平台透明化法案》后续配套法律的出台

日本公平贸易委员会于2019年12月17日发布了《关于数字平台与提供个人信息的消费者进行交易过程中滥用优势地位的指南》(「デジタル・プラットフォーム事業者と個人情報等を提供する消費者との取引における優越的地位の濫用に関する独占禁止法上の考え方」，以下简称《指南》)。《指南》将平台经营者针对消费者实施滥用优势地位的行为分为非法获取个人信息和个人信息的不正当使用，并对两大类型规范再进行分类。在平台经营者获取消费者的个人信息时，只能取得与服务相对应的最低限度的个人信息，并且不得将从消费者处获得的“个人信息以外的其他信息”和另外的信息形成的个人信息进行使用。具体行为类型包括平台经营者未告知消费者使用目的取得消费者的个人信息、超过达到使用目的所必需的范围，违背消费者意愿获取个人信息、未采取必要且适当的措施安全管理个人数据和要求继续使用自身提供的服务的消费者提供个人信息等其他经济上的利益。此外，还提出了不构成滥用优势地位的抗辩理由。数字平台经营者，对从使用所提供服务的消费者处取得的个人信息不得通过提供与价格不符的质量服务等手段，使消费者遭受不符合正常商业习惯的损失，包括但不限于：超出实现使用目的所必需的范围，违反消费者的意愿使用个人信息和在未采取必要且适当的措施保护个人数据安全的情形下，使用个人信息。[①]

---

① 参见陈肖盈：《日本平台经济领域竞争环境整顿的经验分析》，载《现代日本经济》2022年第1期。

二、日本互联网平台竞争的规制政策与研究讨论

（一）公平贸易委员会对互联网平台交易惯例的实态调查

为了实现数字经济领域中交易的透明和公平，日本政府在2019年1月对平台经济领域进行了全面和彻底的调查，以确定该领域内的实际交易状况。其中就包括2019年进行的对在线购物商城和应用商店中的B2B交易的调查和对在线广告的调查。

1. 数字平台交易惯例的实态调查之一：在线购物商城和应用商店的B2B交易市场

在线商城和应用商店中存在其他业态中不常见的竞争环境，其中存在三层竞争关系：不同平台运营者之间的竞争关系（如乐天和亚马逊之间的竞争、Google Play和App Store之间的竞争），平台利用者之间的竞争关系（如同类商品销售者之间的竞争、同类软件开发者之间的竞争），以及平台本身或其关联公司销售的产品与平台利用者销售的产品存在竞争的情况下，平台运营者或其关联公司与平台利用者之间存在的竞争关系。[①] 并且，由于新的平台进入难度大、平台利用者对平台的依存度高，现存平台具有了垄断性的优势，从而产生了诸多反竞争现象：由于运营商有能力运营和管理自己的平台，他们可以将交易数据用于自己的销售活动或任意操纵搜索算法，并向自己或其关联公司给予优待，不合理地干扰交易，从而涉嫌滥用优势地

---

① 日本公平贸易委员会："デジタル・プラットフォーマーの取引慣行等に関する実態調査報告書（オンラインモール・アプリストアにおける事業者間取引）."，2019，p. 21－23。参见日本公平贸易委员会官网，https：//www. jftc. go. jp/houdou/pressrelease/2019/oct/191031b. pdf，最后阅览时间：2022年6月20日。

位，阻碍竞争者的交易。

2. 数字平台交易惯例的实态调查之二：在线广告市场

互联网平台运营商通过积累和使用各种数据，如个人信息，展示与消费者兴趣相对应的广告，使在线广告业务成为主要收入来源。随着在线广告的发展，它作为连接媒体和广告商的平台发挥了重要作用，挤压了传统媒体在广告市场的生存空间。在线广告市场向来是各国规制大型平台的重要领域，2013 年欧盟就对谷歌的在线广告业务涉嫌滥用市场支配地位开展调查，并于 2017 年对其处以 24.2 亿欧元的天价罚单，日本政府也于 2020 年开始了对在线广告市场的调查，以应对该领域出现的违反反垄断法的问题。

日本广告业发达，2019 年日本整体广告市场规模约为 7 万亿日元（约合人民币 3500 亿元），其中在线广告占比约 30%，并且其份额从 2012 年开始高速稳定增长，年增长率在 4% 左右，市场潜力巨大。在线广告分为检索联动型广告（検索連動型広告）和展示型广告（ディスプレイ広告）两种，其中展示型广告又可以进一步细分为所有运营型广告（所有・運営型広告）和开放展示型广告（オープン・ディスプレイ広告）。对于检索联动型广告，谷歌占据了日本市场 70% ~80% 的份额；对于所有运营型广告，谷歌旗下的社交媒体、雅虎、脸书也分别占据了 10% ~20% 的市场份额；对于开放展示型广告，谷歌作为销售方平台（Sell – Side Platform，SSP）占据了 50% ~60% 的市场份额，作为需求方平台（Demand – Side Platform，

DSP）占据了60% ~70%的市场份额。[①] 日本在线广告市场垄断、寡头的现象突出，这给广告商、广告位出售商和消费者都带来了反竞争的效果。对于广告投放商和广告位出售商来说，互联网平台企业掌控的巨量cookie使其处在信息上的劣势地位，从而产生广告价值不透明、不合理的交易限制等问题，互联网广告平台存在滥用优势地位、形成私人垄断等反竞争隐患。[②] 互联网平台为获取更多cookie，会在消费者不知情的情况下收集个人信息，或者超出范围收集个人信息，构成滥用优势地位。[③]

（二）公平贸易委员会为确保互联网平台竞争环境的研究报告

1. 在线市场竞争政策委员会的《算法/AI与竞争政策》报告

算法/AI提高了商业活动的效率和消费者的便利，作为带来创新的重要工具，它为社会带来了巨大的利益；算法/AI技术也可以成为数字平台反竞争的工具，各国竞争管理机构和国际组织也在积极开展关于算法和竞争政策的讨论。日本政府此次公布的《算法/AI与竞争政策》（「アルゴリズム/AIと競争政策」）是日本公平贸易委员会下属的在线市场竞争政策委员会的最新成果，也是日本国内首次对算法/AI和竞争政策的问题和争议的汇编。

---

① 日本公平贸易委员会："デジタル・プラットフォーム事業者の取引慣行等に関する実態調査（デジタル広告分野）について（最終報告）."，2021，p. 11 –13。

② 日本公平贸易委员会："デジタル・プラットフォーム事業者の取引慣行等に関する実態調査（デジタル広告分野）について（最終報告）."，2021，p. 51。

③ 日本公平贸易委员会："デジタル・プラットフォーム事業者の取引慣行等に関する実態調査（デジタル広告分野）について（最終報告）."，2021，p. 120。

随着数字化和电子商务的发展，定价算法被用于各种目的，由此带来的价格竞争有时变得活跃；以不同的定价算法，可能导致协调的定价，并且此类定价会导致“意思联络”的缺失。该研究将算法合谋行为分为监视型合谋、轴幅类合谋、信使类合谋以及自主类合谋，[①] 并认为除了自主类合谋之外，其他的算法合谋行为均可以用现行的反垄断法进行规制，至于自主类合谋，今后有必要密切关注技术的变化及其利用动向和相关事例。[②]

经调查，以上四类算法合谋可以被互联网平台运用在诸多反竞争的场景中，尤其是“竞价排名”问题，互联网平台首先可以对原始输入数据制造偏差，再通过排名算法进行逻辑确认，最后对输出的偏差结果进行确认，如此循环往复会导致 AI 学习后的排名结果对平台利用者的不公，并伴随着自我优待等问题。[③] 此外，数据和先进的算法已经成为生产力，数字平台运营商的结构使他们能够收集大量具有竞争性的重要数据，算法和 AI 能够通过识别竞争客户和其他客户，有选择地制定掠夺性的价格，从而排斥其他运营商的竞争。同样，在数据驱动的网络效应情况下，也应注意那些不合理地阻止竞争性运营

---

① 日本公平贸易委员会：“アルゴリズム/AIと競争政策．デジタル市場における競争政策に関する研究会”，2021，p. 15。参见 https：//www. jftc. go. jp/houdou/pressrelease/2021/mar/210331_ digital/210331digital_ hokokusho. pdf，最后阅览时间：2022 年 6 月 20 日。

② 日本公平贸易委员会：“アルゴリズム/AIと競争政策．デジタル市場における競争政策に関する研究会”，2021，p. 15。参见 https：//www. jftc. go. jp/houdou/pressrelease/2021/mar/210331_ digital/210331digital_ hokokusho. pdf，最后阅览时间：2022 年 6 月 20 日。

③ 日本公平贸易委员会：“アルゴリズム/AIと競争政策．デジタル市場における競争政策に関する研究会”，2021，p. 15。参见 https：//www. jftc. go. jp/houdou/pressrelease/2021/mar/210331_ digital/210331digital_ hokokusho. pdf，最后阅览时间：2022 年 6 月 20 日。

商以实现必要规模的行为。[①]

2.《数据市场的竞争政策研讨会》报告书

这篇报告书的研究对象为从数据产生到使用的各个阶段涉及各种数据的交易场所，也包括向最终用户提供使用数据的产品和服务的场所的数据市场，并总结了竞争政策中涉及的问题。报告书认为，对平台运营商等由于网络效应而积累了大量的数据，会出现垄断和寡头、排斥竞争对手和阻止新进入者的问题，必须注意不要过度干预，否则会阻碍创新。为此，应当做到如下六点。

（1）建立多方数据相关者参与的机制。在建立数据利用机制时，重要的是要有尽可能多的利益相关者参与，并根据他们各自的需要，以避免在实际操作阶段没有充分积累必要的数据，产品的开发和提供等方面没有进展。要事先制定规则，确保使用服务的个人在退出基于数据的业务时不会处于不利地位。

（2）确保能够自由和方便地获取数据。在注意保障数据生成等方面的激励措施的同时，不应不合理地阻止通过数据处理和分析等获得的成果和技术诀窍等用于向其他经营者提供服务。

（3）鼓励平台运营商与政府合作在竞争领域采取的行动。在合作方面，有必要鼓励运营商的主动性，如制定全面组织相关制度修订、合同事项和条件等的准则，以及开放政府持有的数据；在竞争方面，有必要规范阻碍竞争的行为。

（4）确保数据的可移植性和互操作性。在确保不同系统之间的

---

① 日本公平贸易委员会："アルゴリズム/AIと競争政策．デジタル市場における競争政策に関する研究会"，2021，p. 15。参见 https：//www. jftc. go. jp/houdou/pressrelease/2021/mar/210331_ digital/210331digital_ hokokusho. pdf，最后阅览时间：2022 年 6 月 20 日。

互操作性的基础上，需要仔细考虑进入成本和创新问题。

（5）关注个人隐私。获取、使用个人信息前必须获得自然人的同意，使个人感到安全并信任个人数据的处理。

（6）针对互联网平台运营商的特殊规则。经营数据交易市场、信息库等的中介机构以及数字平台运营商，受规模经济和网络效应的影响，容易出现垄断和寡头垄断，从竞争政策的角度看，可能会产生不利影响。出于这个原因特别是在成熟市场，必要时可以考虑在《反垄断法》框架之外采取包括“事前监管”在内的措施。[①]

三、日本互联网平台竞争的执法动向

随着有关法律的更新和调查的深入，日本公平贸易委员会非常积极地审查涉及互联网平台的案件，其中对互联网平台滥用市场支配地位的案件和经营者集中案件的调查和执法尤为活跃。

（一）针对滥用市场地位案件的执法动向

1. 缤客最惠国待遇（MFN）条款案

酒店、住宿预定平台缤客（Booking. com）要求有意进驻该网站的日本国内酒店提供与其他竞争对手及酒店自家网站最低报价相同的价格，或提供最低价格。公平贸易委员会认为此类 MFN 条款会损害价格、服务等竞争体系，商家因为签订了该协议，即使没有盈利，也必须都入驻这三个网站。公平贸易委员会认为这些公司可能阻碍了公

① 日本公平贸易委员会竞争政策研究中心：“データ市場に係る競争政策に関する検討会報告書”，2021。参见 https：//www. jftc. go. jp/houdou/pressrelease/2021/mar/210331_ digital/210331digital_ hokokusho. pdf，最后阅览时间：2022 年 6 月 20 日。

平的价格竞争，扭曲了市场。若其他公司或者酒店接受直接预订时降价变得困难，则价格及服务层面的市场竞争恐不复存在。为此，缤客向公平贸易委员会提交了保证计划，决定抛弃考虑是否与其签订MFN作为影响算法排名的机制，在未来三年内不再会对平台利用者约定MFN条款，并会定期执行反垄断合规审查，每年向公平贸易委员会提供上述执行报告。[①] 公平贸易委员会于2022年3月接受了该承诺。

2. 乐天市场免运费案

日本最大的网上购物商城乐天市场曾计划于2020年3月开始要求平台内商家对3980日元（约合人民币200元）以上的订单实行免运费方案，对加入该方案的商家，乐天市场给予其搜索排名的优先地位，对拒绝加入的商家，乐天市场则会在合约期满后结束与商家的合作。在接到相关投诉后，公平贸易委员会要求东京地方法院下达紧急命令，立即停止乐天市场对该方案的实施。[②] 日本贸易委员会认为乐天市场的这一行为属于滥用优势地位进行强制交易，不公正地修改交易条件，使交易对方处于不利地位。针对公平贸易委员会的“警告”，乐天市场对此及时采取改进措施，包括允许店铺自由选择是否参与免运费方案，不设置限制。对不参与免费方案的商家，将承诺不

---

① 日本公平贸易委员会：“Booking. com B. V. から申請があった確約計画の認定等について”，2022。参见 https：//www. jftc. go. jp/houdou/pressrelease/2022/mar/220316files/220316 _ 1. pdf ，最后阅览时间：2022 年 6 月 20 日。

② 日本公平贸易委员会：“楽天株式会社に対する緊急停止命令の申立てについて”，2020。参见 https：//www. jftc. go. jp/houdou/pressrelease/2020/feb/200228honbun. pdf，最后阅览时间：2022 年 6 月 20 日。

采取降低排名、结束合约等歧视性措施。[①] 公平贸易委员会认为这些措施能够消除竞争担忧，确认将在改进措施实施后结束对该案的审查。

3. 苹果公司应用程序商店佣金案

苹果公司旗下的 iPhone 占据了日本 46.5% 的智能手机市场份额。苹果公司要求 iPhone 只能从其系统内置应用程序商城下载软件，并且限制软件开发商只能使用系统指定的收费方法，拒绝任何非苹果支付方式，并根据软件销售额的不同，从中收取 15% 或 30% 的佣金。不同意以上交易条款的软件开发商，无法将产品上架至应用程序商店。商家和消费者在 iPhone 中利用收费音乐、视频和电子书等服务时也必须使用苹果支付系统。公平贸易委员会认为，苹果公司收取佣金无可厚非，但其限定支付手段的行为涉嫌对软件开发商等附加了不当的交易条件，有妨碍公平之虞。对此，苹果公司承诺将在音乐、视频、电子书领域逐步引入第三方支付系统，并三年内每年提交改善透明化报告。[②] 公平贸易委员会决定在苹果公司执行以上改善措施后停止对该案的审查。

（二）针对经营者集中案件的执法动向

2016—2021 年，日本互联网平台的经营者集中案件大多被无条

---

① 日本公平贸易委员会："楽天グループ株式会社に対する独占禁止法違反被疑事件の処理について"，2021。参见 https://www.jftc.go.jp/houdou/pressrelease/2021/dec/211206files/2021120601.pdf，最后阅览时间：2022 年 6 月 20 日。

② 日本公平贸易委员会："アップル・インクに対する独占禁止法違反被疑事件の処理について"，2021。参见 https://www.jftc.go.jp/houdou/pressrelease/2021/sep/210902files/210902_1.pdf，最后阅览时间：2022 年 6 月 20 日。

件批准,[①] 仅有“Z Holdings 株式会社与 Line 株式会社合并案”被公平贸易委员会附条件地批准。软银集团旗下经营搜索引擎业务的 Z Holdings 为日本国内的第二大平台企业，2020—2021 年的市场份额为 20.4%，而 Line 是日本市场占有率最高的实时通信软件，双方希望借此次集中打造涵盖几乎所有互联网技术服务领域的超级综合性手机应用。公平贸易委员会认为，二者的集中将会对日本尚未成熟的移动支付市场带来反竞争压力。公平贸易委员会将移动支付市场划定为：（1）以消费者为主体的电子支付业务；（2）以加盟店为主体的电子结算业务这两个交易领域。在交易领域（1）中使用电子支付服务的消费者越多，在交易领域（2）中加盟店导入电子结算服务的积极性就越高；相反，在交易领域（2）中导入电子结算的加盟店越多，在交易领域（1）中消费者使用该电子支付服务的积极性就越高，两个交易领域相互间存在间接网络效应的关系。而 Line 和 Z Holdings 分别是现存交易领域（1）和交易领域（2）中市场份额最高的主体，并且两者合并后能够通过更多优惠手段，如对使用电子支付的用户返还积分和免去电子结算加盟店的加盟费等方式，进一步推动其移动支付业务的占有量。[②] 公平贸易委员会预测两者合并后在移动支付市场上的占有率可达 60%。即便如此，公平贸易委员会依然附条件地批准了 Z Holdings 和 Line 的合并案，要求双方不得采取排他性竞争措施。

---

① 其中包括 CRM 提供商赛富时和通讯软件 Slack 的合并；医疗数据企业 M3 和同类企业アルトマーク的合并；以及谷歌与运动手环公司 fitbit 的合并，该交易受到欧盟委员会的反垄断调查。

② 日本公平贸易委员会：“Zホールディングス株式会社及びLINE 株式会社の経営統合に関する審査結果について”, 2020, p. 29。参见 https://www.jftc.go.jp/houdou/pressrelease/2020/aug/kiketsu/200804.pdf，最后阅览时间：2022 年 6 月 20 日。

第四节 其他司法辖区的平台规制立场与动态

一、德国对互联网平台的反垄断规制

由于传统的竞争政策体系在数字经济时代中受到严峻的挑战，德国对数字市场的竞争规制主张以调整《德国反限制竞争法》的竞争政策为核心方式，在现行竞争政策中增加数字经济时代反垄断规制需求的规则与工具，并且将改革主要聚焦在“事前规制”与“事后处置”两个层面，构建关于大型数字平台企业垄断行为的新型规制机制。德国在保持《反限制竞争法》原来的体系和结构的基础上植入数字市场反垄断条款，以便维护法典的逻辑性和统一性。

德国垄断委员会于2015年发布了《竞争政策：数字市场的挑战》报告，[①] 对数字市场竞争的经济学意义，以及在线广告市场、搜索引擎市场、社交网络市场和在线购物市场的反垄断法适用现状和问题进行研究，最后提出修订反垄断法的建议。[②] 2016年6月9日，德国联邦卡特尔局发布《平台和网络的市场力量》报告，对平台和网络基于直接网络效应和间接网络效应所产生的市场力量问题进行了深

① Vgl. Monopolkommission, “Sondergutachten 68: Wettbewerbspolitik: Herausforderung digitale Märkte, abrufbar”, June 2015, available at https://www.monopolkommission.de/de/gutachten/sondergutachten/sondergutachten－aufeigene－initiative/117－sondergutachten－68.html. Last viewed on 18 May 2023.

② 参见袁嘉：《德国数字经济反垄断监管的实践与启示》，载《国际经济评论》2021年第6期。

度分析。[①] 2019 年 2 月 7 日，德国联邦卡特尔局公布了其对脸书的反垄断调查决定，认定脸书在用户数据的收集、整合和使用等方面存在滥用市场支配地位的行为，在未征得用户有效同意的前提下，将自有平台及其他第三方网站和软件收集的用户个人信息整合至脸书账号，构成对消费者选择自由的损害，从而损害了竞争的有效性；同时，脸书强制收集用户来自非脸书平台的个人数据，相关数据为脸书带来了更多的在线广告机会和收益，这些收益使得脸书不正当地扩大了竞争优势。[②]

为了使反垄断法适应数字经济时代的发展，德国在 2017 年 6 月 9 日对《德国反限制竞争法》实施第九次修订，新增“数字市场反垄断条款”，使德国成为全球第一个明文规定数字反垄断法的国家。[③] 德国在第九次修订中主要新增了相关市场界定条款、市场力量认定条款和交易额条款，其主要通过《反对限制竞争法》第 18 条规制数字市场支配地位的认定条款，除了原来的传统因素外，还新增了网络效应、转换成本、规模经济、与竞争相关的数据、创新驱动的竞争压力等；在第 19 条中规制了滥用行为的认定，规定免费的商品和服务也应纳入相关市场，即互联网平台提供免费服务也需要界定市场。

德国认为第九次修正案未能精准契合数字经济时代的需求，在

---

① Bundeskartellamt veröffentlicht Arbeitspapier zum Thema, *Marktmacht von Plattformen und Netzwerken*, June, 2016, available at https://www.bundeskartellamt.de/SharedDocs/Publikation/DE/Berichte/Think-TankBericht.html? nn=3591568. Last viewed on 18 March 2023.

② Bundeskartellamt untersagt Facebook die Zusammenführung von Nutzerdaten aus verschiedenen Quellen, 07.02.2019, available at https://www.bundeskartellamt.de/SharedDocs/Meldung/DE/Pressemitteilungen/2019/07_02_2019_Facebook.html.

③ 参见《德国反限制竞争法》(第 9 版), 9 June 2017, available at http://www.gesetze-im-internet.de/gwb/last viewed on 10 April 2023。

2021年1月19日《德国反限制竞争法》第十次修正案生效,[①] 第十次修正案在上述基础上对第18条作出“获取竞争相关数据能力”的新增，即无论互联网企业还是普通企业，在认定市场支配地位时，都需要考虑企业获取数据的能力；在第19条a款新增了具有显著跨市场竞争影响的企业的滥用行为，新增了对“具有显著跨市场竞争影响经营者”的专门规制，包括评判标准以及该企业滥用市场力量行为的界定标准和法律后果，该新增行为是不同于滥用市场支配地位行为与滥用市场相对优势地位行为的第三种类型。[②] 此外，第十修正案在第20条中加入禁止滥用相对交易优势地位拒绝开放数据条款[③]和禁止滥用网络型市场中相对市场优势地位行为条款。[④] 德国希望凭借《反限制竞争法》的第十次修订，建立适应德国日益发展的数字市场反垄断需求的规制机制。

二、俄罗斯对互联网平台的反垄断规制

俄罗斯反垄断法的完善主要经历了两个阶段：第一阶段是在2002年修订《商品市场竞争及限制垄断行为法》，突出了俄罗斯对行

---

① 参见《德国反限制竞争法》(第10版), 19 January 2021, available at http://www.gesetze-im-internet.de/gwb/last viewed on 12 March 2023。

② 参见袁嘉:《数字背景下德国滥用市场力量行为反垄断规制的现代化——评〈德国反限制竞争法〉第十次修订》，载《德国研究》2021年第2期。

③ 参见《德国反限制竞争法》(第10版) 第20条1a款，如果某经营者控制了其他经营者开展自身业务必需的数据，那么其他经营者相对于该经营者具有依赖性，当该经营者拒绝以合理对价开放必需数据时，则构成不当阻碍。如果无法通过公开市场交易获得数据，那么拒绝开放此类数据也将构成不当阻碍。

④ 参见《德国反限制竞争法》(第10版) 第20条3a款，如果在多边市场或网络市场中具有相对市场优势地位的经营者阻碍竞争者获得正向网络效应，并且导致绩效竞争具有受到严重影响的危险，那么该行为便构成法律禁止的不当阻碍。

政垄断的规制，将其单独列为一章；第二阶段是2006年整合了《商品市场竞争及限制垄断行为法》和《金融市场保护法》，颁布了《竞争保护法》，实现了商品市场和金融市场规制行政垄断的原则和制度的统一。[①] 2022年7月，普京签署了第266号联邦法，对《个人数据保护法》进行广泛的修订，涉及个人数据跨境转移的通报和限制、个人数据非法转移造成的侵权等数据泄露通知以及个人数据处理前的通报等条款。

2015年2月19日，俄罗斯互联网企业Yandex向俄反垄断局提交调查申请，指控美国互联网巨头谷歌违反《俄罗斯联邦反垄断法》，其控诉谷歌将搜索引擎和其他服务与Android操作系统进行捆绑。Android系统在俄罗斯智能手机市场占据86%的份额，Yandex认为谷歌的行为使Yandex无法在设备上安装来自谷歌竞争对手的服务。俄罗斯联邦反垄断局在调查后，认定谷歌的上述行为是滥用Android系统在软件系统市场的主导地位，法院批准对谷歌4.38亿卢布的罚款。[②]

在俄罗斯网络安全公司卡巴斯基实验室向俄罗斯联邦反垄断局提交调查申请后，俄罗斯联邦反垄断局对美国苹果公司展开调查。在调查过后，2020年8月，俄罗斯联邦反垄断局宣布，认定苹果公司非法保留了从应用程序商店中屏蔽第三方应用的权利，有滥用其在iOS

---

① 参见刘继峰：《俄罗斯反垄断法规制行政垄断之借鉴》，载《环球法律评论》2010年第2期。

② Суд ут вердил шт раф для Google, 18. 08. 2016, https://www.vedomosti.ru/newspaper/articles/2016/08/18/653513 - sud - utverdil - shtraf - dlya - google. Last view on 8 April 2023.

设备移动应用市场主导地位的行为，责令苹果公司停止该行为。[①]

2018 年 3 月，俄罗斯联邦反垄断局提出第五次反垄断法一揽子修订的计划，主要针对数字经济时代对反垄断法的挑战，修订内容涉及大型互联网平台支配地位的认定、滥用行为和法律后果等，修订计划中明确互联网平台是指以互联网信息和通信网络为工具，用于组织和确保卖方和买方的交易活动的互联网基础设施，限制在竞争性市场建立单一企业。[②] 俄罗斯联邦反垄断局于 2019 年 2 月的《2019—2024 年联邦反垄断局活动计划》中再次重申反垄断局的年度战略目标是确保实施经批准的第五套反垄断计划（数字经济时代的法律监管现代化）、禁止建立和经营单一制企业、完善关税管理以提高自然垄断企业的经营效率等。[③] 其强调反垄断法是以维护竞争秩序、保护消费者利益和竞争者利益为中心的，将互联网平台规制纳入反垄断法中，能够提供更清晰明确的反垄断实施标准和依据，有助于反垄断执法机构和司法机关打击数字经济时代下的新型垄断行为，促进数字市场的良性竞争和可持续发展，明确互联网平台在数字生态系统中的角色定位。在互联网平台的立法规制上，俄罗斯采取本位模式，在反垄断法的基础上完善相关规则，设置独立的章节把所有的互联网的问题进行单独处理。

---

① 俄罗斯联邦反垄断局第 24/2019 号案件，28. 8. 2020，https：//docs. cntd. ru/document/565727153. Last viewed on 10 February，2023。

② 2018—2020 年俄罗斯联邦反垄断国家计划，21. 12. 2017，https：//rulaws. ru/amp/president/Ukaz – Prezidenta – RF – ot – 21. 12. 2017 – N – 618/. Last view on 8 February，2023。

③ 2019—2024 年联邦反垄断局活动计划，7 February 2019，https：//rulaws. ru/amp/acts/Plan – deyatelnosti – Federalnoy – antimonopolnoy – sluzhby – na – 2019 – – – 2024 – gody – solt – budbibaj/. Last view on 8 March 2023。

三、法国对互联网平台的反垄断规制

2019 年 12 月，法国竞争、消费和反欺诈总局（以下简称法国竞争总局）就谷歌网络广告投放问题处以 1.5 亿欧元的罚款，法国竞争总局认为谷歌网络广告的条款是不客观、不透明的，谷歌需要阐明谷歌网络广告平台规则，包括适用规定方式和暂停账户方式等。① 2020 年 3 月，法国竞争总局就苹果与分销商签订反竞争协议，要求分销商在销售苹果产品时只能以苹果官方门店的定价销售的行为，对苹果公司处以 11 亿欧元的罚款。作为协议参与者的分销商 "Tech Data" 和 "Ingram Micro" 分别被处以 7610 万欧元和 6290 万欧元的罚款。② 法国竞争总局认为苹果公司主导了反竞争行为，其严格限制分销商的销售价格和促销机制，使几乎一半的苹果零售市场维持了相同的价格。此外，法国竞争总局认为苹果公司有不公平地对待分销商的行为，包括在新品发布会期间故意限制对分销商的供货使消费者被引流至苹果官方直营店内，以及故意限制不遵守苹果销售价格和促销机制的分销商的供货。

2021 年 6 月，谷歌因在广告服务中滥用市场支配地位进行自我优待，被法国竞争总局处以 2.2 亿欧元的罚款，反垄断部门认为谷歌

---

① The Autorité de la concurrence, The Autorité de la concurrence hands down a 150M fine for abuse of a dominant position, 20 December 2019, available at https://www.autoritedelaconcurrence.fr/en/article/autorite-de-la-concurrence-hands-down-eu150m-fine-abuse-dominant-position. Last view on 8 February, 2023.

② The Autorité de la concurrence, Fines handed down to Apple, Tech Data and Ingram Micro, 16 May 2020, available at https://www.autoritedelaconcurrence.fr/en/article/fines-handed-down-apple-tech-data-and-ingram-micro. Last view on 18 February 2023.

的反竞争行为让其在广告交易平台 AdX 的竞争中占据有利地位。[①] 最终，谷歌与法国竞争总局达成和解，同意支付 2.2 亿欧元的罚款，终止其在在线广告服务中的自我优待行为，并承诺让第三方更容易使用谷歌在线广告工具。同年 7 月，法国竞争总局就谷歌未能遵守与当地新闻机构和出版商达成公平协议的行为处以 5 亿欧元的罚款。[②] 此前法国竞争总局曾在 2020 年时，要求谷歌母公司 Alphabet 与出版商进行谈判，以获得在谷歌搜索结果中显示出版商内容片段的权利，但谷歌随后仅与《世界报》和《费加罗报》等一些法国新闻出版商达成了付费协议，并没有与其他出版商达成协议。[③]

2016 年 10 月，法国针对数字管理出台了《数字共和国法》（La loi pour une République numérique），[④] 包括为法国的开放式数据政策设立了全球框架，所有的公共数据将被默认公开；设立互联网用户权利，申明必须确保用户能够免费获得自己的数据；设置互联网最低门槛及网络接入义务。2021 年 3 月，法国国家信息与自由委员会发布

① The Autorité de la concurrence, The Autorité de la concurrence hands out a 220 millions fine to Google for favouring its own services in the online advertising sector, 7 June 2021available at https://www.autoritedelaconcurrence.fr/en/communiques-de-presse/autorite-de-la-concurrence-hands-out-eu220-millions-fine-google-favouring-its. Last view on 20 May 2023.

② The Autorité de la concurrence, the Autorité fines Google up to 500 million euros for non-compliance with several injunctions, 13 July 2021, available at https://www.autorit edelaconcurrence.fr/en/communiques-de-presse/remuneration-related-rights-press-publishers-and-agencies-autorite-fines. Last view on 8 February 2023.

③ The Autorité de la concurrence, Related rights: the Autorité has granted requests for urgent interim measures presented by press publishers and the news agency AFP (Agence France Presse), 9 April 2020, available at https://www.autoritedelaconcurrence.fr/en/communiques-de-presse/related-rights-autorite-has-granted-requests-urgent-interim-measures. Last view on 28 February 2023.

④ La loi pour une République numérique, 8 October 2016, available at https://www.legifrance.gouv.fr/jorf/id/JORFTEXT000033202746. Last view on 28 May 2023.

了《数据保护法》（La loi Informatique et Libertés），从而使国家数据保护规定与《通用数据保护条例》保持一致性，并扩大了责任主体范围和法律义务范围，明确了职能管理部门。①

第五节 小　结

世界经济发展进入数字经济时代，建立在传统工业经济基础上的法律制度正面临严重挑战。数字经济市场具有明显的集中化和寡头化特征，部分超大型在线平台企业的不正当竞争行为妨碍市场良性竞争、降低市场创新活力和损害消费者利益等，因此，加强数字经济反垄断已逐渐成为全球共识，深刻地影响着互联网平台经济的创新与发展。

以新布兰代斯学派为代表，美国对过往反垄断法过于聚焦在维护经济效率和消费者福利进行反思，美国众议院 2020 年 10 月发布的《数字市场竞争状况调查报告》重新强调反垄断法在确保社会公平、维系经济民主方面的作用。欧盟出台的 DMA 和 DSA 是重大的制度创新，针对超大型数字平台企业引入“守门人”理念，并为其竞争行为建立一套新的监管体系，赋予更多特定义务，同时对中小型平台采取更为宽松的规制措施以促进本土产业创新和竞争力。日本参议院虽然通过了《数字平台交易透明化法案》，日本公平贸易委员会也大力强化对平台竞争的监管研究和执法对应，但整体上看日本关于互联

① CNIL，La loi Informatique et Libertés，4 March 2021，available at https：//www. cnil. fr/fr/la – loi – informatique – et – libertes. Last view on 8 February 2023.

网平台竞争规制的态度还是比较温和的。德国为系统解决数字化挑战，对《反对限制竞争法》进行全面的修订，是世界主要经济体中最先通过反垄断法修订实行对平台竞争监管的代表。其他主要经济体也都认识到平台竞争带来的挑战，意图通过立法和加强执法，维持数字经济时代的市场竞争秩序。总体而言，强化互联网平台规制和加强反垄断执法已成为全球共识，但由于不同国家（地区）的文化背景、治理体制不同，再加上数字经济深深地影响着国家利益，因此，如何协调各国（地区）市场间的数字经济竞争规则将是新的难题。

第三章　《反不正当竞争法》维护公平交易的价值取向

我国《反不正当竞争法》于2017年通过了该法实施24年来的第一次修订，当前该法再次被提上修法日程。[①] 通过2017年的修订，《反不正当竞争法》删除与《反垄断法》竞合的规定，增加关于互联网新型不正当竞争行为的规定，进一步澄清了混淆行为，对商业贿赂和侵犯商业秘密也扩大了规制对象。2017年《反不正当竞争法》修订工作比较仓促，主要基于解决《反不正当竞争法》和其他法律规制的重叠与冲突问题，对《反不正当竞争法》承担的价值使命没有进行深入的探讨，也没有对数字经济时代的新型不正当竞争为作出全面而有效的规制，这也是2021年国务院再次将该法列入修法日程的重要背景。本章通过梳理《反不正当竞争法》的发展历史，探讨《反不正当竞争法》和《反垄断法》以及知识产权诸法所追求的不同法益价值，提出《反不正当竞争法》的竞争法取向使其与以保护专有权为目的的知识产权法相区别，其维护公平交易权的价值取向使其

---

① 国家市场监督管理总局："关于公开征求《中华人民共和国反不正当竞争法（修订草案征求意见稿）》意见的公告"，2022年11月22日发布，参见https：//www.samr.gov.cn/hd/zjdc/202211/t20221121_351812.html，最后阅览时间：2023年1月4日。

和以维护公平竞争的《反垄断法》区分开来。在我国，强调《反不正当竞争法》维护公平交易权的价值取向，具有顺应数字经济时代发展需要和维护市场竞争中的公平交易问题的特殊意义，最后提出《反不正当竞争法》中强化公平交易权的立法建议。

第一节 反不正当竞争法立法目的的演变

反不正当竞争法产生于19世纪末期资本主义工业经济快速发展的法国，当时将其作为民法典一般条款的新的侵权责任类型，把仿冒行为、商业诋毁、侵犯商业秘密和其他滥用经济自由的行为，认定为不正当竞争。[①] 后来，欧洲多国制定了反不正当竞争法，或者在民法体系中增加了不正当竞争条款，但是各国在反不正当竞争法和知识产权法保护的内容界定上，存在重大的差异。如果从广义的反不正当竞争法的概念出发，整个知识产权保护规范都发挥着管制竞争的功能，因而专利法、商标法甚至版权法都是反不正当竞争法的特别法。如果从狭义的角度理解，反不正当竞争法对这些知识产权特别法起补充作用，填补了这些法律留下的漏洞或空白。从各国的立法沿革来看，一般是在开始时采取反不正当竞争法的保护，后来逐渐制定特别法，因而反不正当竞争法起到了先锋作用。

在资本主义自由竞争发展到垄断阶段后，世界第一部成文反垄断法——《美国反托拉斯法》于1890年诞生，此后反不正当竞争法与反垄断法的边界出现了模糊和摇摆状态。世界主要国家关于反不正当

① 参见孔祥俊：《反不正当竞争法新论》，人民法院出版社2001年版，第10页。

竞争法和反垄断法的立法，也存在将两法整合的统一立法、两法分立的并行立法、只制定反垄断法的单行立法三种模式。对不正当竞争行为的法律制裁方式也出现明显不同，有些国家将反不正当竞争法作为民法的一部分，按照民事侵权行为进行私法救济。也有些国家将其纳入行政管制的范畴，由专门的行政机关负责执法。一些国家对假冒、误导、商业贿赂甚至侵犯商业秘密等不正当竞争行为，还导入刑事处罚。不正当竞争的概念不断更新和变化，很多国家对其追究民事、行政和刑事责任，使反不正当竞争法成为混合性质的法律。

关于反不正当竞争法所追求的法益，各国的认知也出现重大的分歧。传统反不正当竞争规则主要保护作为生产者或者商人从事竞争的企业的个体利益，后来反不正当竞争法的保护范围越来越宽，将竞争者的集体利益纳入其保护范围，特别是在被损害的对象难以确定的情况下，如误导广告或者滥用商品来源的地理标识等。出于保护集体利益的需要，许多国家的法律赋予行业协会对不正当竞争行为人提起诉讼的权利，以保护该集团的集体利益。20 世纪六七十年代，随着消费者保护运动的兴起，反不正当竞争法与消费者保护密切相关起来，如对误导广告的控制，成为反不正当竞争法和消费者保护法的共同关注对象。由此，保护消费者权益成为反不正当竞争法所保护的法益目标。再往后，保护公共利益也被引入反不正当竞争法，反不正当竞争法和反垄断法一道，被用于维护市场公平竞争，维护社会公共利益。

现代反不正当竞争法的发展，越来越不以竞争或者竞争关系为核心要素，已经脱离了其原初的“反不正竞争法”的标题和规制框架，对不正当竞争的概念和性质认知呈现出多样化的局面。特别是，随着反不正当竞争法从传统的保护经营者向保护消费者过渡，从原来的维护竞争秩序向保护社会公共利益的价值转换，反不正当竞争法和反垄断法的性质和定位出现了越来越雷同的趋势。[①] 有些国家干脆抛弃了反不正当竞争法的称谓，如比利时的法律称为贸易行为法，北欧国家的法律称为市场行为法。一些学者甚至认为，随着知识产权法、反垄断法以及行业规制立法的强化，反不正当竞争法的功能已经被其他法律取代，日益失去其原有的立法价值。[②]

第二节 新时期反不正当竞争法的法益价值再思考

一、我国《反不正当竞争法》的立法目的和价值

在市场经济体制下，经营者通过提高产品质量和降低价格，最大限度地满足消费者的需要，从而获取更多的交易机会和营业利益，这是市场竞争的本质，是法律保护和鼓励的正常经营行为。但是如果经营者违背诚实信用、等价有偿的商业道德，通过不正当的手段获取竞争优势和交易机会，除了损害消费者的正当权益之外，还侵害了其他诚实守信的经营者因公平竞争获取合法交易机会的利益。《保护工业产权巴黎公约》最早将不公平竞争行为列入禁止性条款，当初的主要动机就是推动成员国保护公平贸易。[③]

从反不正当竞争法的发展来看，当初颁布反不正当竞争法的国家

---

① 参见孔祥俊：《论反不正当竞争法的现代化》，载《比较法研究》2017 年第 3 期。

② 例如，我国著名产业组织经济学家于立教授多次强调，现代反不正当竞争法已经失去存在价值，其功能已被反垄断法和其他行业监管法律取代。

③ See Rogier W. de Very, *Towards a European Unfair Competition Law, A Clash Between Legal Families*, Martinus Nijhoff Publishers, 2006, p. 12.

基本上都视其为私法，受到不正当竞争行为侵害的经营者可以通过提起侵权诉讼获得司法救济。[①] 迄今为止，以德国和日本为代表的国家仍然将反不正当竞争法视为民事侵权行为的特别法，反不正当竞争法维护公平竞争和促进公平交易的性质和作用非常明显。但是，随着现代国家经济发展和市场竞争的激化，由于私力救济面临的举证困难，以及受害人在收集信息、经济能力方面和侵权人之间的不对称性，依赖司法进行的事后救济已经不足以打击日益繁多的不正当竞争和不公平交易行为。以日韩为代表，在反垄断法中单独规定针对不公平交易的行为规制，就是希望借助行政执法这只“看得见的手”，及时有效地打击市场中的不公平交易行为。

从我国《反不正当竞争法》的立法背景来看，其也具有非常浓厚的公平交易法性质。这不仅表现在当初立法的一个重要目的是确立市场交易规则和确保公平竞争秩序，还表现在草案曾一度被命名为《公平交易法》。[②] 后来由于立法背景和意图发生变化，我国最终采取了先行制定《反不正当竞争法》的分立式立法思路。2008 年 8 月 1 日，我国《反垄断法》颁布实施，和当初纳入《反不正当竞争法》中的 5 种垄断行为规制发生竞合，这成为《反不正当竞争法》修订的原因之一。2017 年修订的《反不正当竞争法》规定了 7 项不正当竞争行为，分别是：混淆行为（第 6 条）；商业贿赂（第 7 条）；虚假宣传（第 8 条）；侵犯商业秘密（第 9 条）；违法有奖销售（第 10

---

① 参见邵建东：《德国反不正当竞争法研究》，中国人民大学出版社 2001 年版，第 3 ~ 10 页。

② 参见王学政：《中国反不正当竞争法的理论与立法经验》，载《中国工商管理研究》1998 年第 11 期。

条)；诋毁商誉（第11条)；网络不正当竞争行为（第12条)。

从立法目的上看，我国《反不正当竞争法》明确规定要“保护经营者和消费者的合法权益”，这与《反垄断法》规定的“维护消费者利益和社会公共利益”具有重大的区别。《反不正当竞争法》保护经营者的合法权益，不仅包括保护经营者进行公平竞争的权益，也涵盖了保护经营者进行公平交易的权益。从新法规定的7种不正当竞争行为来看，都具有欺骗或引诱消费者以增加自己交易机会的性质。诸如商业混淆和贿赂行为、侵犯商业秘密行为、诋毁商誉行为和网络不正当竞争行为，都直接针对经营者实施，明显具有违背公平竞争和不公正地获取交易机会的行为特征。

我国《反不正当竞争法》颁布实施以来，作为监督检查机关的工商行政管理部门查处了大量的违法行为，对维护我国市场的公平竞争和促进公平交易发挥了很大的作用。在过去的20年间，工商行政管理部门依据该法查处银行、保险、石油、电信、电力、铁路等垄断性行业强制交易、强制服务等限制交易行为1.2万余件，在维护市场公平交易方面获得了一定的成就。[①] 可见，我国《反不正当竞争法》在维护市场公平竞争的同时，对促进市场公平交易同样发挥着重要的作用。经过2018年国务院机构调整，国家市场监督管理总局承担着《反垄断法》《反不正当竞争法》《电子商务法》《广告法》等市场监管法律法规统一实施的职责，不仅在维护市场公平竞争秩序方面，而且在树立诚实信用的市场交易规则，确保市场公平交易方面，都发挥

---

① 参见任爱荣：《竞争执法工作及面临的挑战》，载《中国工商管理研究》2014年第4期。

着重要的作用。

二、《反不正当竞争法》维护公平交易权的法益考察

我国理论界长期以来侧重于强调《反不正当竞争法》的竞争法取向,[①] 而对该法还同时具有维护和促进公平交易的价值取向，则一直没有足够重视。究其原因，一方面，我国《反不正当竞争法》和《反垄断法》的立法背景使两法当初在实体上就没有清晰地区分开来，在行政执法上又存在交叉和重叠，导致理论界对两者的规制理念及价值取向的差异缺乏深入甄别；另一方面，我国不乏熟悉欧美法律的知名专家和实务执法官员，但由于语言障碍或习惯性思维模式，我国理论界和实务界长期以来对日韩等周边国家或地区早已引入规制公平交易的立法和实践经验进行了选择性忽略。由此产生的问题是，我国的立法或学术研究多参见欧美国家的理论和实践经验，对更加符合亚洲国家文化传统的日韩等周边国家和地区的有益经验重视不够，导致在法律实施中出现与本土国情不符、缺乏可操作性的情形，不能解决我国执法实务中存在的特殊问题，这不能不引起我们的高度重视。

笔者认为，在新时期理顺《反不正当竞争法》和《反垄断法》以及知识产权诸法的关系至关重要。从历史发展来看，反不正当竞争法发源于19世纪中期后的欧洲，伴随工业革命和自由市场原则的确立，基于规范商业交往中有违诚实信用的交易行为而产生。后来，反不正当竞争法被纳入保护工业产权的国际条约，推动了更多国家依托《保护工业产权巴黎公约》制定其反不正当竞争法。无论是《保护工

① 参见孔祥俊：《论反不正当竞争法的竞争法取向》，载《法学评论》2017年第5期。

业产权巴黎公约》还是早期制定反不正当竞争法的国家，当初都以鼓励公平的商业竞争，规范不公平的贸易行为，保护诚实的商人不受不法竞争者的伤害为目的。① 从国内法层面来看，《反不正当竞争法》区别于以保护专有权（绝对权）为特征的知识产权法，具有行为规制法的基本特征。自20世纪60年代以来，随着消费者运动的兴起，消费者保护成为《反不正当竞争法》的重要目标。近几十年来出现了反不正当竞争与反垄断合并立法的倾向，两者在内容和形式上都实现了竞争法意义上的深度融合，并且实现了保护竞争者利益、消费者利益和社会公共利益的法益目标的统一。②

然而，反不正当竞争法与反垄断法的深度融合强化了人们对竞争法取向的认知，其原本维护市场公平交易的价值取向却没有得到足够的重视。在笔者看来，反不正当竞争法与反垄断法的主要区别就在于反不正当竞争法除了维护公平竞争的价值理念之外，还承担着促进公平交易，确立市场交易规则的价值使命。反垄断法基于其维护市场竞争秩序和促进有效竞争的规制理念，更加专注于从宏观角度维护竞争性的市场结构，优化资源配置，提高整体的经济效率，追求的是维护自由和公平竞争的价值理念。反垄断法推崇所谓“保护竞争，但不保护竞争者”的理念，而反不正当竞争法自始至终都将“维护经营者和消费者的利益”作为自己的法益追求。在市场经济环境下，“竞争者”和“经营者”实际上是同一主体，保护“经营者”或“竞争者”的公平竞争权和公平交易权，本来就是反不正竞争法的重要立

① See Rogier W. de Very, *Towards a European Unfair Competition Law*, *A Clash Between Legal Families*, Martinus Nijhoff Publishers, 2006, p. 2 – 3.

② 参见孔祥俊：《论反不正当竞争法的竞争法取向》，载《法学评论》2017年第5期。

法价值。

查阅《牛津高阶英汉双解词典》，在英语语境下常用的“trade”一词对应的中文含义是“贸易”，是指人或国家之间买卖或交换货物、服务的活动；和“trade”近似的另一个用语“transaction”，其对应的中文含义是“交易”，侧重于个人或企业之间的商业行为，特别是指买卖行为。从国际上看，“free trade”（公平贸易）的适用范围更广，不仅涵盖人与人之间的交易，还包含国家之间应当遵循的贸易原则。由于欧美国家一般采取不区分国内企业和外国企业的统一商事立法，使用“公平贸易”更加符合其立法和用语习惯。在世界贸易组织（WTO）的框架下，“公平贸易”体现在以最惠国待遇和国民待遇为代表的非歧视贸易原则中，分别指在国际贸易中不得在其他成员方产品之间进行任何歧视，以及对其他成员方产品和国内产品进行任何歧视。

在国内层面，“公平贸易”和“公平交易”具有相同的语义，都是指在买卖等商业活动中要遵循公平原则。公平原则是民法中的一项基本原则，指当事人在民事活动中以利益均衡作为价值判断标准，用来衡量民事主体之间的物质利益关系，确定民事主体的民事权利义务及其承担的民事责任的原则。[①] 现代民法设立公平原则的目的就在对于市场交易的合同关系，要求兼顾双方的利益，并为诚实信用原则、情势变更原则、显失公平原则树立判断标准。在英美法中，引入“公平贸易”的主要目的在于保护消费者，防范各州贸易中的不公平

① 中国社会科学院法学研究所法律词典编委会编：《法律词典》，法律出版社 2004 年版，第 209 页。

竞争和欺诈行为。[①] 现代经济法中的“公平贸易”已经不局限于消费者利益保护，延展为市场交易各方之间权利和义务的不平衡，一方获得不成比例的优势的各种情形。

笔者认为，反垄断法强调维护自由和公平竞争，就是要保护经营者的市场准入自由和竞争机会公平，保护的是经营者的公平竞争权；而反不正当竞争法既要维护公平竞争，又要维护公平交易。在维护公平竞争的意义上，反不正当竞争法和反垄断法具有相同的价值取向，分别从微观市场行为和宏观市场秩序层面建立起维护公平竞争的法律保障。除了维护公平竞争之外，反不正当竞争法还承担着维护公平交易的价值使命，维护公平交易就是要确保经营者能够公平地开展交易和竞争，打击违背商业道德和显失公平的交易行为，保护经营者的公平交易权。“公平交易”较之于“公平竞争”含义更为广泛，不仅包括竞争手段或方法公平，而且包括交易内容和交易条件的公平，甚至为了交易进行谈判及提供信息时妨碍交易相对人的合理选择行为都可能构成不公平交易行为。[②] 对微观层面上的不公平交易行为，反垄断法没有必要进行监管，而这正是反不正当竞争法的价值使命所在，是其和反垄断法在经济法框架下的功能区分。不公平交易行为和不正当竞争行为在形态上并不必然表现为包含或排斥关系，两者可能是并列的，可能一种行为同时构成不正当竞争行为和不公平交易行为。我国《反不正当竞争法》同时具有反不正当竞争和维护公平交易的双重价

---

① 参见［美］戴维·M. 沃克：《牛津法律大辞典》，李双元等译，法律出版社2003年版，第413页。

② 参见［韩］权五乘：《韩国经济法》，崔吉子译，北京大学出版社2009年版，第196页。

值取向，而长期以来我们过多强调前者而忽略了后者。《反不正当竞争法》维护公平交易权的价值取向没有得到足够重视，导致我国理论和实务上对《反不正当竞争法》和《反垄断法》的立法目的和法益追求产生混同，进而在《反不正当竞争法》修订时围绕一些具体条款设计发生了重大争议。

第三节　数字经济背景下强化维护公平交易权立法的必要性

一、社会主义市场经济体制下的竞争监管特征

近代资本主义产业革命发生在欧洲，由于机器生产替代手工作坊，因此对大量产业工人的需求促使资本主义的生产关系发生变革。近代欧洲经过宗教改革和资产阶级思想文化的传播，以自由、民主、平等、权利为代表的价值观深入人心，在经济层面上也形成与之对应的自由竞争、机会平等、意思自治、合同自主等市场经济的基本理念。西方国家经过数百年的资本主义发展和资产阶级思想文化的洗礼，基本确立了政治国家、市民社会与自由市场这三个并行且相互制约的社会治理结构。这种治理结构的特征是，国家对社会和市场尽可能少干预，由成熟的市民组织自发地处理社会公共事务，由市场这只"看不见的手"调节社会生产和资源配置。政府由民意选举产生，代表国家行使社会、经济管理职能，处理国家事务和市民社会无法处理的公共事务，以及在"市场失灵"的特殊情况下介入市场管理。在资本主义国家发展的不同历史时期，虽然存在因经济危机、战争或自

然灾害等特殊情况下政府临时性介入社会和市场，但是整体上遵守的是小政府、大社会和自由市场体制的国家治理理念。

和西方国家不同，我国自古以来就形成了大一统的中央集权式国家治理体制，缺乏自由竞争、权利平等、社会自治等文化传统。在近代遭受西方国家侵略后的民族觉醒和奋发图强意识推动下，我国开始学习和借鉴西方国家的科学技术、市场经济和法律文化。但是，我国并没有盲目引进西方市场经济和法律体制，仍然保持着政府对于社会和市场的适当干预和控制，形成了不同于西方国家的市场经济体制特征。在我国市场经济体制下，企业并不完全具备市场主体应有的自由竞争、公平交易和权利平等意识，即使在我国已经确立了社会主义市场经济体制的今天，仍然存在部分市场主体遭受不公平对待的情况。在当前的市场经济发展水平以及法律保护之下，市场主体不完全平等；在竞争法制所维护的公平竞争之下，仍存在并不公平的竞争和交易行为个例。

特别值得一提的是，西方国家的竞争法制主要调整横向市场主体之间的竞争行为，对于纵向市场上的交易行为只有在满足特定条件下（例如具有市场支配地位的企业滥用支配地位从事独家交易、附条件交易等行为）才进行干预。一般而言，只要横向市场上存在充分的竞争，纵向市场上的交易行为可以依据民法、合同法等私法规范进行调整。我国竞争法同样将具有横向关系的市场主体实施的不正当竞争或垄断行为作为主要调整对象，对于纵向市场的交易行为整体上保持谨慎介入的立场。虽然现在竞争法已经摒弃了狭义的同业经营者才存在横向竞争关系的观点，采取广义的扩张性的竞争关系认定原则，但是在民事诉讼中仍然将竞争关系作为确定原告资格的考量要素。[①]

在奉行市场经济的西方国家，最先诞生了以规范不正当竞争行为为目的的反不正当竞争法，以及以规制垄断协议、滥用市场支配地位和经营者集中为内容的反垄断法，这都是特殊历史背景下的产物。我国当前的市场经济环境下仍然存在一些不正当竞争和不公平交易情形。当实力强大的大型企业对其上下游中小型企业提出限制价格、独家协议或排他协议等不合理要求时，上下游中小企业迫于维护交易关系和自身利益，很少会提出抗争或诉诸法律救济，绝大多数情况下会接受这种不正当限制竞争或不公平交易行为。因此，在我国《反垄断法》实施过程中出现了一类特殊现象，即在西方国家很少适用的纵向垄断协议规制，在我国反而成为《反垄断法》的规制重点。

正如国家发展和改革委员会前价格监督检查与反垄断局局长所言，“我们的执法以我国现阶段的社会经济发展现状为空间背景，市场竞争不充分、纵向价格垄断多发是背景主色调，不同于国外成熟市场经济下竞争相对充分，纵向垄断协议已趋于减少和弱化的现实环境，我们处在发达国家反垄断执法已经走过路途的某个节点”。[②] 在最高人民法院关于裕泰公司诉海南省物价局的行政裁定书中，最高人民法院认为，“在当前我国市场条件不够完善及市场本身纠偏能力较弱的情况下，纵向垄断协议的限制竞争效果更需要受到重视和规制，对此类协议的规制和处罚是当前反垄断执法工作的重点。在当前的市

① 参见孔祥俊：《反不正当竞争法新原理——总论》，法律出版社 2019 年版，第 187 ~ 198 页。

② 许昆林：《宽大政策适用于纵向垄断协议》，载《中国经济导报》2013 年 10 月 31 日，第 A03 版。

场体制环境和反垄断执法处于初期阶段的情况下，如果要求反垄断执法机构在实践中对纵向垄断协议都进行全面调查和复杂的经济分析，以确定其对竞争秩序的影响，将极大增加执法成本，降低执法效率，不能满足当前我国反垄断执法工作的需要”。[①]

可见，在我国当前的市场经济体制下，灵活运用纵向垄断协议规制，预防和制止具有排除、限制竞争效果的竞争行为，已经成为行政执法机关介入纵向交易监管的一种手段。但是，纵向垄断协议规制作为《反垄断法》框架下的行为规制之一，其内含的违法前提条件是纵向协议具有排除、限制竞争效果，并且经营者不能援引《反垄断法》第 15 条所列举的豁免理由进行抗辩。基于《反垄断法》维护市场公平竞争秩序的价值设定，能够满足垄断协议规制的行为门槛是比较高的，这无论对于执法机关还是对于经营者而言都意味着更多的证明责任和更高的举证能力。另外，由于《反垄断法》只将固定转售价格和限定最低转售价格作为禁止性纵向垄断协议，难以覆盖全部的纵向价格协议，更难以适用于非价格纵向协议限制。[②]

如果跳出《反垄断法》列举的纵向垄断协议范围，纵向协议在市场交易中是广泛存在的商业实践，在多数情况下都是正常、合理的交易行为，这是西方国家将其视为合同自由与意思自治的私法范围而很少进行行政干预的理论依据。纵向协议中的一方如果具有市场支配地位，该具有支配地位方以不合理的高价销售或低价购买商品，或者强制相对交易方签署独家协议、排他协议、搭售或附条件交易甚至拒

① 最高人民法院行政裁定书（2018）最高法行申 4675 号。

② 虽然我国《反垄断法》第 14 条（三）把“国务院反垄断执法机构认定的其他垄断协议”作为兜底规定，但迄今为止反垄断执法机构并未发文认定新的纵向垄断协议行为。

绝交易时，构成对市场支配地位的滥用时，才会引发公权力部门的干预。但是在达不到滥用市场支配地位的高度，又不属于《反垄断法》明确禁止的固定转售价格和限定转售最低价格的情况下，市场上仍然存在大量的纵向价格或非价格协议，在现行法律框架下基本上没有相应的法律规制。这部分纵向限制行为，可以表现为限定最高转售价格、纵向非价格协议、不公平交易方法、不公平交易行为、不合理交易限制或滥用相对优势地位等。这类行为，很大程度上可以归类于纵向市场上限制“公平交易权”的行为，难以被传统《反不正当竞争法》覆盖，处于现行法律规制的空白地带。市场行为和竞争法制的关系见表3－1。

表3－1　市场行为和竞争法制的关系

<table>
<tr><td rowspan="2">《反垄断法》</td><td colspan="2">垄断协议</td><td>滥用市场支配地位</td><td>经营者集中</td><td rowspan="4">↑垄断
↓竞争</td></tr>
<tr><td>·横向
固定价格
限制数量
市场分割
联合抵制交易
……</td><td>·纵向
固定转售价格
限定转售最低价格
……</td><td>不公平高价或低价
掠夺性定价
拒绝交易
限定交易
搭售或附条件交易
差别待遇
……</td><td>横向集中
纵向集中
混合集中</td></tr>
<tr><td>（空白）</td><td colspan="4">限定最高转售价格、非价格纵向协议、不公平交易方法、不公平交易行为、不合理交易限制、滥用相对优势地位……</td></tr>
<tr><td>《反不正当竞争法》</td><td colspan="4">混淆、商业贿赂、虚假宣传、有奖销售、商业诋毁、侵犯商业秘密
网络不正当竞争行为</td></tr>
</table>

二、数字经济时代维护公平交易权的不可或缺性

随着数字经济时代的到来，国际社会普遍面临过去建立在工业经

济基础上的法律制度难以适应数字平台带来的挑战等诸多问题。其中一个突出的现象是，数字平台的双边市场特征加剧了平台各边的信息不对称性，原属于政府行使的部分市场监管职能转而由平台代为行使，数字平台在行使平台监管职能时缺乏必要的第三方监管，导致平台监管中产生大量自我优待和损害公平交易权的行为。具体来说，这一问题具有以下几个特征。

1. 以平台为核心的新型商业模式，使数字平台具有赢者通吃的自然垄断属性，加剧了竞争与垄断被双双强化的寡头型市场结构特征

早在数字经济到来之前，就有学者发现，由于信息产品的特征和高度的技术竞争，信息经济领域出现了竞争和垄断被双双强化的态势，即信息经济领域的市场门槛较低，市场的开放度很高，引发了信息经济领域的激烈竞争，激烈竞争带来快速的技术创新，进而造成信息经济领域的行业垄断性增强。行业垄断性增强导致市场集中度提高，由于信息经济领域的市场准入门槛低，市场集中度的提高并没有压制竞争，反而引发更加激烈的市场竞争。在竞争和垄断双强态势的作用下，竞争和垄断这种二律背反的共生现象演化出一种新的市场结构——寡头型垄断市场结构。[①]

寡头型垄断市场结构，不仅克服了完全垄断市场中因缺乏竞争而导致的效率低下和创新不足的问题，还有效地平衡了垄断竞争市场和寡头垄断市场中很难同时推动高度竞争和技术创新的问题。

一方面，基于互联网平台的边际成本为零，企业几乎可以无限制

① 参见李怀、高良谋：《新经济的冲击与竞争性垄断市场结构的出现——观察微软案例的一个理论框架》，载《经济研究》2001 年第 10 期。

地扩大规模，导致拥有技术竞争优势的企业获得“一家独大”的市场效果；另一方面，信息产品标准化的要求只能容忍一种技术的存在，成为标准的技术会获得法律允许的垄断地位。但一种技术的垄断只是新一轮更激烈竞争的开始，加剧了竞争—垄断—竞争的不断循环，因而信息产业里垄断地位的取得和失去都越来越快，促成了新型数字经济行业单寡头垄断市场的出现。[①] 数字经济时代的平台商业模式完全符合寡头型垄断市场的竞争特征，这对传统工业经济时代的规制理论形成重大挑战，依据现有的竞争法理论很难进行合理解释，也难以进行有效规制。

2. 数字经济发展的技术创新和动态竞争特征，加剧了数字平台运营的信息不对称性，推动数字平台承担起部分市场监管职能

现代市场经济国家普遍认同市场在资源配置中的决定性作用，而把政府干预限制在基于自然垄断、信息不对称和保护社会公共利益和消费者权益等“市场失灵”的特定情形下。数字经济依赖于互联网、大数据、人工智能、云计算、区块链以及5G技术等当今科技发展的前沿领域，不仅具有自然垄断的行业属性，还具有信息不对称的高科技特征。但是，数字经济的网络虚拟性以及高科技特征，不仅使普通民众很难认知数字技术背后的原理及问题，也给政府监管带来巨大的挑战。由于数字平台企业是掌握数字技术和大数据的市场主体，在数字平台和网络用户、数字平台和政府之间都存在巨大的“数据鸿沟”以及广泛的信息不对称性，当数字平台侵害网络用户利益时，不仅网

---

① 参见傅瑜、隋广军、赵子乐：《单寡头竞争性垄断：新型市场结构理论构建——基于互联网平台企业的考察》，载《中国工业经济》2014年第1期。

络用户很难维护自身权益，政府也很难察觉平台运行的技术原理和问题根源。

这种“数据鸿沟”以及信息不对称性，既是数字经济时代的特征，同时也是社会经济发展的必然结果。按照新自由主义经济学理论，由于存在信息不对称，需要政府提供基于维护社会公共利益和保护消费者权益的行政干预。在现代市场经济国家，行政干预需要有法律依据，而法律的出台一般具有滞后性。但是数字经济发展的高科技特征和市场动态变化，导致一项法律还未来得及出台，数字市场的行为模式已经发生了变化，使立法和政府干预几乎跟不上市场变化的速度。基于数字经济发展的信息不对称性和市场动态变化特征，将原本属于政府行使的部分监管职能交由数字平台行使，理论上能够弥补平台监管中存在的空缺，也是数字经济快速发展的结果。政府由监管平台竞争与交易秩序转变为监管平台的合规运营，这基本符合数字经济的发展需要和动态变化的行业特征。然而，数字平台代为行使平台内竞争秩序和交易监管功能也存在缺陷，即平台本身既是一方市场主体，又充当市场监管的角色，这又违背了市场经济体制下裁判员不能同时担任运动员的基本法理。

3. 数字平台代行平台监管职能时天生具有自我优待和损害其他主体公平交易权的行为惯性，使传统的竞争监管机制出现监管空缺

数字经济背景下形成以数字平台为核心的新商业模式，这既是信息科技发展的产物，也是市场推动的结果。数字经济发展因快速的技术创新和激烈竞争，使国有经济主体无法承担主角，形成以私有企业为主体的市场结构特征。但是，数字平台发展的基本动力是以逐利为核心，即便平台企业基于自身发展和提升竞争力的需要承担了部分平

台监管职能，但其本意并不是为了维护公共利益或消费者权益，而是基于平台自身的利益最大化。数字平台的这种双重功能身份和追求自身利益最大化的动机错配，既是平台经济领域市场竞争和监管的特征，也是推动数字平台企业技术创新的动力源泉，同时还构成新形势下对平台进行监管的巨大挑战。

当前，数字平台作为一方市场主体的同时，承担部分平台监管职能的现象非常普遍。例如，交易平台上普遍设有让用户评价商家的信息反馈机制，支付平台让买家点击接受商品或经过一段时间后才将商品款项转账给商家，一些综合性平台要求入驻商家或用户支付一定数额的保证金等，这些都是平台企业确保交易顺利进行以及对违规商家进行相应惩戒的做法。更进一步而言，诸如亚马逊、阿里巴巴和京东等大型网络零售平台，已经构建了平台用户和商家发生争议时的在线纠纷解决机制（Online Dispute Resolution，ODR），由平台作为第三方进行居中调解。平台企业自建争议解决机制或者由平台作为第三方进行居中调解，有利于平台用户快捷有效地解决争议，也有利于平台经济的健康与可持续发展，还能够降低政府的监管成本，发挥平台技术、信息和监管优势。然而，问题在于，数字平台作为市场主体的逐利本性，使其天生具有自我优待倾向，在行使平台监管职能时不可避免地产生侵害其他主体公平交易权的行为。数字平台这种自我优待和侵害其他主体公平交易权的行为，在现有法律框架下缺乏有效监管，实则处于空白地带。目前，包括欧美发达国家在内的主要经济体都已经意识到平台自我优待行为的竞争有害性，开始构筑新型法律以应对数字平台自我优待、恶意不兼容等侵害其他主体公平交易权的行为。

第四节　各国家或地区维护公平交易权的理论与实践

一、数字经济背景下欧美重视公平交易权的理论探讨

近年来，随着数字经济的快速发展，西方发达国家逐渐认识到维护公平交易问题的重要性。在美国，以新布兰代斯运动为代表，批判芝加哥学派在过去几十年来把消费者福利作为评估市场竞争行为的唯一标准，提出反托拉斯法需要重返竞争过程和结构主义规制，维护竞争法制多元价值追求的主张。该学派的代表人物莉娜·可汗认为，美国国会 1937 年通过的《弥勒—泰丁法》与 1936 年通过的《罗宾逊—帕特曼法》都是推动公平贸易运动的产物，这些法案把纵向市场的掠夺性定价和转售价格维持视为违背公平贸易的行为。但是在芝加哥学派推动下，从 20 世纪 70 年代开始，美国反托拉斯法转向采用“合理原则”（rule of reason）分析掠夺性定价和转售价格维持等纵向行为，放松了监管立场。莉娜·可汗提出，在平台竞争的新时代需要通过改革反托拉斯法应对发生在平台领域的掠夺性定价和纵向整合行为，通过加强管制以对待占支配地位的平台。[①] 莉娜·可汗与其他同僚一道，推动美国众议院司法委员会通过了《数字市场的竞争调查》，罗列以脸书、亚马逊、谷歌、苹果为代表的主导数字平台自 1998 年以来共收购了 500 多家公司却没有受到美国反垄断机构的任何阻止，强调美国反托拉斯执法应该加强对纵向并购和对初创企业收

---

① See Lina M. Khan, *Amazon's Antirust Paradox*, The Yale Law Journal, Volume 126, No. 3, January 2017, p. 710 – 805.

购的审查。[①]

拜登政府上台后，莉娜·可汗被任命为美国联邦贸易委员会（FTC）的主席，其上台伊始，就撤销了美国联邦贸易委员会于2015年发布的关于《联邦贸易委员会法》第5条执行原则的声明。[②]《联邦贸易委员会法》第5条是美国反托拉斯法框架下规制不公平竞争行为的条款，一直以来被视为对《谢尔曼法》和《克莱顿法》的重要补充。2015年声明中，时任FTC主席伊迪丝·拉米雷斯（Edith Ramires）认为，《联邦贸易委员会法》应当和《谢尔曼法》以及《克莱顿法》采用一致性的促进消费者福利标准，按照“合理原则”分析行为可能引起的竞争损害和可识别的效率，在经营行为不违反《谢尔曼法》和《克莱顿法》时，美国联邦贸易委员会不会单独启用第5条进行调查。[③] 莉娜·可汗撤销前任主席不启用第5条的声明，体现了其将《联邦贸易委员会法》第5条视为“公平贸易法”的一贯认知，也表明了在其任内将加强维护公平贸易的执法理念。

---

① See Jerrold Nadler & David N. Cicilline, *Investigation of Competition in Digital Market*, *Majority Staff Report and Recommendations*, *Subcommittee on Antitrust*, Commercial and Administrative Law of the Committee on the Judiciary, United States, 2020, available at https://judiciary.house.gov/uploadedfiles/competition_in_digital_markets.pdf. Last view on 8 May 2023.

② Remarks of Chair Lina M. Khan on the Withdrawal of the Statement of Enforcement Principles Regarding "Unfair Methods of Competition" Under Section 5 of the FTC Act, July 1, 2021. Available at https://www.ftc.gov/system/files/documents/public_statements/1591506/remarks_of_chair_khan_on_the_withdrawal_of_the_statement_of_enforcement_principles_re_umc_under.pdf. Last view on 8 May 2023.

③ FTC Issues Statement of Principles Regarding Enforcement of FTC Act as a Competition Statute, Frames Agency's Use of "Stand Alone" Section 5 Authority to Address Unfair Methods of Competition. 13 August, 2015, available at https://www.ftc.gov/news-events/news/press-releases/2015/08/ftc-issues-statement-principles-regarding-enforcement-ftc-act-competition-statute. Last view on 12 May 2023.

与美国联邦贸易委员会几乎同时转变反垄断立场的还有美国司法部。2020年10月20日，司法部联合11个州的司法部长向美国哥伦比亚特区地方法院提起针对谷歌的反垄断民事诉讼，并请求赔偿竞争损害。[①] 在起诉书中，司法部指控谷歌通过以下方式非法维持搜索和搜索广告市场的垄断地位：（1）签订排他性协议，禁止预先安装任何竞争性的搜索服务；（2）通过捆绑协议和其他安排，强制将其搜索应用程序预装在移动设备的主要位置，并使其无法删除，而不管消费者的偏好如何；（3）与苹果达成长期协议，使谷歌成为评估系统浏览器Safari和其他苹果搜索工具上的默认搜索引擎；（4）通常利用垄断利润为其搜索引擎在设备、网页浏览器和其他搜索接入点上购买优惠待遇，形成持续的、自我强化的垄断循环。四项指控都涉及谷歌在纵向市场上强迫交易对方实施巩固谷歌市场垄断地位的排他行为，虽然还不清楚法院的审判结果，但已经可以看出美国反垄断执法的重大立场转变。

随着数字经济的兴起，欧盟较早意识到传统经济法律正遭遇挑战，并最先尝试通过立法加强对数字平台的竞争监管。欧洲议会和欧盟理事会在2019年出台了《促进在线中介服务业用户公平和透明度条例》，专门针对在线中介服务和在线搜索引擎的平台施加义务，促使其符合欧盟的监管要求。该条例的突出特点在于，突破了欧盟竞争法框架下对平台监管需要满足实质性阻碍有效竞争或与欧洲统一市场

① Justice Department Sues Monopolist Google For Violating Antitrust Laws Department Files Complaint Against Google to Restore Competition in Search and Search Advertising Markets, October 20, 2020. Available at https: //www. justice. gov/opa/pr/justice – department – sues – monopolist – google – violating – antitrust – laws. Last view on 8 May 2023.

建设不一致的传统要件，也不需要借助相关市场界定或市场支配地位认定等竞争法实施的传统工具，对在线中介服务和在线搜索引擎平台的算法排名、差别待遇具体合同条款以及数据获取等行为，规定了要承担透明度和公平交易义务，体现了欧盟加强维护数字平台公平交易的立场转变。[①] 2020 年 12 月底，欧盟委员会公布了 DSA[②] 和 DMA[③] 两个法案，引入针对大型平台企业的“守门人”义务，对数字平台提供的内容服务规定了更为严格的监管义务。两个法案目前都已经通过，为欧盟创立公平竞争的数字市场环境，强化对数字平台的公平交易监管，确立了比较详细的法律标准。在最后的修改中，DMA 法案对“不公平”进行定义，是指“企业用户的权利和义务之间的不平衡，守门人获得了不成比例的优势”。[④]

一般认为，竞争法框架下的相对优势地位规制理论是最能代表维护公平交易的理论探索。德国《反限制竞争法》最早导入相对优势地位规制，其在制度上的突出特点是区分了具有相对交易优势地位和相对市场优势地位的不同规制路径，但两者的共通之处都在于维护中小企业的利益。[⑤] 其中，对具有相对交易优势地位的行为规制重点是

---

① Regulation（EU）2019/1150 of the European Parliament and of the Council of 20 June 2019 on Promotion Fairness and Transparence for Business Users of Online Intermediation Services, Official Journal of the European Unino, L 186/57 – 79.

② Proposal for a Regulation of the European Parliament and of the Council on a Single Market for Digital Services（Digital Services Act）and amending Directive 2000/31/EC, 2020/0361（COD）.

③ Proposal for a Regulation of the European Parliament and of the Council on Contestable and Fair Markets in the Digital Sector（Digital Markets Act）, Brussels, 2020/0374（COD）.

④ Luca Bertuzzi, DMA：Signaficant additions made it in the final text, EURACTIV. com, April 15, 2022. Available at https：//www. euractiv. com/section/digital/news/dma – significant – additions – made – it – into – the – final – text/. Last view on 8 March 2023.

⑤ 参见袁嘉：《德国滥用相对优势地位行为规制研究——相对交易优势地位与相对市场优势地位的区分》，载《法治研究》2016 年第 5 期。

在纵向市场上防止具有交易优势的一方妨碍对其具有依赖性的中小企业的交易自由，保障的是中小企业的公平交易权；对相对市场优势地位的行为规制重点是在横向市场上确保和具有相对市场优势地位一方进行竞争的中小企业的公平竞争权。面对数字平台竞争给传统反垄断监管带来的挑战，德国于2017年6月和2021年1月通过《反限制竞争法》第九次和第十次修订，对“具有显著跨市场竞争影响的企业”启用更加符合数字平台市场的界定标准，禁止其从事价格歧视、限制交易、自我优待以及其他滥用数据优势的行为。①迄今为止，德国仍然是世界主要经济体中最先通过反垄断法律修订来应对数字平台竞争挑战的国家，修订后的《反限制竞争法》确立了对相对交易优势地位的行为规制和对“具有显著跨市场竞争影响的企业”的规制，都明显体现了其强化维护中小企业公平交易权的立法探索和现实应对。

二、东亚国家和地区维护公平交易权的立法和实践

事实上，早在亚洲国家进入工业化经济时代之初，理论界就意识到亚洲国家在经济结构和企业文化上和西方国家存在差异，提出了在移入西方国家竞争法制的同时，维护纵向市场上公平交易权的重要性。日本是亚洲最先效仿西方，成为东亚地区最先跨入发达国家行列的国家。在近代日本资本主义发展过程中，形成了以国家扶持和政策

① 衡量企业是否具有“显著跨市场竞争影响”时，必须考虑以下要素：（1）该家企业在一个或若干个市场上的市场优势地位；（2）该家企业的财务实力或获得其他资源的机会；（3）该家企业实施的垂直整合活动或以其他方式在相互关联的市场进行的活动；（4）该家企业获取与竞争相关的数据的渠道；（5）该家企业相关活动对第三方主体进入采购与销售市场的重要影响以及该家企业通过其相关活动对第三方主体业务活动的影响。参见翟巍：《〈德国反限制竞争法〉数字化改革的缘起、目标与路径——〈德国反限制竞争法〉第十次修订述评》，载王先林主编：《竞争法律与政策评论》第6卷，法律出版社2020年版，第25～37页。

保护为特征的大型财阀体制，并没有培育出欧美存在的以自由竞争和公平交易为特征的社会基础。第二次世界大战结束后，在盟军占领下的日本效仿美国建立了《禁止私人垄断和确保公平交易的法律》，即《日本反垄断法》。日本理论界敏锐地观察到，由于日本企业缺乏自由、公平与权利平等的竞争文化，当中小企业和大企业进行交易或竞争时，基于对大企业的依赖关系，很容易处于从属地位，而这种从属性地位进一步助长了大企业的相对市场力量，形成了日本经济结构中普遍存在的大型企业和中小型企业之间的“支配关系”或“从属关系”。[①] 日本企业缺乏独立自主、公平竞争的文化体质，使这种不平等的交易关系趋于固定化，在这种经济结构和社会体制背景下形成的《日本反垄断法》，被赋予了纠正市民法原理的使命，即限制具有市场力量的经营者的交易自由。日本理论界的这一认识也被视为日本对发端于德国的经济法理论的最大贡献，并直接影响《日本反垄断法》的制度设计。具体而言，就是《日本反垄断法》不仅引入了美国反托拉斯法的垄断协议、滥用市场支配地位和经营者集中规制，还单独规定了对不公平交易方法的规制。[②]

日本经济法的发展深刻地影响着周边国家和地区，事实上韩国和我国台湾地区都不同程度地参照了日本经验。日韩在历史发展中深受我国文化影响，在发展市场经济过程中同样缺乏欧美发达国家那种内生性的自由、平等和公平竞争的企业文化体质。因此，即便引进西方国家的竞争法律，但形式上平等的市场主体实质上处于不平等的交易

---

① 参见［日］正田彬：《经济法讲义》，日本评论社 1999 年版，第 14 ~ 15 页。

② 参见戴龙：《日本反垄断法研究》，中国政法大学出版社 2014 年版，第 58 ~ 62 页。

地位，市场主体之间并不自由的经济活动在“合同自由”“意思自治”等民法原理下被视为自由的经济活动，实质上的不正当竞争和不公平交易的真相反而被扭曲或掩盖。在这种认识和理解的驱动下，在亚洲以日本、韩国为代表的经济立法中都将维护公平交易作为反垄断法的重要立法目的。从上述日本反垄断法的名称中就可以看出，其包括“禁止私人垄断”和“确保公平交易”两个组成部分。韩国反垄断法的全称是《规制垄断和公平交易法》，其制度设计同样是基于韩国的社会、经济结构特征，确立了规制垄断和确保公平交易这两项法律制度。[①]

从法律实施上看，日韩反垄断法中的不公平交易行为规制都得到了广泛的运用。历史上，日本不公平交易方法规制曾经被公正交易委员会大量适用，甚至取代了反垄断法中的私人垄断和不正当交易限制规制，因此曾遭到理论界的广泛批评。[②] 现在日本关于不公平交易方法规制的实践案例已经日趋减少，根据日本公平贸易委员会发布的年度报告，2011 年度日本公平贸易委员会总共执法 22 件（其中涉及不公平交易方法的案件 5 件），2012 年总共执法 20 起（无涉及不公平交易方法的案件），2013 年度总共执法 18 件（不公平交易方法的案件 1 件），2014 年总共执法 10 件（不公平交易方法的案件 2 件），2015 年度总共执法 9 件（无不公平交易方法的案件）。[③] 在韩国，针

① 参见［韩］权五乘：《韩国经济法》，崔吉子译，北京大学出版社 2009 年版，第 195 页。

② 参见戴龙：《日本反垄断法研究》，中国政法大学出版社 2014 年版，第 113～151 页。

③ 日本公平贸易委员会：“平成 27 年度における独占禁止法違反事件の処理状況について”［OL］.［2006－5－25］。参见日本公平贸易委员会官网，http：//www. jftc. go. jp/houdou/pressrelease/h28/may/160525. html，最后阅览时间：2023 年 6 月 8 日。

对不公平贸易行为规制仍处于广泛适用阶段，据统计，韩国公平贸易委员会处理的涉及不公平交易行为的案件2011—2014年的各年间分别为600件、843件、381件和478件，比同一时期处理的其他各类垄断行为案件的总和还要多。①

我国台湾地区的“公平交易法”，直接体现了以维持公平交易为主要目的的特征。我国台湾地区“公平交易法”第1条规定其目的是“为维护交易秩序与消费者利益、确保公平竞争，促进经济之安定与繁荣”，将“维护公平交易秩序”作为首要的目的。在“公平交易法”的起草过程中，台湾“立委”朱高正曾指出，制定“公平交易法”“最重要的是保障中小企业在自由经济市场具有竞争力，而不会被排除……就是要保障中小企业免于被合并”。②我国台湾地区“公平交易法”的实体部分由独占、结合、联合行为（第2章）和不公平竞争（第3章）构成，成为将反垄断法和反不正当竞争法进行综合立法的典型。台湾学者认为，“公平交易法”涵盖限制竞争、不正当竞争和消费者保护三种性质，本身具有多元目的。③“公平交易法”第24条规定，除另有规定者外，事业亦不得为其他足以影响交易秩序之欺罔或显失公平行为，该条款在实践中得到广泛运用，体现了我国台湾地区“公平交易法”在维持交易秩序方面的功能和作用。据统计，到1999年年底，依据第24条进行处分的案件达381件，在

---

① 参见金善明、全玲贤：《韩国公平交易委员法最新进展和典型案例》，载中国世界贸易组织研究会竞争政策与法律专业委员会编：《中国竞争法律与政策研究报告2015》，法律出版社2016年版，第265～287页。

② 赖源和编审：《公平交易法新论》，中国政法大学出版社、元照出版公司2002年版，第28～35页。

③ 赖源和编审：《公平交易法新论》，中国政法大学出版社、元照出版公司2002年版，第28～35页。

“公平交易法”的实体规定中仅次于第21条的不实广告，在1994年、1998年和1999年三个年度的执法件数超过全部案件的1/3，10年来呈现明显增长的趋势。[①]

可以说，日韩的反垄断理论和实践探讨，将移植于欧美的经济法理论和东亚国家的经济结构、发展水平与传统文化相结合，提炼出一套适用于市场经济发展初期，体现东亚国家企业文化，具有很强可操作性的规制理论。由于东亚国家在长期的官僚体制下培养出企业依附权力和借助大企业获取竞争或交易优势的天然性格，这种企业文化直接影响日韩等地的反垄断法律设计，其反垄断法都将维护公平交易作为一个重要的立法目的，形成了不同于欧美反垄断法的一个重要特征。在法律实施上，日韩的竞争执法机构在实践中广泛运用反垄断法中的公平交易条款，查处了大量的违法案件，对促进市场公平竞争和维护公平交易发挥了重要的作用。我国可适当借鉴周边国家和地区的法制建设，对日韩等地特有的反映亚洲国家经济和文化传统的制度设计进行研究。

我国近年来也意识到加强公平交易监管的重要性，突出表现在《电子商务法》第35条引入对电子商务平台经营者的更为宽泛和严格的交易义务规定。该条基于电子商务平台经营者可能利用服务协议、交易规则以及技术等手段，针对具有上下游关系的平台内经营者从事有违公平交易的不合理价格或其他限制行为，授权市场监管部门进行干预。虽然我国《电子商务法》第35条加强对电子商务平台经

① 参见苏永钦：《走入新世纪的私法自治》，中国政法大学出版社2002年版，第147~181页。

营者的交易义务具有一定的合理性、必要性，但现在的法律规定并未明确法律介入平台交易行为的理论依据，也未提供公权力干预平台交易时具有可操作性的对策措施，该条款自法律实施以来也未得到广泛的适用。①

第五节 《反不正当竞争法》中强化“公平交易权”的立法建议

我国《反不正当竞争法》在2017年修订时没有触及对该法立法定位和价值取向的调整，使这次修订成为一项继承多于创新的修法工程。② 当前，数字经济发展方兴未艾，数字经济领域的竞争与创新成为世界各国关注的重要问题，如何构建适应数字经济时代特征的法律制度成为各国面临的崭新问题。我国的各项政策制定都需要和国家构建新发展格局、推动高质量发展和促进共同富裕的战略相配合，为此，我国的经济立法也应当加强创新引领，破除旧有思维模式和法律框架的束缚，适应数字经济时代的发展需要。

我国《反垄断法》已经于2022年6月24日召开的第十三届全国人民代表大会常务委员会第三十五次会议正式通过修正。从《反垄断法》的修法进程来看，立法机关重点对该法存在的垄断协议分类规制缺陷、行政处罚过轻和不适应数字经济时代竞争与创新等问题进

① 参见戴龙：《论我国〈电子商务法〉竞争规制条款的适用》，载《法治研究》2021年第2期。

② 参见上海交通大学凯原法学院院长孔祥俊教授在中国人民大学的演讲：《新修订反不正当竞争法的新特征》，2017年12月6日。

行修补，但并未涉及对《反垄断法》的立法价值和规制体系的深度调整。从国际上看，反垄断法在世界范围内具有共通的体制架构，其以规制垄断协议、滥用市场支配地位和经营者集中为代表的“三大支柱”在不同法域和国家具有广泛的共识性，其核心价值仍然是维护公平竞争的市场经济体制。反而是反不正当竞争法，在东西方政治、经济、文化和法治环境下演化出各不相同的规制路径与价值取舍。在今天的数字经济时代背景下，《反不正当竞争法》仍然因其高度的灵活性不断地适应变化的市场需求，与时俱进地适应新情况与新问题。①

在新时期，赋予《反不正当竞争法》更大的历史使命与价值追求，符合该法作为市场经济体制下行为规制法的基本属性。在笔者看来，拓展《反不正当竞争法》用于维护公平交易的价值取向，使其和本来承担的维护公平竞争的价值取向互相呼应，构建起规范不公平交易和不正当竞争的一体两翼功能，既能顺应数字经济时代的市场监管需要，又能够成为我国在新时期引领世界的立法创新。诚如此，《反不正当竞争法》因其维护公平交易的价值取向，与《反垄断法》的维护公平竞争的价值取向区别开来。同时，《反不正当竞争法》还因其促进公平竞争的行为规制法价值，与知识产权诸法以保护专有权为目的的价值取向区别开来。《反不正当竞争法》真正成为既区别于《反垄断法》，又不同于知识产权诸法，在经济立法中具有独特价值取向和法律功能的基本立法。

---

① 参见王艳芳：《〈反不正当竞争法〉在互联网不正当竞争案件中的适用》，载《法律适用》2014 年第 7 期。

确立了《反不正当竞争法》的规范不公平交易和规制不正当竞争的价值取向，对于重新理解和设计我国《反不正当竞争法》，就有了明确的方向指引。首先，在立法目的中，应当将“规范不公平交易行为”明确列为新增的立法目的。据此，现行《反不正当竞争法》第1条应当修改为：为了促进社会主义市场经济健康发展，鼓励和保护公平竞争，制止不正当竞争行为，规范不公平交易行为，保护经营者和消费者的合法权益，制定本法。

其次，在现行《反不正当竞争法》第2条中增设“不公平交易行为”的定义。我国1993年《反不正当竞争法》第2条规定“经营者在市场交易中，应当遵循自愿、平等、公平、诚实信用的原则，遵守公认的商业道德”，当初立法使用了“市场交易”一词，这在当时是非常具有远见的，明确体现了该法维护公平交易的价值取向。2017年修订的《反不正当竞争法》第2条第1款把旧法中的“市场交易”修改为“生产经营活动”也是合理的，因为“生产经营活动”不仅包括“市场竞争”，还涵盖“市场交易”，具有更为广阔的适用空间。《反不正当竞争法》第1条一直被称为“一般条款”，2017年修订已经为该法在将来可能延伸出新的行为规制拓展新的价值取向，预留了空间。

为了体现《反不正当竞争法》维护公平交易的价值取向，应当对“不公平交易”的概念进行界定。现行《反不正当竞争法》第2条第2款已经对“不正当竞争行为”的定义作出规定，建议增设第3款对“不公平交易行为”进行界定。事实上，对“不公平交易”进行概念界定非常困难，因而日韩的公平交易法中都回避对“不公平交易行为”进行明确定义，转而采取间接列举不公平交易行为的立法方式。[①] 按照我国立法中对于关键性概念一般要先进行界定的惯例，对不公平交易行为的概念界定似乎必不可少。建议对照《反不正当竞争法》第 2 条第 2 款关于“不公平竞争行为”的定义，将“不公平交易行为”界定为“本法所指的不公平交易行为，是指经营者在生产经营活动中，违反本法规定，扰乱正常的市场竞争和交易秩序，损害其他经营者或者消费者的公平交易权的行为”。这一概念中的核心名词是“公平交易权”，但对这一具有高度抽象、概括的理论术语，在立法中不宜明确规定，可以留给学术界探讨，或者在法律实施中结合个案进行解释。

再次，建议我国《反不正当竞争法》在具体行为列举中增设关于“不公平交易行为”的规定。对此，可以参考借鉴《德国反限制竞争法》以及日韩的立法先例，单独用一章规定不公平交易行为，也可以在现行法第 2 章下面设立一条关于“不公平交易行为”的规定。立法中对不公平交易条款的范围可以规定得广泛一些，既包括传统线下市场交易领域，也可以涵盖数字经济领域的不公平限制交易行为。不公平交易行为规制与《反垄断法》的滥用市场支配地位规制的主要区别是，不公平交易行为规制不需要以经营者具有市场支配地位为前提，从而大大降低了适用门槛。该条款可以适用于纵向市场具有一定市场势力的经营者从事的价格或非价格限制交易行为，如果行为构成《反垄断法》明确禁止的纵向垄断协议，即固定转售价格转或限定转售最低价格，可以适用《反垄断法》进行规制。在行为不

---

① 参见日本《禁止私人垄断及确保公正交易法》第 2 条第 9 款、韩国《规制垄断与公平交易法》第 23 条。

构成纵向垄断协议，但又具有一定的限制竞争效果，主要表现为损害交易相对人的公平交易权，扰乱公平的市场竞争和交易秩序时，才构成本条款下的不公平交易行为。

值得一提的是，《反不正当竞争》中导入不公平交易行为条款后，会和《电子商务法》第35条禁止滥用优势地位的行为规制产生交叉。《电子商务法》第35条规定，电子商务平台经营者不得利用服务协议、交易规则以及技术等手段，对平台内经营者在平台内的交易、交易价格以及与其他经营者的交易等进行不合理限制或者附加不合理条件，或者向平台内经营者收取不合理费用。但是，第35条的规制对象仅限于电子商务平台经营者，并且其实施的不合理限制行为只是不公平交易行为中的一种，对第35条无法覆盖的其他电子商务经营者实施的不公平交易行为，《反不正当竞争法》仍然具有兜底性的适用可能性。

最后，由于新增的不公平交易行为条款在法律实施上不要求经营者具有市场支配地位，要预防该条款实践中可能被滥用以至于干扰属于正常的商业交易行为。为此，不公平交易行为的认定需要综合考虑实施限制方的市场势力、限制行为的不合理性、扰乱市场交易秩序的不正当性等要素。在司法实践中，可以由起诉方（原告）对被告实施侵害自己公平交易权的不公平限制行为进行举证，由被诉方（被告）提供自己实施限制交易行为的合理性抗辩。在行政执法中，由于《反不正当竞争法》的执法层级可以下放到县市级市场监管部门，应当要求执法机关提供行政相对人实施不公平交易行为扰乱市场交易秩序的合理分析与事实证据。在积累了一定的法律实施经验后，可以由国家市场监督管理总局制定针对不公平交易行为的更具可操作性和实践指引性的实施细则。

第六节 小　结

《反不正当竞争法》是一部维护公平竞争和促进公平交易的经济法律，其竞争法取向使其与以保护专有权为目的的知识产权法相区别，形成了其以打击不正当竞争为目的的行为规制法特征；《反不正当竞争法》的公平交易法的价值取向使其和以确保市场竞争秩序的《反垄断法》区别开来，形成了该法以规制不公平交易为目的的公平交易法特征。我国理论界和实务界长期以来侧重于对《反不正当竞争法》的维护公平竞争的立法价值研究，而忽略了该法具有促进公平交易的价值取向，导致我国理论界和实务界对《反不正当竞争法》和《反垄断法》在立法理念和功能分工上出现模糊认识。问题的解决必须追本溯源，回归到经济法的国家干预性质和《反不正当竞争法》的立法本意上来。作者认为，如果明确了《反不正当竞争法》的公平交易法的价值取向，就能够理顺其与《反垄断法》的区别与联系，能够解决我国《反不正当竞争法》立法和实施过程中存在的问题。我国应当加强对周边国家或地区的法律制度研究，制定出既符合我国本土国情又能解决实务问题的法律制度。

第四章　互联网平台竞争的《电子商务法》规制路径

《电子商务法》自2019年1月1日开始实施，不仅成为我国电子商务领域的综合性基本法，而且也是一部大的“互联网法”，更是一部“平台责任法”或“平台监管法”。[①]《电子商务法》回应了我国互联网经济发展中缺乏权威性、综合性法律规范的需要，平衡与协调电子商务市场各方主体权益，规范电子商务发展与市场竞争中出现的问题，对于我国实现互联网经济的健康发展，参与并主导互联网治理的国际规则制定，具有重大的意义。《电子商务法》第22条（不得滥用市场支配地位）和第35条（禁止滥用优势地位）立足于维护电子商务市场竞争秩序，对电子商务经营者和电子商务平台经营者规定了既有联系又有区别的行为规范，弥补了我国现有竞争法律的规制空白，具有重要的理论和实践价值。但是，《电子商务法》第22条和第35条与现行《反不正当竞争法》第12条以及《反垄断法》滥用市场支配地位规制有何区别？如何区分《电子商务法》第22条和第35条关于电子商务平台经营者的法律责任？这些问题对于准确理解

① 参见丁道勤：《〈电子商务法〉平台责任“管道化”问题及其反思》，载《北京航空航天大学学报（社会科学版）》2018年第6期。

《电子商务法》设立竞争规制条款的意义，以及在实践中发挥《电子商务法》在规范电子商务市场公平竞争中的作用，至关重要。本书梳理《反垄断法》和《反不正当竞争法》在处理互联网领域竞争问题中存在的局限性，分析《电子商务法》第22条和第35条的立法意义、实践价值及其不足之处，重点探讨对电子商务平台经营者的义务规定及竞争规制问题，提出我国《电子商务法》竞争规制条款适用的改进建议。

第一节 我国《电子商务法》设立竞争规制条款的原因

互联网经济是当今世界经济活动中最活跃的行业领域。互联网经济的快速发展得益于近年来数字、信息技术的突破性进展，特别是随着信息传播从PC端向移动端的转移，以智能手机为载体的软硬件技术开发和新型商业模式呈现出爆炸式增长，给人们带来全新的消费体验，促进了电子商务的高速发展。事实上，电子商务只是互联网经济发展的一个缩影，整个互联网行业已经成为世界主要国家经济发展的引擎，带动其他实体经济部门都取得了巨大的发展成果。

互联网经济的快速发展催生了一系列新技术、新产品和新商业模式，也引发了关于互联网行业市场竞争问题的担忧和争论。近年来，我国互联网经济蓬勃发展，与此同时所产生的互联网竞争问题也具有代表性和普遍性。《电子商务法》的出台就是为了解决我国电子商务快速发展、有关电子商务的纠纷多发却没有对应法律规范的问题。《电子商务法》对电子商务主体（电子商务经营者、平台经营者）、电子商务行为（电子合同、电子支付、快递物流和交付）、数据信息的收集和保护、跨境电子商务的法律适用、消费者权益保护、市场秩序与公平竞争、争议解决、法律责任与监督管理都进行了详细的规定，是我国电子商务发展和互联网治理的重要法律依据。

促进电子商务市场的健康发展，维护电子商务市场的公平竞争秩序，是推动我国电子商务立法的主要原因之一。在《电子商务法》之前，我国已经颁布了《反垄断法》（2008 年 8 月 1 日实施）和《反不正当竞争法》（2017 年修订），这些是我国维护市场公平竞争秩序的基本法律。《反垄断法》从维护市场竞争秩序的宏观维度，对经营者达成或实施垄断协议、滥用市场支配地位以及进行具有排除限制竞争效果的集中行为进行规制。2017 年修订的《反不正当竞争法》新增了互联网不正当竞争行为规制条款（第 12 条），即“互联网专条”。在此背景下，我国通过《电子商务法》对电子商务市场的竞争问题又作出规定，主要是源于现有《反垄断法》和《反不正当竞争法》并不能很好解决电子商务市场的竞争问题，源于互联网市场竞争的特殊性。

一、《反垄断法》适用于互联网行业竞争规制存在的问题

《反垄断法》的规制框架主要由垄断协议、滥用市场支配地位和经营者集中规制构成，虽然近年来发生在互联网行业的算法合谋与集中行为引发了学术界和实务界的关注，但与市场公平竞争和消费者利益直接相关的无疑是滥用市场支配地位的规制问题。然而，《反垄断法》的滥用市场支配地位规制在应对互联网行业的滥用行为时显得力不从心。具体体现在：滥用市场支配地位规制是建立在 SCP 分析

基础上的结构性规制模式，[①] 以界定相关市场并以经营者在相关市场拥有市场支配地位为前提。但是，现有反垄断法的相关市场界定理论主要适用于传统工业经济时代的单边市场情形，对互联网经济中广泛存在的双边或多边市场很难适用。[②] 在传统的单边市场，一方的需求与另一方的供给存在正相关关系，市场供需决定了价格结构，只要经营者的边际成本等于边际效益，经营者就能够实现利益最大化。但是在存在双边市场的互联网平台经济中，平台双边的用户相互依赖，只是这种依赖并不完全基于价格和成本，而是基于另一边给自己带来的潜在交易机会和价值。[③]由此，在以网络平台为特征的互联网经济领域，平台双边的价格结构和成本结构发生偏离，一般适用于单边市场的需求弹性难以反映双边市场上各方的替代分析。[④]由于双边市场下的相关市场界定面临诸多不确定因素，目前各种相关市场界定方法过于依赖模型设定和前提假设，要想直接适用于互联网行业领域，到目前为止还没有比较公信的方法。

在没有确立一套行之有效的市场界定方法之前，要判断互联网企业是否具有支配地位就更加困难。虽然《反垄断法》关于市场支配地位的判断因素对互联网企业仍然适用，但互联网企业的平台特征决定了平台对一边的定价高于边际成本，而对另一边的定价低于边际成

---

① 参见李剑：《论结构性要素在我国〈反垄断法〉中的基础地位——相对优势地位滥用理论之否定》，载《政治与法律》2009 年第 10 期。

② 参见张晨颖：《平台相关市场界定方法再造》，载《首都师范大学学报（社会科学版）》2017 年第 2 期。

③ See Jean Charles Rochet & Jean Tirole, *Platform Competition in Two - sided Markets*, Journal of the European Economic Association, June 2003, 1 (4), p. 990 - 1029.

④ 参见岳中刚：《双边市场的定价策略机反垄断问题研究》，载《财经问题研究》2006 年第 8 期。

本几乎成为一种普遍模式。即便互联网平台在一边的定价低于边际成本，仍然可以通过对另一边的高于边际成本的定价弥补亏损一边的边际损失，获取远远高于竞争状态下的利润水平。因此，单从价格出发很可能得到假阴性结论，即忽略了平台经营者实际存在的支配力；同样，平台一边的定价远高于边际成本也可能只是获得竞争性利润，单看价格可能会导致假阳性错误，即平台并没有获得市场支配力，却被视为拥有市场支配力。①

由此可见，依赖传统的市场份额或者价格结构、替代分析等测试难以全面、客观地反映互联网平台竞争的市场特征。另外，基于互联网平台的多归属性（互联网用户在不同平台之间进行切换的便捷性），即便平台经营者拥有很高的市场份额，用户选择或替换不同平台并不需要花费太多的成本，看起来由单一主体主导的市场也可能存在充分的竞争。②因此，传统反垄断法禁止的垄断高价、拒绝交易、搭售或附加不合理交易条件等滥用市场支配地位的行为，在互联网行业竞争中并不能当然视为滥用行为。在奇虎诉腾讯滥用市场支配地位案③中，最高人民法院指出，互联网竞争一定程度地呈现出平台竞争的特征，网络平台之间为争夺用户注意力和广告主的相互竞争完全跨越了由产品或者服务所划定的界限，给经营者施加了足够强大的竞争约束，即便腾讯 QQ 在即时通信市场占据很高的市场份额，在整个即时通信领域平台化竞争仍然日趋白热化，因而最高人民法院驳回了奇

---

① 参见［美］戴维·S. 埃文斯：《平台经济学：多边平台产业论文集》，周勤、赵驰、侯赟慧译，经济科学出版社 2016 年版，第 507 页。

② 参见［美］戴维·S. 埃文斯：《平台经济学：多边平台产业论文集》，周勤、赵驰、侯赟慧译，经济科学出版社 2016 年版，第 15 页。

③ 中华人民共和国最高人民法院民事判决书（2003）民三终字第 4 号。

虎公司关于腾讯公司滥用市场支配地位行为的指控。

二、《反不正当竞争法》适用于互联网竞争规制存在的问题

我国2017年修订的《反不正当竞争法》对禁止市场混淆、商业贿赂、虚假宣传以及商业秘密保护等条款进行了大幅修改，并增设了第12条关于互联网不正当竞争行为规制条款，即所谓“互联网专条”。在早先国家工商行政管理总局起草的修订案中，曾想引入禁止滥用相对优势地位条款，但是在立法过程中因存在很大争议最终被删除。①

随着社会经济的发展和数字技术的进步，在网络运营和互联网竞争中涌现出大量新型不正当竞争行为。这些网络新型不正当竞争行为或是利用网络从事假冒商品、虚假宣传、商业诋毁等传统不正当竞争行为，或是利用互联网技术进行不当链接、恶意设置不兼容、违背用户意愿干扰其他网络经营者产品或服务的正常运营等行为。前者本质上仍然是传统不正当竞争行为，只是将实施场域从线下向网络发生转移，可以适用《反不正当竞争法》中关于市场混淆、虚假宣传、商业诋毁等相关条款进行规制。后者则属于互联网竞争中产生的新型不正当竞争行为，是“互联网专条”的适用对象。“互联网专条”禁止经营者利用技术手段，通过影响用户选择或其他方式，实施妨碍、破坏其他经营者合法提供的网络产品或者服务正常运行的行为。该条通过具体列举加兜底条款的方式，对互联网行业的新型不正当竞争行为

① 参见许光耀：《“相对优势地位”与“市场支配地位”的法理辨析——对〈反不正当竞争法〉（征求意见稿）第6条的不同阐释》，载《价格理论与实践》2016年第5期。

进行规制，体现了互联网新型不正当竞争行为的“利用技术手段”和“具有不当性”两个重要特征。[①]

但是，由于互联网行业处于动态变化之中，任何试图列举互联网不正当竞争行为的做法都很难穷尽未来可能出现的新型不正当竞争行为。因此，在司法实践中我国法院运用“一般条款”认定互联网新型不正当竞争行为已经成为惯例，“一般条款”也因其高度的灵活性不断地适应变化的市场竞争需求，与时俱进地适应新情况与新问题。[②]由于我国《反不正当竞争法》兼具公法和私法属性，依赖于行政执法，而行政机关囿于权力法定的执法限制，对网络新型不正当竞争行为执法需要法律依据，这是我国《反不正当竞争法》修订时导入“互联网专条”的主要原因。虽然“互联网专条”通过典型行为列举和概括性兜底性规定，明确了法律禁止的网络不正当竞争行为，但仍然无法回应变化多端的互联网行业新型反竞争行为的规制需要。因为法律的制定总是滞后的，而行业的发展和变化是永恒的，在立法对一种市场行为作出禁止性规定之后，该行为就会成为企业经营活动的禁区，该法律规定也相应地成为一项滞后的条文。[③]“互联网专条”列举的几项新型互联网不正当竞争行为，主要是对既有案例行为的提炼和实践纠纷的总结。[④] 由于互联网行业竞争激烈，各种新兴商业模

---

① 参见国家市场监督管理总局反垄断与反不正当竞争执法局编：《〈反不正当竞争法〉的理解与适用》，中国工商出版社 2018 年版，第 175 ~ 182 页。

② 参见王艳芳：《〈反不正当竞争法〉在互联网不正当竞争案件中的适用》，载《法律适用》2014 年第 7 期。

③ 参见余杰：《移动平台软件干扰的反不正当竞争法规制——简评“互联网专条”》，载《竞争政策研究》2018 年第 5 期。

④ 参见孔祥俊：《论反不正当竞争法修订的若干问题——评〈中华人民共和国反不正当竞争法（修订草案）〉》，载《东方法学》2017 年第 3 期。

式和竞争方法层出不穷，“互联网专条”具有适用范围的限制，并不能适用于非通过技术手段但可能会产生妨碍、破坏市场公平竞争效果的网络新型不正当竞争行为，也无法为行政执法提供适用于互联网竞争监管的一劳永逸的法律依据。

第二节　《电子商务法》中竞争规制条款的法律分析

在《反垄断法》和《反不正当竞争法》都无法对互联网行业领域的新型反竞争行为进行全面、有效规制的背景下，《电子商务法》针对电子商务领域矛盾比较集中的问题进行立法，规范电子商务中比较突出的反竞争行为，具有一定的必要性与合理性。概观《电子商务法》的整体制度设计，不难发现第22条和第35条具有维护电子商务市场秩序，创设电子商务市场竞争和交易规范的重要价值。

一、电子商务经营者滥用市场支配地位的规制

根据《电子商务法》第9条的规定，电子商务经营者包括电子商务平台经营者、平台内经营者、通过自建网站销售商品（传统商务活动的在线销售），以及通过其他网络服务销售商品或者提供服务的电子商务经营者（“社交电商”等），这是一个统括整部法律的核心概念。根据立法者的解释，电子商务平台经营者实质上就是指为交易各方提供网络经营场所、交易撮合、信息发布等服务，供交易各方独立开展交易活动，而自身并不直接介入交易的第三方平台经营者。电子商务平台经营者和通过入驻平台直接面向客户销售商品和提供服

务的平台内经营者构成电子商务活动中最为重要的两个主体，两者通过服务协议构建起契约型关系，同时也是一种新型的一体化组织形态。[①] 由于电子商务平台经营者对平台内经营者享有事实上的组织管理权限，因此在法律层面上对此也予以认可，电子商务平台经营者与平台内经营者之间形成兼具平等主体之间的横向契约关系和产业链上下游之间的纵向合作关系。

《电子商务法》第 22 条规定："电子商务经营者因其技术优势、用户数量、对相关行业的控制能力以及其他经营者对该电子商务经营者在交易上的依赖程度等因素而具有市场支配地位的，不得滥用市场支配地位，排除、限制竞争。"该条针对电子商务经营者的滥用市场支配地位行为作出禁止性规定，但是从条文来看，又不同于《反垄断法》的相关规定，而这种不同正是针对电子商务市场竞争立法的特殊之处。第 22 条将电子商务经营者拥有技术优势、用户数量、对相关行业的控制能力以及其他经营者对该电子商务经营者在交易上的依赖程度，作为替代《反垄断法》第 18 条规定的相关市场支配地位的认定因素，成为判断电子商务经营者是否拥有市场支配地位的新标准。

在这四项标准中，技术优势，显示出电子商务经营者不同于其他经营者的技术特征。在新兴互联网经济领域，技术创新与竞争优势密切相关，活跃的商业竞争推动互联网企业不断地进行技术创造或经营模式创新。互联网企业一旦掌握了行业竞争中某个技术的制高点，就

---

① 参见全国人大财经委电子商务法起草组编：《中华人民共和国电子商务法解读》，中国法制出版社 2018 年版，第 59～68 页。

能迅速拓展其业务领域，大幅拉开和竞争对手的距离，成为市场竞争的优胜者。[①] 因此，将技术优势作为衡量电子商务经营者市场支配地位的一个因素，符合互联网平台竞争的市场特点。用户数量，已经成为互联网行业竞争中公认的重要资源，也是互联网公司占据市场竞争优势的关键性数据。互联网经济以平台竞争为核心，平台竞争的主要模式就是通过单边市场的免费使用，吸引大量的用户参与，在用户数量达到一定的临界规模后形成网络效应，为互联网平台在另一边市场获取收益打下良好的用户基础。[②] 对相关行业的控制能力，是传统反垄断法中关于经营者是否拥有市场支配地位的判断标准之一。互联网行业虽然准入门槛低，但是具有形成规模经济后的市场集中倾向，会对后来者进入相关行业形成潜在壁垒，[③] 将其作为评估电子商务经营者市场力量的判断标准符合互联网市场竞争的特征。其他经营者对该电子商务经营者在交易上的依赖程度，同样是传统反垄断法判断市场支配地位的考虑因素之一。大型互联网平台的交叉网络效应，使通过入驻平台向客户销售商品和提供服务的大量中小型电商企业严重依赖于平台聚集的消费者数量，产生对互联网平台的黏性和锁定效应，加之中小型电商企业在平台开店需要缴纳保证金和广告宣传，这种经济和广告投入都使中小型电商企业对大型互联网平台产生很强的依赖性。因此，将其他经营者对该电子商务经营者在交易上的依赖程度作

---

① 例如，苹果公司是美国早期从事个人电脑及相关电子产品生产的制造商之一，并拥有和微软 Windows 系统并驾齐驱的 Mac 操作系统，但是落败于微软视窗操作系统的超强竞争力和市场地位。2007 年苹果开发出具有触屏效果的智能手机 iOS 技术，开启了 PC 时代向移动智能时代的迁移，苹果公司也因此再度快速发展，连续多年成为全球市值最大的互联网科技公司。

② 参见［美］戴维·S. 埃文斯：《在线平台的注意力之争》，载时建中、张艳华主编：《互联网产业的反垄断法与经济学》，法律出版社 2018 年版，第 60 ~ 112 页。

③ World Bank, World Development Report 2016: Digital Dividends, Overview, p. 3.

为衡量电子商务经营者市场支配地位的因素，也符合互联网市场竞争的基本特征。

值得一提的是，虽然《电子商务法》第 22 条规定了判断电子商务经营者市场支配地位的四个标准，但并非完全取代《反垄断法》的结构性判断因素，市场份额仍然是判断电子商务经营者是否具有市场支配地位的一个重要因素。《电子商务法》第 22 条重在维护电子商务市场的竞争秩序，维护公平的市场竞争，即便导入上述四项判断电子商务经营者市场支配地位的新标准，对电子商务经营者是否具有市场支配地位的判断，以及是否从事了滥用市场支配地位的行为，仍然需要在《反垄断法》框架下，结合其行为是否具有排除、限制竞争的效果，以及经营者能否证明其行为具有正当理由等，进行全面的综合判断。

二、电子商务平台经营者的滥用相对优势地位规制

《电子商务法》第 35 条规定：“电子商务平台经营者不得利用服务协议、交易规则以及技术等手段，对平台内经营者在平台内的交易、交易价格以及与其他经营者的交易等进行不合理限制或者附加不合理条件，或者向平台内经营者收取不合理费用。”根据该法第 9 条的概念界定，电子商务平台经营者，即第三方平台经营者，是电子商务经营者下面的子概念。由于通过第三方平台达成的交易占目前网络零售市场规模的九成，第三方平台经营者往往又是拥有大量数据资源和服务项目的大型互联网公司，为了保护平台内经营者和消费者的权

益，《电子商务法》重点对第三方平台经营者规定了较多的义务。[①]

（一）《电子商务法》第22条、第35条和"互联网专条"的比较

从《电子商务法》第35条的规定来看，其和第22条以及《反不正当竞争法》的"互联网专条"之间既有区别，又有联系（见表4－1）。首先，从适用对象上看，"互联网专条"规制的对象是利用技术手段在互联网领域从事影响用户选择、干扰其他经营者正常经营的网络经营者，其范围可以涵盖电子商务经营者和电子商务平台经营者，三者呈现出"网络经营者＞电子商务经营者＞电子商品平台经营者"的态势。这也表明，从《反不正当竞争法》到《电子商务法》，从网络经营者到电子商务经营者再到电子商务平台经营者，法律的规制范围不断缩小，对电子商务平台经营者的义务规定呈现出越来越细化的规制趋势。

表4－1　《电子商务法》第22条、第35条和互联网专条的比较

类别	第22条	第35条	互联网专条
适用对象	电子商务经营者	电子商务平台经营者	网络经营者
规制关系	公平竞争关系	纵向交易关系	横向竞争关系
适用条件	具有市场支配地位，并且滥用市场支配地位，排除和限制竞争	具有相对优势地位，利用服务协议、交易规则及技术等手段，行为具有不合理性	利用技术手段，妨碍、破坏其他经营者合法提供的网络产品或服务正常运行，行为具有不正当性

① 参见全国人大财经委电子商务法起草组编：《中华人民共和国电子商务法解读》，中国法制出版社2018年版，第14页。

续表

类别	第22条	第35条	互联网专条
行为特征	垄断价格、掠夺性定价、强制交易、搭售、差别待遇及其他滥用行为	不合理限制、附加不合理交易条件、收取不合理费用	插入链接、强制跳转、误导修改、欺骗关闭、强迫卸载等
法律责任	适用《反垄断法》，责令停止违法行为、没收违法所得，并处上一年度销售额1%~10%的罚款	由执法机关责令改正，处5万~50万元罚款，情节严重的处50万~200万元的罚款	由执法机关责令停止违法行为，处10万~50万元的罚款，情节严重的处50万~300万元的罚款

其次，从规制关系上看，《电子商务法》第22条禁止电子商务经营者从事滥用市场支配地位的行为，“互联网专条”禁止网络经营者实施的不正当竞争行为，两者都属于竞争法框架下针对经营者实施反竞争行为的规制，是对破坏市场自由竞争秩序、有违市场公平竞争原则的行为规制；电子商务平台经营者是在电子商务活动中为交易各方提供网络经营场所、交易撮合、信息发布的第三方平台，其和平台内经营者并不是竞争关系，因而《电子商务法》第35条规制的法律关系实则属于电子商务平台经营者和平台内经营者之间的契约法律关系。如前所述，电子商务平台经营者与平台内经营者兼具平等主体之间的横向契约关系和产业链上下游之间的纵向交易关系。基于平台内经营者相对电子商务平台经营者的弱势地位，《电子商务法》重点对于电子商务平台经营者可能侵犯平台内经营者的经营自主权以及其他合法权益作出更多的义务约束规定。因此，《电子商务法》第35条已经介入契约自由的私法主体之间的交易关系，显示出《电子商务法》维护公平交易的立法价值。

最后，从适用条件上看，《电子商务法》第22条的适用门槛最高，要求电子商务经营者具有市场支配地位，而《电子商务法》第35条原则上要求电子商务平台经营者具有相对优势地位。[①] 相较而言，“互联网专条”并没有这种前提条件，只要网络经营者“利用技术手段”并且其实施的不正当竞争行为“具有不合理性”，就构成违法。从实施手段来看，《电子商务法》第35条和“互联网专条”都涵盖了“利用技术条件”，但《电子商务法》第35条还包括电子商务平台经营者“利用服务协议、交易规则”，比“互联网专条”规定的手段更为广泛，体现了《电子商务法》第35条介入合同交易，对电子商务平台经营者施加了更趋宽泛的义务规定。

因此，《电子商务法》对电子商务平台经营者的义务规定，从适用对象、规制关系和适用条件上相较于一般电子商务经营者和网络经营者都更加具体，更趋严格。正如立法者所言，网络技术的发达，使平台经营者在追求自身利益最大化的过程中，享有制定、发布和执行大量针对内部市场规则的权力，而平台经营者利用其技术便利、规则制定与发布方面的先天优势，事实上享有类似于市场规制主体的“立法权”、“执法权”与“司法权”，并创制了各种新型的规制措施。[②] 但是，电子商务平台经营者制定和实施管理平台的规则是市场推动的结果，本身具有维护网络平台正常运营的合理性及必要性，也反映了互联网经济时代由政府治理转向企业自治和社会共治的发展趋

① 虽然《电子商务法》第35条本身并没有出现“相对优势地位”字样，但从该条立法过程来看明显是借鉴了《反不正当竞争》修订草案中的“滥用相对优势地位条款”。从全国人大财经委电子商务法起草组编撰的《中华人民共和国电子商务法解读》（中国法制出版社2018年版）对第35条的解读来看，也明确采用了“滥用优势地位”的题标。

② 参见全国人大财经委电子商务法起草组编：《中华人民共和国电子商务法解读》，中国法制出版社2018年版，第177页。

势。电子商务平台经营者并不能因其掌握着管理平台的规则制定权和实施权而受到否定性评价，只有其制定和实施的管理措施具有明显的不合理性，才应当受到法律的干预。概言之，《电子商务法》第35条的适用需具备两个关键性要素：一是电子商务平台经营者具有相对优势地位；二是电子商务平台经营者从事的限制行为具有不合理性。

（二）相对优势地位规制的立法实践

我国大多数学者认为相对优势地位规制理论来源于德国,[①] 但也有学者指出相对优势地位规制产生于日本，《德国反限制竞争法》反而借鉴了日本的经验。[②] 德国第九次修订的《反限制竞争法》第20条的题标就是“具有相对优势地位的企业禁止从事的行为”。该条第1款、第2款从纵向关系上，规制具有相对优势地位的企业及企业联合组织从事不公平地阻碍交易或歧视性交易等行为，而判断企业是否具有相对优势地位的标准就是中小企业作为商品或服务的供应商或购买者依赖于某企业或企业联合组织。《德国反限制竞争法》第20条第3款、第4款侧重于从横向关系上，禁止具有相对优势地位的企业对具有竞争关系的中小企业实施不正当妨碍的行为。因此，《德国反限制竞争法》的相对优势地位规制可以划分为“相对交易优势地位规制”和“相对市场优势地位规制”,[③] 其重点是规制具有相对优势

---

① 李剑：《相对优势地位理论质疑》，载《现代法学》2005年第3期；焦海涛：《反垄断法规制相对优势地位的基础与限度》，载《时代法学》2008年第3期；徐士英、唐茂军：《滥用相对支配地位行为的法律规制研究》，载《东方法学》2008年第3期。

② 参见陈丹舟：《相对优势地位理论基础研究》，载《竞争政策研究》2016年第3期。

③ 参见袁嘉：《德国滥用相对优势地位行为规制研究——相对交易优势地位与相对市场优势地位的区分》，载《法治研究》2016年第5期。

地位的企业对中小企业实施滥用优势地位的行为。事实上，我国《电子商务法》第35条针对电子商务平台经营者的义务规定，也属于平台经营者利用纵向交易中的优势地位从事的不合理限制行为，在这一点上和《德国反限制竞争法》具有相通之处。

以日韩为代表的亚洲国家，在其反垄断法中也确立了涉及经营者“滥用相对优势地位”的行为规制。例如，《日本反垄断法》规定对经营者滥用相对优势地位的行为，公平贸易委员会可以责令经营者停止违法行为，删除合同条款，征收课征金以及采取其他排除该行为所必要的措施。[①]《韩国反垄断法》第23条同样规定了经营者不得不正当地利用自己交易上的地位与相对人进行交易，韩国公平贸易委员会还通过颁布施行令的方式将滥用优势地位的类型和标准进一步细化，对违法的经营者进行处罚。[②]

虽然滥用相对优势地位条款在我国《反不正当竞争法》修订时最终被删除，但是我国经济生活中滥用相对优势地位的现象客观存在，经济法律中缺乏有效规范的问题一直没有解决。[③] 近年来，随着互联网经济的快速发展，互联网竞争中出现的一些新型反竞争行为缺乏对应法律规制的问题非常突出，所谓“二选一”就是其中最具代表性的问题，这也是《电子商务法》第35条间接引入滥用相对优势地位规制的内在原因。但是，《电子商务法》第35条并非对原来

---

① 参见戴龙：《日本反垄断法研究》，中国政法大学出版社2014年版，第300～301页。

② 参见［韩］权五乘：《韩国经济法》，崔吉子译，北京大学出版社2009年版，第211～212页。

③ 参见上海交通大学法学院王先林教授在“《反不正当竞争法》修订的重大问题学术研讨会”上的发言，中国政法大学竞争法研究中心：《〈反不正当竞争法〉修订的重大问题学术研讨会综述》，载《竞争政策研究》2017年第4期。

《反不正当竞争法》修订草案中的滥用相对优势地位条款的“简单复活”，而是将其进行了符合互联网行业竞争的相应改造。这表现在《电子商务法》第35条对电子商务平台经营者“利用服务协议、交易规则以及技术等手段”的行为限制，而且条文本身没有要求平台经营者必须具有相对优势地位。但是，如果电子商务平台经营者相较于平台内经营者没有相对优势地位，平台经营者就很难实施限制平台内商家的行为。如果电子商务平台经营者所在市场存在强有力的竞争对手，平台经营者出于保证自身货源，或出于维护自家平台声誉和提高服务质量之考虑，要求入驻的商家承担相应的义务，其本身具有促进平台经营者之间竞争的效果，按照纵向关系中经济一体化合作的促进竞争效果与限制竞争效果并存的理论共识，公权力机关一般不宜轻易干预。

第三节 我国《电子商务法》竞争规制条款的适用问题

一、《电子商务法》竞争规制条款的问题分析

我国《电子商务法》第22条针对电子商务市场竞争的特点，对电子商务经营者具有市场支配地位并且从事滥用市场支配地位的行为进行规制，具有理论上的必要性和实践的可行性。由于现行《反垄断法》关于相关市场支配地位的认定因素很难适用于互联网竞争领域，《电子商务法》通过对电子商务经营者拥有的技术优势、用户数量、对相关行业的控制能力以及其他经营者对该电子商务经营者在交

易上的依赖程度进行判断，具有契合电子商务市场竞争特点的立法创新价值。至于对电子商务经营者滥用市场支配地位，从事排除、限制竞争的行为，仍然需要在《反垄断法》的制度框架下进行综合评判后再进行规制。

但是，《电子商务法》第 35 条的适用无论是在前提条件和实操性方面都存在很大的问题。虽然第 35 条本身并未提及电子商务平台经营者须具有相对优势地位，但是立法者对第三方平台经营者施加了更高的义务，对其利用自身优势地位从事不合理限制等行为进行规制的意图是明确的。基于电子商务市场竞争的特殊性，加重对第三方平台经营者的法律责任，在不需要认定其具有市场支配地位的前提之下，对其从事的不合理限制交易、附加不合理条件进行交易以及收取不合理费用的行为进行干预，从实务层面来看也是需要的。但是，良好的立法初衷未必能带来良好的立法效果，更未必能有效地解决问题。《电子商务法》第 35 条存在的问题就在于其未能解决法律干预的前提条件，也没有提供公权力机关判断行为不合理性的有效手段，实践中可能导致被过度适用、无法适用甚至被恶意经营者滥用等问题。

问题的解决还需要回归到理论层面上，梳理《电子商务法》第 35 条加重电子商务平台经营者法律义务的法理依据，明确判断其行为不合理性的衡量标准。在互联网行业竞争中，电子商务平台经营者利用网络平台产生的聚合效应，对依赖平台进行广告宣传或商品销售的平台内经营者产生相对优势地位，并以此提高交易对价，从行为性质上来看属于经营者之间的合同行为。从竞争法律的视角来看，这种兼具横向和纵向关系性质的合同行为可能产生三种结果。第一，如果电子商务平台经营者要求平台内经营者固定销售价格或者限定转售最低价格，产生了排除平台内经营者间竞争的效果，其行为符合《反垄断法》关于纵向垄断协议的规制，反垄断执法机关可以进行调查执法，受损害的经营者也可以提起诉讼。① 第二，如果电子商务平台经营者所在的相关市场存在充分竞争，平台经营者对平台内经营者的限制行为可以视为加强纵向一体化经营的对策措施，其整体有利于加强平台经营者之间的竞争，有利于促进平台经营者改善服务质量，提高品牌效应，有利于消费者福利，其行为并不必然违法。正如欧盟1997年纵向限制的绿皮书所言："品牌间的竞争越激烈，就越有利于竞争，并且效益远远大于纵向限制产生的阻碍竞争效应。只有当品牌间竞争不激烈，生产商或分销商存在进入市场的障碍，才可能有反竞争的效应。在那样的情况下，保护品牌间和品牌内部竞争从而保证经济效益以及消费者福利尤为重要。"② 第三，如果电子商务平台经营者具有市场支配地位，对于平台内经营者而言基本丧失了替代性选择的自由，而平台经营者又利用市场支配地位从事垄断高价、强制性交易、搭售、差别待遇或附加限制性条件等行为，该平台经营者的限制竞争行为符合《电子商务法》第22条的适用条件，应当在《反垄断法》关于滥用市场支配地位的规制框架下进行处理。

显然，《电子商务法》第35条的立法用意并不在于针对上述三种情况，而是基于电子商务平台经营者具有的相对优势地位，对其利

---

① 在此种情况下，执法机关或起诉方原则上需要承担电子商务平台经营者的行为具有排除、限制竞争效果的举证责任。

② ［英］西蒙·毕晓普、［英］迈克·沃克：《欧盟竞争法的经济学：概念、应用和测量》，董红霞译，人民出版社2016年版，第204页。

用服务协议、交易规则及技术等手段，对平台内经营者进行不合理限制、附加不合理交易条件或者收取不合理费用的行为进行规制。就此而言，《电子商务法》第 35 条适用的两个条件——经营者具有相对优势地位以及相关限制行为不具有合理性——是缺一不可的。然而，从法律条文上看，《电子商务法》第 35 条既没有明确规定电子商务平台经营者要具有相对优势地位，也没有规定其所从事的限制行为“不合理性”的内涵。由于缺乏对电子商务平台经营者拥有相对优势地位的衡量因素和标准设定，实践中该条款可能沦为公权力机关过度干预电子商务市场的法律依据，也有可能因不具有可操作性变得无法实施。同时，第 35 条并未对平台内经营者作出任何限定，在司法层面还可能导致被不法经营者滥用，作为提起恶意诉讼或干扰第三方平台经营者正常营业活动的工具。

二、《电子商务法》第 35 条适用的法理分析

与《电子商务法》第 22 条以及“互联网专条”从维护市场竞争角度的规制不同，第 35 条的规制重点是兼具横向和纵向经济关系的经营者之间的交易行为。基于市场经济的契约自由原理，经营者之间的交易行为首先属于合同自由和意思自治的范畴，公权力机关一般不应当主动干预。产业组织理论表明，只有在出现市场失灵的特殊情形下，或者基于维护社会公共利益的需要，公权力机关才有必要干预本应由市场调节的行为。从现代国家需要履行越来越多的公共服务和市场监管职能来看，行政权力的扩大以及必要时介入市场，具有一定的合理性和必要性。国家管制的理念，或者从公共利益必须由国家来界定，或者从市场机制在某些领域会失灵出发，国家不仅参与市场，而

且干预人民的市场行为。[①] 如果没有国家通过颁布法律和强制履行某些义务，没有国家提供哪怕是最低水平的命令和安全，并在必要的时候介入私人契约，那么任何社会都不可能继续存在。[②]

在现代国家，公权力机关在必要时介入私人契约领域已经没有争议，关键是介入的时机和程度。以美国为例，其向来笃信市场的自我修复功能，只要在市场能够自行修正的场合，政府需要保持最低介入的姿态；即便政府在特殊情形下有限介入市场，一旦市场恢复自我调节功能，政府就应当及时退出市场领域。显然，在市场能够纠偏的情况下政府提前介入，不仅损伤了市场的自我调节功能，而且也不必要地加大了行政执法成本，承担了吃力不讨好的角色。同理，在市场失灵需要政府介入的时候，政府没有介入或者延后介入，就会导致市场损失的扩大，并引发人们对政府不作为的指责。即便在需要政府介入的情况下，政府还要解决好介入的程度，介入太深或介入不足，都会产生替代市场作出决策或者没有达到修复市场失灵的作用，导致市场损失的不必要扩大。因此，正如我国著名经济法教授李昌麒所言："经济法不仅要赋予政府一定干预市场的权力，保障市场的'长治久安'，防止市场失灵，但同时又要防止政府越界、政府干预失灵，反过来又要规范、限制政府的干预。"[③]

我国《电子商务法》承担着促进电子商务持续健康发展、规范电子商务行为，维护市场秩序，保障电子商务各方主体特别是消费者

① 参见苏永钦：《走入新世纪的私法自治》，中国政法大学出版社2002年版，第10页。

② 参见［英］安东尼·奥格斯：《规制：法律形式与经济学理论》，骆梅英译，中国人民大学出版社2008年版，第3页。

③ 李昌麒：《发展与创新：经济法的方法、路径与视域（上）——简评我国中青年学者对经济法理论的贡献》，载《山西大学学报（哲学社会科学版）》2003年第3期。

合法权益的经济法职能。在某种程度上，《电子商务法》兼具私法和公法的双重性质，既需要提供促进电子商务发展的交易规范和市场准则，还要对电子商务经营者的合规经营和公平竞争作出界定，对损害消费者权益以及损害市场秩序的行为进行规制。因此，对《电子商务法》第35条的适用需要严格把控，既要发挥电子商务平台经营者和电子商务经营者形成的市场内生机制作用，同时也要避免不必要的监管和干预，防范可能影响市场创新和替代市场作出决策的不利后果。①

对公权力机关是否应当介入市场交易行为，国际上可资借鉴的就是在德国、日本和韩国等国的滥用相对优势地位理论。以德国为例，虽然《德国反限制竞争法》关于相对优势地位规制一直受到质疑，但是德国立法机关一直保留了该规制条款，近年来还有加强该条款运用的倾向。② 特别是近年来，《德国反限制竞争法》通过第九次修订和第十次修订意见稿，大力强化其在互联网行业竞争监管中的运用，对该法第20条相关相对优势地位条款的修订还极大地拓展了该条的适用范围。③ 但如前文所述，《德国反限制竞争法》第20条着重对具有相对优势地位企业对中小企业实施滥用这种优势地位的行为规制，在纵向关系上规制滥用交易优势的行为以中小企业相对于大企业所产生的依赖性为前提。这本身表明，德国立法机关虽然坚持保留并扩大

① 参见全国人大财经委电子商务法起草组报告：《制定电子商务法，促进电子商务健康有序可持续发展》，载全国人大财经委电子商务法起草组编：《中华人民共和国电子商务法解读》，中国法制出版社2018年版，第1~16页。

② 参见袁嘉：《德国滥用相对优势地位行为规制研究——相对交易优势地位与相对市场优势地位的区分》，载《法治研究》2016年第5期。

③ 对德国《反限制竞争法》的最新修订，我国竞争法学界年轻的留德归国博士袁嘉和刺森两位学者一直关注和研究，本书观点即来自与两位学者的报告和交流。

相对优势地位规制的适用，但仍然将其限制在确保中小企业的自由竞争和公平交易，通过对相对优势地位和依赖关系的界定缓和或限制可能导致的过度干预市场之嫌。

在亚洲地区，滥用相对优势地位理论在日本和韩国的反垄断立法中长期保留，并在实践中不断得到运用。究其原因，可以认为这根植于亚洲国家引入市场经济体制后受其传统法制和企业文化的影响。东亚国家普遍不存在欧美市民社会以自由竞争为特征的社会基础，在近代资本主义发展过程中，形成了以国家扶持和政策保护为特征的垄断性经济结构，导致中小企业在和大企业进行交易时处于弱势地位，加之企业缺乏独立自主的经营文化，使这种不平等的交易关系趋于固定化。中小企业和大企业进行交易时，基于对大企业的依赖关系，很容易处于从属地位，而这种从属性地位进一步助长了大企业的相对市场力量，形成了东亚国家经济结构中普遍存在的大型企业和中小型企业之间的"支配关系"或"从属关系"。①存在这种支配或从属关系时，形式上平等的市场主体实质上处于不平等的交易地位，而事实上并不自由的经济活动在合同自由、意思自治等市民法原理下被视为自由经济活动，实质上不公平交易的真相被扭曲或掩盖。传统的民法解决不了这类问题，才导致以干预合同自由、意思自治为特征的国家经济立法的强化。因此，现代国家的经济法从其产生之初就具有矫正民法原理下的合同自由和意思自治，恢复被市场力量扭曲的自由和公平竞争的机制，从实质上保护自由竞争和公平交易的使命。②

---

① 参见［日］正田彬：《经济法讲义》，日本评论社 1999 年版，第 14～15 页。

② 参见［日］正田彬：《经济法讲义》，日本评论社 1999 年版，第 16～21 页。

日本和韩国反垄断法中都设立了滥用相对优势地位规制的条款，就是基于在日韩普遍存在中小型企业对大型企业的依赖关系，事实上处于被支配或从属关系，扭曲了社会经济资源的有效配置，促使平等当事人之间的自由竞争和公平交易无法进行，需要借助国家的“有形之手”，恢复被扭曲的市场调节功能，保护自由竞争和公平交易的市场机制。如果拥有相对优势地位的一方利用其地位约束交易相对人的意愿，使交易相对人购入其不愿购买的商品，或单方面设定或变更不利于交易相对人的交易条件，致使交易相对人除遭受不公平交易条件之外，还将处于不利的地位，而滥用优势地位的经营者则通过获取不当利益而处于更优地位。最终，这不仅妨碍了公平交易秩序，而且侵害了自由竞争，应当作为不公平交易行为而受到规制。[①] 日韩这种根植于东亚国家经济结构和企业文化体制的经济法理论研究，形成了不同于欧美反垄断法的一个重要制度特征，即其反垄断法中都存在关于“不公平交易方法”的规制。

由于东亚国家在确立市场经济体制后存在企业依附或借助大企业获取竞争或交易优势的天然性格，这种企业文化直接影响日韩两国的反垄断制度设计，表现为其反垄断法将维护公平交易作为一个重要的立法目的。[②]

我国和日韩两国同属于东亚国家，历史上日韩深受我国传统文化的影响，在发展市场经济过程中，我国和日韩的经济结构和企业文化

---

① 参见［韩］权五乘：《韩国经济法》，崔吉子译，北京大学出版社 2009 年版，第 211 页。

② 日本反垄断法的全称为《禁止私人垄断及确保公平交易法》（1947 年法律第 54 号），韩国反垄断法被称为《公平交易法》，就是明证。

体制具有相似性，也出现了类似的法律问题。近年来，我国互联网行业屡屡报道网络平台企业强迫用户接受霸王条款，进行排他性的“二选一”行为。在这样的背景下，重新审视滥用相对优势地位规制理论，在《电子商务法》中引入相关法律规制，填补《反垄断法》和《反不正当竞争法》的制度真空，构建适用于电子商务领域的滥用优势地位规制，具有现实必要性和理论可行性。

三、《电子商务法》竞争规制条款的适用改进

根据《电子商务法》第 22 条的规定，电子商务平台经营者作为电子商务经营者的一部分，如果能够证实其具有市场支配地位，对其实施的滥用市场支配地位的行为，转而适用《反垄断法》进行规制，这本身没有问题。但是，即便无法证实电子商务平台经营者具有市场支配地位，如果按照《电子商务法》第 35 条的规定，对其实施的限制交易、附加条件交易以及收取费用的行为，同样可以进行规制。虽然《电子商务法》第 35 条也预设了平台经营者“利用服务协议、交易规则以及技术等手段”，以及所实施限制行为的“不合理性”为条件，但是并没有规定其行为违法性的前提条件，也没有对行为“不合理性”的内涵作出清晰界定，这在客观上增加了行政执法的不确定性或者导致该条款在司法实践中被滥用的可能性。

因此，比较务实的解决办法是，明确地将电子商务平台经营者拥有相对优势地位作为《电子商务法》第 35 条适用的前提条件，同时限缩对行为不合理性的任意解释，提高法律适用的可操作性。从滥用相对优势地位规制的理论来看，其前提条件是存在具有依赖性的市场经济结构，导致市场交易中具有优势地位的一方可以利用其交易优

势，压制另一方的交易自由和公平竞争权利。就此而言，为《电子商务法》第35条的滥用相对优势地位规制增设“交易双方之间存在依赖关系”，而且拥有优势地位方的限制行为“扰乱了正常的市场竞争和交易秩序”的前提，可以大大限缩《电子商务法》第35条的适用条件和范围，并且能够明确电子商务平台经营者行为不合理性的违法标准。易言之，《电子商务法》第35条适用的前提条件是基于平台内经营者对电子商务平台经营者的交易依赖关系而产生了电子商务平台经营者的相对优势地位，电子商务平台经营者利用相对优势地位，对平台内经营者在平台交易、交易价格以及与其他经营者的交易等进行不合理限制或者附加不合理条件，扰乱了正常的市场竞争和交易秩序的，其行为因具有不合理性而应当受到法律规制。

关于平台内经营者对电子商务平台经营者的交易依赖程度，可以考虑平台内经营者与该平台经营者的交易关系、交易量、交易持续时间，锁定效应、用户黏性，以及其他经营者转向其他平台的可能性及转换成本等，根据电子商务平台经营者的数量、经营规模、平台差异程度和市场竞争状况等因素进行综合考量。[①] 我国理论界有学者总结外国经验后，提出了缺乏“足够的和可期待的转向可能性”是判断依赖性的核心构成要素的观点。[②] 也有学者基于形成“依赖”的原因，将依赖关系划分为基于供求关系倾斜形成的依赖、基于专属性投

① 参见2021年2与7日国务院反垄断委员会印发的《国务院反垄断委员会关于平台经济领域的反垄断指南》第14条之四。

② 参见邹青松：《德国相对市场优势地位理论与实践中的依赖性要素研究》，载《福建金融管理干部学院学报》2011年第3期。

资形成的依赖以及基于必须设备形成的依赖三种类型。[①] 德国在司法实践中形成了基于需求无可替代、供给紧缺、长期的交易合作关系以及完善商品种类所必需等因素，确立了不同类型的依赖性认定方法和标准。[②] 这些研究成果中提出的分类方法和认定标准都值得我国借鉴和参考，限于篇幅，本书不再进行细化论证。

拥有相对优势地位的电子商务平台经营者从事限制行为的“不合理性”，可以通过是否“扰乱正常的市场竞争和交易秩序”进行衡量。我国《电子商务法》既承担着平衡与协调电子商务市场各方主体权益，建立电子商务市场交易规范的私法功能，同时又承担着规范电子商务发展与市场竞争中出现的问题，维护市场公平竞争和交易秩序的公法功能。《电子商务法》第6条规定国务院有关部门按照职责分工负责电子商务发展促进、监督管理等工作，而我国目前已经实现了由国家市场监督管理总局统筹负责市场综合监督管理，规范和维护市场秩序的职能整合。[③] 作为综合性市场监督管理部门，国家市场监督管理总局和省、市、县级以上市场监管部门在《电子商务法》的实施中发挥了关键的作用。市场监管部门在认定电子商务平台经营者从事的滥用相对优势地位行为时，按照是否“扰乱正常的市场竞争和交易秩序”，既可以作为衡量经营者行为不合理性的标准，又可以有效地防范市场监管部门过度干预市场，解决《电子商务法》第35

① 参见徐士英、唐茂军：《滥用相对优势地位的法律规制研究》，载《东方法学》2008年第3期。

② 袁嘉：《德国滥用相对优势地位行为规制研究——相对交易优势地位与相对市场优势地位的区分》，载《法治研究》2016年第5期。

③ 参见2018年中共中央公布的《深化党和国家机构改革方案》，载国家市场监督管理总局官网，http：//samr. saic. gov. cn/jg/zjzz/，最后阅览时间：2019年12月15日。

条缺乏实操性的问题。

因此，行政执法机关在适用《电子商务法》第 35 条时，除了需要证明电子商务平台经营者具有相对优势地位之外，还需要考察其实施的限制行为是否“扰乱了正常的市场竞争和交易秩序”。在司法实践中，通过对“交易双方之间存在依赖关系”的限缩解释，能够限制经营者恶意起诉平台经营者，干扰正常的电子商务经营行为，为电子商务经营者提供明确的行为指引。据此，原告起诉时不仅需要证明其对电子商务平台经营者具有依赖关系，还需要证明电子商务平台经营者实施的限制行为具有不合理性，而该不合理性的判断标准同样是“扰乱正常的市场竞争和交易秩序”。以此规范电子商务经营者的经营行为，打造竞争有序的电子商务市场秩序。

第四节　小　　结

我国《电子商务法》第 22 条和第 35 条对电子商务经营者和电子商务平台经营者提出了既有联系又有区别的法律义务。《电子商务法》第 22 条创新性地引入判断电子商务经营者具有支配地位的 4 个要素，最后在《反垄断法》的框架下对电子商务经营者滥用市场支配地位的行为进行规制，契合了互联网经济的市场竞争特点，能够解决电子商务市场的新型竞争问题。但是，《电子商务法》第 35 条没有对其适用的条件、范围和违法标准进行清晰界定，容易导致该条款在实践中被滥用或者因缺乏可操作性而无法适用。本书认为，应当将《电子商务法》第 35 条的适用条件限制在具有依赖性的交易双方之间，并且具有相对优势地位一方的限制性行为“扰乱正常的市场竞争和交易秩序”，以此作为衡量其行为不合理性的依据。我国《电子商务法》应当协调第 22 条和第 35 条的实施，在加强对电子商品平台经营者的责任义务的同时，还应当以促进电子商务发展为目的，既要维护电子商务市场的竞争秩序，又要防范过度的行政干预，同时还要防范经营者可能恶意干扰正常电子商务经营活动的滥诉行为。

第五章　互联网平台的组织帮助型垄断协议规制

我国《反垄断法》于2022年6月24日召开的第十三届全国人民代表大会常务委员会第三十五次会议正式通过修正。2022年《反垄断法》增加了“组织帮助型垄断协议”规制，在第19条规定：“经营者不得组织其他经营者达成垄断协议或者为其他经营者达成垄断协议提供实质性帮助。”笔者在立法通过之前著文论证了我国《反垄断法》引入“组织帮助型垄断协议”的必要性与可能性。[①]《反垄断法》增设组织帮助型垄断协议规制条款的原因在于我国原来采取针对横向垄断协议和纵向垄断协议分立的“两分法”规制，在实践中无法应对那些本来就存在的横向、纵向交叉的混合型垄断协议。“组织帮助型垄断协议”是笔者在国内最先提出的概念，指的就是横向、纵向交叉的混合型垄断协议，即学界讨论的“轴辐协议”（hub and spoke conspiracy）。虽然立法增设了组织帮助型垄断协议规制，但是我国目前关于这种混合型垄断协议规制的研究尚不够深入，对其违法性判断标准和规制方法也存在很大争议。本章就组织帮助型垄断协议

① 参见戴龙：《论组织帮助型垄断协议的规制——兼议我国〈反垄断法〉的修订》，载《法学评论》2021年第1期。

的违法判断标准展开分析，并论述其在互联网行业竞争中适用的可能性和规制方法。笔者认为，我国《反垄断法》导入组织帮助型协议规制具有理论必要性和实践可行性，但应当处理好与横向垄断协议、纵向垄断协议、行业协会组织实施垄断协议以及滥用市场支配地位规制的关系，明确其分析框架和违法认定标准，发挥其在互联网平台竞争规制中的重要作用。

第一节　互联网平台竞争中的组织帮助型垄断协议问题

我国《反垄断法》之所以在2022年修正时增设组织帮助型垄断协议规制，主要原因在于实践中已经出现这种混合型垄断协议，但是在执法实务中因缺乏对应的法律而难以进行有效规制。在2012年，湖南省娄底保险业垄断协议案[①]应该是我国《反垄断法》实施中最先遇到的涉及横纵交叉的混合型垄断协议问题。该案中，湖南省物价局针对娄底市保险行业协会组织10家保险公司组建娄底市新车保险服务中心，共同实施固定价格及划分市场的垄断协议行为，对娄底保险行业协会和7家主要保险公司按照横向垄断协议进行罚款，却对发挥关键作用的新车保险服务中心没有进行处罚。2013年，湖南省工商局针对湖南省常德市、郴州市、张家界市和永州市保险行业协会设立相同性质的新车保险服务中心，组织各大保险公司共同从事市场分割

① 参见湖南省价格监督检查与反垄断局：《娄底保险行业垄断行为被查处》，载《中国价格监督检查》2013年第3期。

的垄断协议行为，对涉案保险行业协会进行处罚，但是对主要保险公司和新车保险服务中心仍然免予处罚。[①] 2018 年 11 月，湖北省工商行政管理局针对湖北联兴民爆器材经营股份有限公司通过公司章程、代理合同、委托合同以及协议书等形式，建立起省内所有民爆企业统一的生产、销售和流通体系，在对垄断行为进行调查后接受当事人承诺，发布了终止调查决定书进行结案，却没有对当事企业进行处罚。[②] 这几起案件的共同特征是，处于案件核心的新车保险服务中心或联兴民爆器材公司和实施垄断协议的保险企业、行业协会以及民爆企业之间没有竞争关系，却成为上游经营者实施垄断协议的组织者或帮助者。

这几起案件引发了理论界对我国《反垄断法》关于横向垄断协议与纵向垄断协议的“二分法”规制的探讨，学者围绕混合型垄断协议规制的研究也多了起来。[③] 我国学界最初借鉴美国司法案例中的说法，把这种横纵交叉的混合型垄断协议称为“轴辐协议”。但“轴辐协议”并不是一个准确的法律用语，只是形象地描绘了混合型协议的外形特征。“轴辐协议”一词意在表明，该种混合型协议除了由一个位于核心的“轴心”（hub）经营者和多个位于边缘的“辐条”（spoke）经营者达成的纵向协议之外，辐条经营者相互之间还存在一个潜在的“辐缘”（rim）合谋，两者构成一个有机的整体，形成排

---

① 原国家工商管理总局竞争执法公告〔2013〕年第 7 号。

② 鄂工商中止字〔2018〕年第 1 号。

③ 参见张晨颖：《垄断协议二分法检讨与禁止规则再造——从轴辐协议谈起》，载《法商研究》2018 年第 2 期；刘继峰：《“中心辐射型”卡特尔认定中的问题》，载《价格理论与实践》2016 年第 6 期；侯利阳：《轴辐协议的违法性辨析》，载《中外法学》2019 年第 6 期；郭传凯：《美国中心辐射型垄断协议认定经验之借鉴》，载《法学论坛》2016 年第 5 期。

除限制辐条经营者之间竞争的混合型垄断协议。

从经济学视角来看，在存在纵向关系的上下游企业中，处于轴心地位的垄断供应商之所以愿意参与轴辐协议，因为对它来说这比让下游公司无效地共谋成本更低，参与共谋可以减少双重边际成本，既可以提高零售商的利润，又可以增加自身的利润。[①] 从法学视角来看，轴辐协议就是通过一组转售价格维持的纵向协议，实现在上下两个市场上都能够避免竞争的合谋协议。这体现在，RPM 协议可以限制下游的品牌内竞争，提高行业价格和利润，降低福利；转售价格维持协议也可以促进上游品牌间的共谋，相互竞争的制造商可以将零售商作为“共同代理人”协调价格。[②] 当转售价格维持协议被用来为零售商提供利润时，可以帮助在位者排除高效的进入者，这样既有助于限制下游竞争，又能保护上游企业免受潜在竞争。[③] 正因如此，利用转售价格维持掩盖横向共谋的轴辐协议，越来越受到具有上下游关系企业的青睐，成为一种新型反竞争行为。

我国《反垄断法》颁布实施以来，适逢以互联网为代表的新经济获得快速发展，新型竞争行为和经营模式不断翻新，出现了以互联网平台为核心的新经济业态。新经济业态的一大特点就是打破了传统经济中从生产端到消费端的信息不对称局面，通过网络平台的信息匹配功能，促成供需双方进行快捷的交易，从而大幅降低了流通成本，

---

① Sahuguet Nicolas and Walckiers Alexis, Hub - and - Spoke Conspiracies: The Vertical Expression of a Horizontal Desire? September 26, 2014. Available at SSRN: https: //ssrn. com/abstract =2502147 or http: //dx. doi. org/10. 2139/ssrn. 2502147.

② See Douglas Bernheim and Michael D. Whinston, *Common Marketing Agency as a Device for Facilitating Collusion*, Rand Journal of Economics, No. 16, 1985, p. 269 - 281.

③ See John Asker and Heski Bar - Isaac, *Raising Retailers' Profits: On Vertical Practices and the Exclusion of Rivals*, American Economic Review, 2014, 104 (2), p. 672 - 686.

提高了经济效率。近年来，大型互联网平台企业利用大数据分析以及其在交易中的核心地位，组织实施垄断协议、价格歧视或排他性交易等行为，已经频频被诉或被各国反垄断当局调查甚至处罚。谷歌因比价购物而被欧盟委员会处罚，[①] 以及苹果因电子书案件[②]被美国反托拉斯当局起诉，都是新经济业态中反竞争行为的典型表现。事实上，互联网平台企业的经营行为，很大程度上都是利用平台作为搭建供需双方交易的核心地位，利用平台算法和交叉网络效应帮助双边市场的经营者和消费者完成交易行为的。因而，互联网平台在组织、帮助平台内企业进行经营和竞争方面具有天然的优势，其发挥的作用和轴心经营者非常类似。2016 年，美国康涅狄格州居民 Spencer Meyer 起诉 Uber 联合创始人兼前任首席执行官 Travis Kalanick，主张其与那些利用 Uber 定价算法的司机之间达成了合谋，限制了司机之间的价格竞争，损害了包括原告在内的 Uber 乘客的利益，违反《谢尔曼法》，第一次将互联网平台企业从事的“轴辐合谋”（hub and spoke conspiracy）问题诉至法院，引发了人们对平台竞争中广泛存在轴辐协议问题的反垄断关注。[③]

虽然我国当前尚没有发生诸如互联网平台企业组织、帮助平台内经营者从事轴辐协议的实际案例，但这一问题在我国互联网经济快速发展的过程中是客观存在的。在医药、保险和汽车销售等民生领域，供应商和销售商正以类似轴辐协议的新型销售方式，实施固定或提高

---

① 参见翟巍：《欧盟谷歌反垄断案》，载《网络法律评论》2015 年第 1 期。

② 参见吴韬、何晴：《美国“苹果电子书价格垄断案”争点释疑》，载《法学》2017 年第 2 期。

③ 参见韩伟、胡铁：《美国 Uber 反垄断案争点：算法合谋》，载微信公众号“数字市场竞争政策研究”2017 年 12 月 19 日。

销售价格等种种反竞争行为。这是我国《反垄断法》修订时新增“组织帮助型垄断协议”规制的背景和原因。《反垄断法》增设组织帮助型垄断协议规制，在国际上堪称比较前沿的做法。但是回归到理论层面，必须解决新设组织帮助型垄断协议规制的理论基础及其在《反垄断法》框架下的合洽程度。在实践层面还需要解决组织帮助型垄断协议规制的违法判断标准，及其与横向垄断协议的适用区分。

第二节　组织帮助型垄断协议规制的理论基础

2022 年《反垄断法》第 2 章针对垄断协议规制进行了重新安排。2022 年《反垄断法》第 16 条首先对垄断协议的概念进行界定，规定：“本法所称垄断协议，是指排除、限制竞争的协议、决定或者其他协同行为。”2007 年《反垄断法》中关于垄断协议的定义原本位于横向协议规制之后，曾经引发该定义只适用于横向垄断协议的争论。2022 年《反垄断法》将关于垄断协议的定义单独列为一条使其具有统领性的作用，使其自动适用于所有垄断协议。2022 年《反垄断法》在第 17 条、第 18 条、第 19 条和第 21 条，分别对横向垄断协议、纵向垄断协议、组织帮助型垄断协议和行业协会组织实施垄断协议行为作出规定，第 20 条则对不适用第 17 条、第 18 条、第 19 条的豁免情形作出规定。从体系上看，2022 年《反垄断法》将垄断协议区分成上述四类垄断协议行为。为防止遗漏，第 17 条和第 18 条最后都赋予了国务院反垄断执法机构认定不符合所列情形之外的其他横向或纵向垄断协议的权力。2022 年《反垄断法》第 17 条、第 18 条、第 20 条和第 21 条都是延续 2007 年《反垄断法》的规定或对其进行改造，只有第19条是新增规定。可见，立法当局意在弥补2007年《反垄断法》的规制漏洞，通过增设组织帮助型垄断协议条款解决我国反垄断实践中缺乏混合型垄断协议规制法律依据的问题。

问题在于，2022年《反垄断法》对四类垄断协议的列举是否可以穷尽垄断协议规制的所有类型？将垄断协议规制扩充为横向垄断协议、纵向垄断协议、组织帮助型垄断协议和行业协会组织实施垄断行为，是否具有内在的自洽性？如何在互联网平台竞争中适用组织帮助型垄断协议规制？如何认定组织帮助型垄断协议的违法标准？上述四个问题既相互关联又彼此区别，本节先探讨导入组织帮助型垄断协议规制的理论必要性和现实可行性，下一节着重探讨组织帮助型垄断协议的违法判断标准以及在平台竞争中的适用问题。

一、导入组织帮助型垄断协议规制的理论必要性

2022年《反垄断法》第19条规定："经营者不得组织其他经营者达成垄断协议或者为其他经营者达成垄断协议提供实质性帮助。"依照该条文，组织帮助型垄断协议涵盖了两类垄断协议：一类是经营者组织其他经营者达成垄断协议，另一类是经营者为其他经营者达成垄断协议提供实质性帮助。两类垄断协议都具有混合型垄断协议的"双层、双向"特征，符合"轴辐协议"的外观形态。所谓"双层"，是指组织帮助型垄断协议不仅存在具有竞争关系的多个经营者（辐条经营者）之间达成的垄断协议，而且行为特征上表现为不具有竞争关系的第三方经营者（轴心经营者）组织、帮助其达成了垄断协议。由于轴心经营者和辐条经营者之间并不存在竞争关系，所以组织帮助型垄断协议在结构上具有上下游企业间进行合作的双层特征。所

谓“双向”，是指辐条经营者之间具有横向竞争关系，虽然其具有达成垄断协议的意向，但是碍于《反垄断法》对横向垄断协议的严格规制而不便实施，于是转变为通过和轴心经营者签署纵向供货或者销售合同，间接实现达成横向垄断协议的目的。因此，组织帮助型垄断协议体现出横向垄断和纵向协议同时存在，具有横纵交错的双向特征。正是基于组织帮助型垄断协议的双层双向特征，轴心经营者和辐条经营者共同组成了一个命运共同体，具有避开本应利用质量和价格争取客户的辐条经营者间的相互竞争的目的，并通过这种混合性协议保障自身的固定货源或销售圈，实现独家销售和高价销售的垄断协议效果。在此过程中，受到侵害的是市场经济体制下的自由竞争和公平竞争秩序，以及最终购买商品的消费者利益。就此而言，组织帮助型垄断协议的排除限制竞争的目的和效果不言而喻，其破坏市场竞争秩序的社会危害性和造成消费者福利损失的个体危害性也非常明显，这是《反垄断法》进行干预的理论前提。

结合上述关于我国实践中符合轴辐协议的相关案例，可以看出组织帮助型垄断协议通过轴心经营者和辐条经营者的纵向代理或独家销售等协议形式，掩盖了辐条经营者之间的横向垄断协议。但是，这里需要将其和两种非常相似的垄断行为进行区分。一是，辐条经营者之间虽有达成辐缘合谋的用意，但是并没有签署明面上的合谋协议，能否根据协同行为理论进行规制的问题。如果答案是肯定的，则现行《反垄断法》的垄断协议规制已经涵盖了经营者之间达成协议、决定或协同行为，这意味着《反垄断法》工具箱内可以通过对协同行为的认定实现对辐缘合谋的规制，并不需要增设组织帮助型垄断协议规定，实现对这种混合型垄断协议的规制。《反垄断法》框架下的协同行为规制，需要以经营者行为的一致性和经营者之间存在意思联络为条件，这已经成为理论和实务界的共识。[①] 仅有经营者的行为一致并不必然构成协同行为，可能只是经营者的平行行为，这在寡头市场经常出现，其本身也并不违法。[②] 只有证明经营者之间还进行了意思联络，才能适用协同行为规制。

二是，发挥组织帮助功能的经营者是否具有市场支配地位，如果答案是肯定的，则可以对发挥组织帮助作用的经营者适用滥用市场支配地位规制，而无须借助组织帮助型垄断协议规定进行规制。例如，在武汉新兴精英医药公司案[③]中，市场上仅有两家从事水杨酸甲酯生产的锦前程公司和中南药化厂，而武汉新兴精英医药公司取得两家公司的独家经销权，其后多次提高水杨酸甲酯原料药价格。湖北省工商行政管理局根据《反垄断法》的滥用市场支配地位规制，认定武汉新兴精英医药公司在水杨酸甲酯原料药销售市场拥有支配地位，在无须证明锦前程公司和中南药化厂是否存在垄断协议，也无须证明武汉新兴精英医药公司是否组织帮助其实施了垄断协议的前提下，对武汉新兴精英医药公司按滥用市场支配地位行为进行了处罚。可见，通过对轴心经营者适用滥用市场支配地位规制，可以实现对具有市场支配地位的轴心经营者独家销售或高价销售的反垄断规制。

---

① 参见刘继峰：《依间接证据认定协同行为的证明结构》，载《证据科学》2010 年第 1 期。我国国家市场监督管理总局公布的《禁止垄断协议暂行规定》（2019 年 6 月 26 日）第 6 条也采纳了认定协同行为需要考虑经营者市场行为的一致性和经营者之间进行过意思联络存在信息交流，同时还增加了经营者能否对行为一致性作出合理解释以及考虑相关市场结构、竞争状况和市场变化等情况。

② 参见周智高：《价格协同行为的认定思路分析》，载《中国价格监督检查》2013 年第 7 期。

③ 鄂工商处字〔2017〕201 号。

但是，上述两种替代性的规制途径都存在其固有的缺陷。在第一种情形下，如果辐条经营者存在行为的一致性，并且具有意思联络的证据，确实可以对辐条经营者的协同行为进行规制，但是无法对处于组织帮助作用的轴心经营者进行处罚。这种情形在上述湖南保险业行业垄断协议案中，反垄断执法机构对保险公司和行业协会进行处罚，却对于发挥帮助作用的新车保险服务中心无法采取措施的案件处理中得以体现。在第二种情形下，正如武汉新兴精英医药公司案所示，市场上从事水杨酸甲酯生产的只有锦前程公司和中南药化厂两家，其本来应当是竞争关系。武汉新兴精英医药公司的市场支配地位是通过锦前程公司和中南药化厂的独家授权获得，随后大幅提高价格。虽然反垄断执法机构对武汉新兴精英医药公司适用滥用市场支配地位规制作出了处罚，但对其上游的锦前程公司和中南药化厂并没有进行处罚。从公开的信息来看，两家公司是否存在合谋协议不得而知，但其将水杨酸甲酯独家授权给同一家公司进行垄断销售，其排除限制竞争的效果和获取垄断利益的目的不言而喻，但是反而没有受到处罚，这本身就凸显出适用滥用市场支配地位规制的局限性。

事实上，上述两种情形都符合组织帮助型垄断协议的行为特征，应当将上下游经营者置于一个整体框架下进行综合考虑。在上述两种情形下，如果适用组织帮助型垄断协议规制，显然更适合对违法经营者不加遗漏进行规制。

二、导入组织帮助型垄断协议规制的实践可行性

在《反垄断法》中新增组织帮助型垄断协议规制，不仅要考虑是否具有理论的必要性，还要考虑是否具有实践的可行性。首先，需

要考虑组织帮助型垄断协议和现有横向垄断协议、纵向垄断协议以及行业协会组织实施垄断行为的规制是否和洽。这关乎组织帮助型垄断协议规制和现行三种垄断协议规制是否存在交叉或重复的问题。组织帮助型垄断协议是一种涵盖横向协议和纵向协议的混合型垄断协议，其本质上是一种游离于横向协议和纵向协议之外的第三类垄断协议。[①] 笔者认为，组织帮助型垄断协议的双层双向特征，并不能仅靠将其拆分成横向和纵向垄断协议进行分别规制就能够实现的。如果具有横向竞争关系的经营者之间达成的协议、决定或协同行为并不依赖位于其上下游经营者的组织帮助，就可以适用横向垄断协议进行规制。同理，如果仅仅是经营者和具有上下游关系的经营者实施转售价格维持协议，也可以适用纵向垄断协议进行规制。但组织帮助型垄断协议的重点在于，轴心经营者通过和辐条经营者签署的一组纵向合同，不仅可能排除限制辐条经营者之间的竞争，还有可能排除轴心经营者所在领域的竞争。[②] 这种混合型垄断协议在上下游市场产生的双重排除限制竞争的效果密不可分，分别适用横向和纵向垄断协议规制将人为地割裂两者之间的内在联系，也很难对涉事的经营者进行有效规制。

其次，对增设的组织帮助型垄断协议规制，还需要合理界定其和行业协会组织实施垄断协议的关系。我国《反垄断法》明确禁止行业协会组织经营者实施垄断协议，而行业协会在组织本行业经营者达

---

① 参见张晨颖：《垄断协议二分法检讨与禁止规则再造——从轴辐协议谈起》，载《法商研究》2018 年第 2 期。

② See Joseph E. Harrington and Patrick T. Harker, *How du Hub and Spoke Cartels Operate? Lessons from Nine Case Studies*, 24 August 2018. Available at https：//joeharrington5201922. github. io/pdf. Last viewed on 8 March 2023.

成和实施垄断协议时发挥的作用，和组织帮助型垄断协议中轴心经营者的角色非常类似。《反垄断法》第15条第1款规定："本法所称经营者，是指从事商品生产、经营或者提供服务的自然人、法人和非法人组织。"从主体身份来看，行业协会是特殊的非营利法人，[①] 其本身不从事商品生产、经营，因而并不属于《反垄断法》规制的经营者范畴。在我国《反垄断法》立法之初，基于行业协会也可能实施排除、限制竞争行为的规制需要，将行业协会也列为适用对象，但是《反垄断法》规制的主体主要是经营者，行业协会不是市场主体。[②]《反垄断法》对行业协会的规制，应当按照"实质重于形式"原则，[③] 以其发挥的组织协调作用所产生的实际排除限制竞争效果为评估标准。本书认为，组织帮助型垄断协议规制的对象是经营者，这和《反垄断法》对行业协会组织实施垄断协议的规定并不冲突。

最后，对新设的组织帮助型垄断协议规制，还需要和《反垄断法》框架下的共同支配地位规制进行协调性考虑。我国《反垄断法》效仿欧盟和德国反垄断法，引入了滥用共同市场支配地位规制。欧盟法中的滥用共同市场支配地位规制，是针对寡头市场上具有共同行为的特征，但是又缺乏证据很难按照协议或协同行为进行规制的共同限制竞争行为。[④] 也就是说，对经营者实施的协议或者协调一致的行为，在无法证明其构成垄断协议的情况下，如果能够证明当事企业具

① 参见梁上上：《论行业协会的反竞争行为》，载《法学研究》1998年第4期。

② 参见曹康泰主编：《中华人民共和国反垄断法解读——理念、制度、机制、措施》，中国法制出版社2007年版，第18页。

③ 参见盛杰民、焦海涛：《论中国反垄断法对行业协会的规制》，载《重庆大学学报（社会科学版）》2008年第4期。

④ 参见戴龙：《滥用市场支配地位的规制研究》，中国人民大学出版社2012年版，第127页。

有共同支配地位，则可以适用共同滥用市场支配地位行为进行规制。共同支配地位并不要求排除当事经营者之间的所有竞争，只是强调寡头市场成员行为的一致性，表现为相关市场作为一个共同主体，没有有效地进行实际或潜在的竞争，因而在某种程度上可用“非共谋型寡头”进行表述。[①] 在《欧盟反垄断法》的实践中，很少有单独适用滥用共同市场支配地位的案例，大多是被认为同时违反了垄断协议和滥用共同市场支配地位。欧盟法院在相关案例中的判决也不一致，有时候承认经营者滥用共同支配地位，有时候则否定滥用共同支配地位的指控，只适用第 101 条的协议规制。例如，在意大利平板玻璃案[②]中，欧盟委员会指控生产玻璃板的经营者之间的固定价格以及市场分割协议同时违反了《欧盟反垄断法》第 101 条和第 102 条。但是欧盟初审法院认为，构成共同滥用市场支配地位的行为需要证明经营者之间具有经济或者结构上的联系，否定了委员会关于违反第 102 条的指控。

在组织帮助型垄断协议的情形下，如果具有竞争关系的经营者具有共同市场支配地位，但并没有开展实质性竞争，具有适用滥用共同市场支配地位的可能性。在浙江新赛科和天津汉德威药业公司滥用市场支配地位案[③]中，两家公司在全国异烟肼原料药市场的份额合计超过 2/3 且具有较强的市场控制能力，在无正当理由的情况下大幅上调原料药销售价格，并通过与潍坊隆舜和医药有限公司达成独家包销协

---

① See Lennart Ritter & W. David Braun, *European Competition Law: A Practitioner's Guide*, third edition, Kluwer Law International, 2004, p. 412 – 413.

② SocietaItaliano v. Commission (Flat Glass) [1992] ECR 1403: 5 CMLR 302.

③ 国家发展和改革委员会行政处罚决定书［2017］1 号和 2 号。

议，拒绝向隆舜和公司及其指定的制剂企业、商业公司之外的其他制剂企业出售异烟肼原料药，导致其他制剂企业无法获得异烟肼原料药。国家发展和改革委员会对浙江新赛科公司和天津汉德威公司适用滥用共同市场支配地位规制进行了处罚，就是一个具有代表性的案例。该案中，浙江新赛科公司和天津汉德威公司都从事异烟肼原料药生产，本来是竞争关系，但是两家公司通过与潍坊隆舜和医药有限公司签订独家包销协议，不仅提高了原料药价格，而且避免了相互竞争，其排除限制竞争的效果非常明显，本质上符合组织帮助型垄断协议的特征。但在该案中，国家发展和改革委员会只对浙江新赛科公司和天津汉德威公司的滥用共同市场支配地位行为进行处罚，对发挥帮助作用的潍坊隆舜和医药有限公司并没有进行处罚。就此而言，滥用共同市场支配地位规制仅在可以证明经营者具有共同支配地位的前提下适用，而且实践中可能漏掉对帮助其实施垄断行为的第三方的规制。在适用组织帮助型垄断协议规制的前提下，并不要求当事方经营者具有市场支配地位，而是以协议本身是否具有排除限制竞争的目的和效果作为违法判断标准。① 因此，组织帮助型垄断协议和滥用共同市场支配地位规制之间并不存在本质的冲突，相反前者更适合对上下游经营者共同实施垄断协议的当事人进行全面而有效的规制。

第三节　组织帮助型垄断协议规制的违法认定标准

2022 年我国《反垄断法》采取横纵二分法的垄断协议规制，实

① 参见刘继峰：《“中心辐射型”卡特尔认定中的问题》，载《价格理论与实践》2016 年第 6 期。

践中反垄断司法和行政执法又采取不同的违法分析模式，导致出现二元执法体制下的分歧与冲突。在裕泰公司诉海南省物价局案中，[①] 最高人民法院裁定反垄断执法机构在审理垄断协议案件时可以采取与司法诉讼不同的违法认定模式，但是并没有消弭何以在民事诉讼中本来就受制于信息不对称而处于弱势地位的原告，要承担比具有强大执法能力的行政机关还要沉重的举证责任的质疑。2022 年《反垄断法》将垄断协议的定义单独列为一条，在第 18 条关于纵向垄断协议规制中重新进行了举证责任分配，显示出立法部门欲通过统一的概念界定和举证责任配置，消除对现行法律框架产生不同解读的立法意向。本节针对 2022 年《反垄断法》关于垄断协议的违法认定方法进行梳理，并针对“排除、限制竞争”标准如何适用于组织帮助型垄断协议展开分析。

一、关于垄断协议违法性认定的理论剖析

（一）理论界关于垄断协议违法性认定的讨论

关于垄断协议的违法认定标准，我国反垄断执法机构的官员比较一致地认为，《反垄断法》对横向和纵向垄断协议采取了同样的“禁止 + 豁免”方式，对法律明确列举的垄断协议行为持原则禁止态度，而经营者只能根据第 19 条（2007 年《反垄断法》第 15 条）的规定

---

① 参见海南省海口市中级人民法院（2017）琼 01 行初第 681 号；海南省高级人民法院（2017）琼行终第 1180 号；最高人民法院（2018）最高法行申 4675 号。

进行例外豁免的抗辩。[①] 在这一推理模式下，法律对横向和纵向垄断协议的普遍违法性已经通过概括禁止的方式予以表达，而其可能具有的合理性则通过豁免的条件体现出来，因而对法律明确列举的横向和纵向协议行为，只要证明其客观存在便可推定其具有排除、限制竞争效果，无须进一步证明协议的排除、限制竞争特征，也不一定非要贴上本身违法原则或合理分析原则的标签。[②] 针对反垄断执法机构的违法认定方法，理论界也有相应的观点支撑。例如，根据我国《反垄断法》的规定，虽然排除、限制竞争是垄断协议认定的构成要件或核心标准，但这并非意味着对举证责任的配置提出了明确要求，也不是每一个垄断协议都必须证明存在排除、限制竞争的情形，我国实际上采取了“可抗辩的违法推定”立法模式和认定思路。[③] 这一看法与反垄断执法机构的分析思路是相通的，只是通过对横向、纵向垄断协议进行了“可抗辩的违法推定”模式化处理，实质上简化了反垄断行政执法的违法认定原则。

我国法院通过一系列反垄断民事案件判决，形成了构成垄断协议的前提是行为具有排除、限制竞争效果的认识。[④] 2012 年最高人民法

---

① 参见许昆林：《宽大政策适用于纵向垄断协议》，载《中国经济导报》2013 年 10 月 31 日，第 A03 版；国家发展改革委员会价监局反垄断二处：《纵向价格垄断协议法律适用问题研究》，载《中国价格监督检查》2013 年第 11 期；卢延纯、苏华：《美国纵向价格限制反垄断十年回顾：2007—2016 年》，载《竞争政策研究》2017 年第 1 期；徐新宇、苏华：《汽车售后市场反垄断对策研究》，载《中国价格监管与反垄断》2014 年第 11 期；吴东美：《纵向价格垄断协议的法律规制探析》，载《中国价格监管与反垄断》2014 年第 1 期。

② 许昆林：《宽大政策适用于纵向垄断协议》，载《中国经济导报》2013 年 10 月 31 日，第 A03 版。

③ 王健：《垄断协议认定与排除、限制竞争的关系研究》，载《法学》2014 年第 3 期。

④ 上海市高级人民法院民事判决书（2012）沪高民三（知）终字第 63 号；广东省高级人民法院（2012）粤高法民三终字第 155 号；北京市高级人民法院（2013）高民终字第 4325 号。

院出台了《关于审理因垄断行为引发的民事纠纷案件应用法律若干问题的规定》（以下简称《反垄断司法规定》），对垄断协议的举证责任分配作出界定，即推定《反垄断法》列举的横向垄断协议行为具有排除、限制竞争效果，免除了原告的第一位举证责任，但是对于未明确列举的横向垄断协议和纵向垄断协议，仍由原告承担排除、限制竞争效果的举证责任。有学者指出，将排除、限制竞争效果作为考察垄断协议违法的实质审查标准，意味着在考察垄断协议违法性的过程中，还要考察垄断协议的积极效果和消极效果，并将两者进行比较，但这样的分析模式与法律豁免的基本理论存在冲突，而且也造成《反垄断法》规则在逻辑结构上的矛盾。[①] 我国反垄断法学界黄勇教授指出，正是由于2022年《反垄断法》的条文安排导致了行政执法和司法审判出现关于同一条文的法律解释困境，虽然“可抗辩的违法推定”与2007年《反垄断法》的文义解释更加契合，但是以此标准适用2007年《反垄断法》第14条（2022年《反垄断法》第18条）时会陷入第15条（2022年《反垄断法》第20条）所列的可抗辩情形（第15条第1款的7项的口袋条款除外）无法对应的窘境。[②] 针对纵向协议本身具有的排除、限制竞争效果和促进竞争效果，黄勇指出，我国目前阶段更为可取的态度是在对固定转售价格和维持最低转售价格适用“合理分析原则”的同时，应设置一些条件避免使此

① 李剑：《论垄断协议违法性的分析模式——由我国首例限制转售价格案件引发的思考》，载《社会科学》2014年第4期。

② 参见黄勇、刘燕南：《关于我国反垄断法转售价格维持协议的法律适用问题研究》，载《社会科学》2013年第10期。

类协议成为事实上的本身合法。[①]

青年学者兰磊批评我国学术界和实务界对《反垄断法》垄断协议规制框架的判断出现整体失当，指出应当跳出考察排除、限制竞争效果的一元结构模式，采用处理禁止与豁免关系的二分结构模式。[②]在二分结构分析模式中，实际上将同时具有反竞争效果和促进竞争效果需要进行合理分析的案件，以及将被推定具有严重净反竞争效果的本身违法案件，都置于第一阶段考察，而这一阶段正是适用《反垄断法》第17条和第18条关于横向和纵向垄断协议规定进行分析的过程，在第二阶段再根据2022年《反垄断法》第20条进行公共政策抗辩。在兰磊看来，认定垄断协议时，应综合考察协议的反竞争效果和促进竞争效果，只有在认定排除、限制竞争效果的基础上，才可以认定构成垄断协议，但这只是基于《反垄断法》原理对竞争效果进行分析的第一步，目的是在竞争分析框架内建立"内部平衡"。在第二阶段，根据2022年《反垄断法》第20条进行公正政策抗辩，这属于考察竞争政策和其他公共政策的协调问题，本质上是在竞争政策之外建立和其他政策综合考量的"外部平衡"。外部平衡是以《反垄断法》维护竞争的价值追求之外的利益正当化垄断协议对竞争造成的损害，因此需要对被告苛以较高的证明责任，即不仅要由被告论证这种利益符合公共利益的正当性（符合2022年《反垄断法》第20条第1款所列的七种情形），还需要证明其造成限制竞争的合理性（符合2022年《反垄断法》第20条第2款所列竞争效率高于福利损失）。

① 参见黄勇：《价格转售维持协议的执法分析路径探讨》，载《价格理论与实践》2012年第12期。

② 参见兰磊：《论我国垄断协议规制的双层平衡模式》，载《清华法学》2017年第5期。

笔者认为，我国2022年《反垄断法》第20条所列举的豁免理由并非基于竞争效率考虑，因而被告据此进行的豁免抗辩不能视为竞争效率抗辩。2022年《反垄断法》第20条第1款所列的六种豁免情形其实都和竞争无关，而是属于竞争政策之外的产业政策和公共利益，可以看出立法原意并非在此要求经营者进行竞争效率抗辩，而是将竞争效率置于该条第2款下的竞争减损比较分析之中。因此，经营者依据2022年《反垄断法》第20条进行抗辩，源于其个案行为符合更为重要的产业政策和社会公共利益，并且由此导致的排除、限制竞争效果并不显著（从竞争减损进行比较分析），而且还能够使消费者获益（从消费者的福利进行分析）。

（二）2022年《反垄断法》关于垄断协议的举证责任分配

2022年《反垄断法》针对横向垄断协议的规制没有变化，但是在第18条第1款禁止性地列举了固定转售价格和限定转售最低价格这两项典型的纵向垄断协议之后，第18条第2款规定："对前款第一项和第二项规定的协议，经营者能够证明其不具有排除、限制竞争效果的，不予禁止。"这一规定，将纵向垄断协议不具有排除、限制竞争效果的举证责任分配给经营者，实现了通过立法决定纵向垄断协议的举证责任分配的效果。

2022年《反垄断法》关于举证责任分配的规定，本质上并没有改变以往行政执法中反垄断执法机构针对法律列举的垄断协议可以直接推定具有排除、限制竞争效果的执法实践，只是给涉嫌从事纵向垄断协议的经营者增加了一次抗辩机会，使其具有两次抗辩机会。也就是说，被调查达成纵向垄断协议的经营者，首先可以依据2022年

《反垄断法》第18条第2款进行协议不具有排除、限制竞争效果的抗辩，如果抗辩成功就证明其行为不构成垄断协议，自然也不会认定为违法，也无须再进行第二次抗辩。

第一次抗辩失败后，经营者还可以依据《反垄断法》第20条进行第二次抗辩。如果第一次抗辩是证明协议不具有排除、限制竞争效果的“竞争效率抗辩”，那么第二次抗辩可以视为基于《反垄断法》第20条第1款各项所列符合技术创新、标准统一、节能环保、对应经济危机等非竞争效率考虑的“社会公共利益抗辩”。当然，即便经营者能够证明协议符合上述社会公共利益，仍然需要证明所达成的协议不会严重限制相关市场的竞争，而且能够使消费者分享由此产生的利益。

2022年《反垄断法》新增第18条第2款给今后关于纵向垄断协议的司法诉讼带来的影响更大。根据该规定，最高人民法院于2012年颁布实施的《反垄断司法规定》确立的横向和纵向垄断协议有别的举证责任分配制度需要调整。2022年《反垄断法》第18条第2款的新规定确立了在针对纵向协议的反垄断司法诉讼中，法院将采取和反垄断执法机构相同的违法推定原则。即在反垄断民事诉讼中针对法律明确列举的两项纵向垄断协议，需要由被告承担行为不具有排除、限制竞争效果的举证责任。否则，法院将按照与横向垄断协议相同的“本身违法原则”，推定被告的纵向协议行为构成垄断协议。如果将2022年《反垄断法》关于横向垄断协议的规制原则称为“直接推定违法”，那么针对纵向垄断协议的规制原则可以称为“间接推定违法”。

但是，对于民事诉讼中的原告是否还需要承担纵向垄断协议具有排除、限制竞争效果的举证责任，可能需要进一步探讨。笔者认为，根据司法“不告不理”和“谁主张、谁举证”的基本原则，原告在提起针对纵向协议的反垄断诉讼时，仍然不能免除举证责任。在民事诉讼中，原告方仍然需要承担协议具有排除、限制竞争的初步举证责任，原告举证后由被告对自己的行为不具有排除、限制竞争效果承担抗辩责任，如果被告无法证明，将导致对自己不利的司法审判结果。这样一来，就将2012年《反垄断司法规定》施加给原告的举证责任向由原、被告平等分配举证责任的方向进行了修正。

二、组织帮助型垄断协议的构成要件分析

无论是反垄断司法诉讼和行政执法关于垄断协议违法性认定的分歧，还是理论界关于横向、纵向垄断协议适用不同违法分析原则的探讨，都加深了我国对垄断协议规制的认知。关于横向、纵向垄断协议违法性认定原则和标准的探讨，对组织帮助型垄断协议的违法认定也具有基础性的理论和实践价值。

组织帮助型垄断协议和传统的横向、纵向垄断协议的不同之处在于其同时包含多个明面上的纵向协议和一个潜在的横向协议，共同组成一组具有双层、双向特征的混合型垄断协议。这种垄断协议看似多个纵向协议的并立，实则和潜在的横向协议构成了一个有机的整体，性质上可以看成一个协议。因此，在认定组织帮助型垄断协议时，不能仅凭存在多个并立的纵向协议安排就适用纵向垄断协议规制，或者仅证明辐条经营者之间存在潜在横向共谋就适用横向垄断协议规制，而必须将其视为一个整体进行考虑。就此而言，组织帮助型垄断协议的构成应当具备三个核心条件：第一，轴心经营者和辐条经营者之间

存在一组排除限制竞争的纵向协议；第二，辐条经营者之间具有一个潜在的横向垄断协议（辐缘合谋）；第三，轴心经营者对潜在横向垄断协议的达成和实施发挥了组织作用或者提供了实质性帮助。

对于第一个要件，一般而言，构成组织帮助型垄断协议的多个纵向协议是明面上的，这在实践中不难取证，只要找到轴心经营者和一组辐条经营者之间签署的纵向协议即可。实践中，这种纵向协议既可以体现为一个生产商和多个销售商签署的代理或销售合同，也可以体现为多个生产商和一个销售商签署的独家代理或销售合同，还可以表现为一个供应商和多个零售商签署的许可合同。[①] 这一组纵向协议彼此独立但内容大致相同，可能包含大致相同的限制转售价格条款、供货条件、销售区域或客户安排等。要证明一组纵向协议的排除限制竞争效果也不难，因为纵向协议限制本身就具有排除上游或下游生产商或销售商之间竞争的目的，不过实践中更多是将其融入纵向协议具有的促进竞争效果进行综合考虑，而不以其具有排除限制竞争效果作为违法性判断的唯一标准。

对于第二个要件，由于辐条经营者之间虽有合谋意图，并不存在真实的横向合谋的证据，要证明其达成或实施潜在的横向垄断协议（辐缘合谋）并不容易，但这恰恰是证明构成组织帮助型垄断协议的关键所在。因为一组彼此独立的纵向协议如果不能证明是为了实现一个横向共谋，只能视为纵向合同安排。横向共谋可以分为明示的合谋与默示的合谋两种。[②] 明示的合谋在湖南省娄底保险行业垄断案以及

① 参见刘继峰：《“中心辐射型”卡特尔认定中的问题》，载《价格理论与实践》2016 年第 6 期。

② 参见侯利阳：《轴辐协议的违法性辨析》，载《中外法学》2019 年第 6 期。

湖南省常德市、郴州市、张家界市和永州市保险行业垄断案中都有明显体现。在这两起案件中，都有行业协会组织下各大保险公司达成的《自律公约》《合作协议》等明显的横向协议，又都通过设立新车保险服务中心帮助其实施垄断协议。默示合谋的认定可能比较困难，笔者认为，可以借助《反垄断法》关于协同行为的证成理论。也就是说，不仅需要证明辐条经营者之间存在一致性行为，还要证明其具有意思联络。意思联络不一定要求每个经营者真正见面，只要它们彼此之间知道共谋的计划即可。① 我国反垄断执法机构官员认为，意思联络有明示、暗示和默许三种方式，在价格协同行为中，意思联络更多以暗示和默许的方式进行。② 无论何种形式的意思联络，执法机构都应注意分析意思联络的方式与一致行为之间是否存在因果关系，虽然这可能对执法机构的调查取证和分析推理会带来一定的挑战。③

对于第三个要件，本质上是要证明轴心经营者对辐条经营者达成横向合谋起到了组织作用或者提供了实质性帮助。没有轴心经营者的组织作用或实质性帮助，辐条经营者很难就辐缘合谋达成一致，或者即便达成合谋也很难实施。经济学研究证明，横向垄断协议具有非稳定性，合谋的成员基于自身利益最大化的考虑和信任危机，往往导致横向合谋走向瓦解。因此，为了避免合谋的瓦解，合谋成员需要一个第三者，来监督合谋的实施并对违约者进行惩罚。实践中，具有竞争

---

① 参见刘继峰：《“中心辐射型”卡特尔认定中的问题》，载《价格理论与实践》2016 年第 6 期。

② 参见周志高：《价格协同行为的认定思路分析》，载《中国价格监督检查》2013 年第 7 期。

③ 参见靳静：《反垄断法价格协同行为的认定研究——以艾司唑仑药品垄断案为例》，载《中国价格监督与反垄断》2016 年第 9 期。

关系的经营者，将合谋的组织和监督职能委托给一个共同的上下游企业，这样既可以有效实现横向合谋，又可以纵向合同掩盖横向合谋的意图。[①] 事实上，在我国上海克莱斯勒汽车价格垄断案、[②] 湖北一汽大众及部分奥迪经销商价格协议案、[③] 江苏省奔驰汽车价格垄断案[④]等多起案件中，都存在品牌汽车销售商利用和下游经销商签署销售合同达成限定转售价格的同时，还设定对违规经销商进行监督和处罚的条款。虽然上述案件中并没有披露品牌销售商是否促成下游经销商的横向合谋，但执法机关还是认定经销商之间达成并实施了横向合谋，并作出处罚。在美国苹果电子书案中，法院认为当每个出版商都在与苹果公司签订的代销协议中约定了相同的"分层式最高价格"条款时，该"最高价格"便成为出版商之间对可接受的电子书零售价格的"共识"，因此可以认为，苹果公司通过分别与出版商签订代销协议的方式参与并促成了出版商之间关于固定电子书售价的共谋。[⑤]

三、组织帮助型垄断协议的违法性标准辨析

就组织帮助型垄断协议的违法性标准而言，需要和其促成横向合谋的反竞争效果结合起来，确立统一的违法判断标准。实证研究表明，组织帮助型垄断协议大多数发生在中间产品市场，共谋的目的都

① 参见张晨颖：《垄断协议二分法检讨与禁止规则再造——从轴辐协议谈起》，载《法商研究》2018 年第 2 期。

② 上海市物价局行政处罚决定书第 2520140077 号至第 2520140080 号。

③ 鄂价检处［2014］1 号、鄂价检处［2014］第 14－22 号。

④ 苏价检［2014］反垄断案 2 号。

⑤ 参见吴韬、何晴：《美国"苹果电子书价格垄断案"争点释疑》，载《法学》2017 年第 2 期。

是减少零售市场的竞争。[①] 组织帮助型垄断协议的轴心经营者既可能是上游的制造商，如在上海日进电器诉松下电器及其经销商案[②]中的松下电器公司，也可能是下游的零售商，如苹果电子书案中的苹果公司。在苹果电子书案中，苹果公司利用图书出版商对亚马逊公司批发模式的不满，既成功地协调了出版商之间的价格（通过“最惠待遇条款”），也实现了排除下游零售商市场竞争者（亚马逊）的混合目的。

组织帮助型垄断协议中，如果制造商充当轴心经营者，而且制造商所在领域的市场竞争是充分的，那么制造商和经销商之间的转售价格维持协议，某种程度上能够促进上下游企业间的纵向一体化经营，降低运营成本，提高流通效率、增进消费者福利以及减少“搭便车”现象。这种情形下的纵向协议安排，虽然存在限制同一品牌的经销商间竞争的一面，但是可能产生促进品牌间竞争的正面效果。就此而言，如果组织帮助者是上游的制造商，而制造商之间存在有效竞争，则该类组织帮助型垄断协议本身并不必然违法，需要就其限制品牌内竞争和促进品牌间竞争的效果进行综合评估，运用合理分析原则，进行综合经济分析和违法性判断。例如，在日进电器诉松下公司及其经销商案中，法院虽然并未引用组织帮助型垄断协议的提法，但是认为纵向经济结构中平行成员之间达成协议，限制的是品牌内竞争，其对市场竞争的影响与纵向协议同理，均与相关市场的竞争状况、参与者

---

① See Joseph E. Harrington and Patrick T. Harker, *How du Hub and Spoke Cartels Operate? Lessons from Nine Case Studies*, 24 August 2018. Available at https：//joeharrington5201922. github. io/pdf. Last viewed on 8 March 2023.

② 上海市第一中级人民法院（2014）沪一中民五（知）初字第120号。

的市场力量等因素密切相关，并不一定排除、限制市场竞争。[①]

如果组织帮助型垄断协议的真正目的是帮助实现上游或下游具有竞争关系的辐条经营者达成固定或变更价格、限定生产量或销售量、划分销售市场等所谓辐缘合谋，这时轴心经营者的组织帮助功能就完全沦为辐条经营者从事“核心卡特尔”行为的工具。这种情形下，组织帮助型垄断协议的真正效果是达成了一个横向垄断协议，应当适用本身违法原则。在美国玩具反斗城案[②]中，玩具反斗城公司与其供应商签订了一系列纵向协议，从制造商处获取产品专卖权，以限制向其竞争对手玩具打折店的供货，虽然反斗城公司的这种行为是基于纵向协议，但其行为效果是促成玩具供应商之间的横向合谋。由于玩具供应商是否参与合谋取决于其竞争对手是否同意同样的条款限制，而反斗城公司成功地促使供应商相信他们的竞争对手也会这么做。在这种情况下，美国第七巡回上诉法院认为，应当适用本身违法原则作出判决。

我国 2022 年《反垄断法》第 19 条在立法上要求提供“实质性帮助”的经营者承担和组织者相同的违法后果。笔者认为，对提供“实质性帮助”的经营者应结合其是否存在主观恶意进行判断。如果经营者是“组织”其他经营者从事法律禁止的垄断行为，组织者在达成和实施垄断协议中的作用更大，其主观恶意也更加明显，对其适用更加严厉的违法性判断标准应无争议。但是，如果经营者只是“帮助”其他经营从事垄断协议行为，显然并不能和组织实施垄断协

① 上海市第一中级人民法院（2014）沪一中民五（知）初字第 120 号。

② Toys “R” US, Inc. v. Federal Trade Commission, 221 F. 3d 928 (7thCir. 2000).

议行为采取相同的违法认定标准。对“帮助”其他经营者达成和实施垄断协议行为的经营者，应当结合其是否有主观恶意进行判断。而主观恶意的判断标准，就在于经营者是否明知或应知其他经营者从事违法的垄断行为。如果经营者明知或应知其他经营者从事违法的垄断行为，仍然为其提供了实质性帮助，对帮助者采取严格的违法性判断标准也是合适的，但应当按照比例原则，对比组织者在处罚程度上采取略轻的标准追究其责任。如果经营者对其他经营者从事违法垄断行为并不知情，或者是在无意或被动情况下不自觉地发挥了帮助作用，如电商平台在不知情的情况下被动地在平台销售零售商达成固定价格协议的商品，那么对其适用与组织者和知情帮助者相同的违法认定标准显然有失公允。在这种情况下，帮助者需要承担其不知情或者是在无意或被动情形下帮助实施了垄断行为的证明责任。

依据我国《反垄断法》对组织帮助型垄断协议进行行政执法时，应当坚持两阶段分析框架。在第一阶段，应当由反垄断执法机构进行排除、限制竞争效果和促进竞争效果的综合分析，如果认为其排除、限制竞争效果并不明显，或者其促进品牌间竞争的效益更大，反垄断执法机构在进行经济分析和综合评估后，可以接受经营者的承诺，也可以依法作出相应的处理决定。在认定协议的排除、限制竞争效果明显大于促进竞争效果的情况下，进入第二阶段，由经营者根据豁免条款进行公共政策抗辩，如果经营者不能进行有效的公共政策抗辩，反垄断执法机构就可以依法作出处罚决定；即便经营者证明其行为符合《反垄断法》第 20 条所列的豁免情形，仍然需要证明所达成的协议是实现相关公共政策效果的必要条件，不会严重限制相关市场的竞争（竞争减损进行比较分析），并且能够使消费者分享由此产生的利益

(从消费者福利进行分析)。

根据2012年最高人民法院颁布的《反垄断司法规定》，法院在审理除“核心卡特尔”之外的其他横向协议和纵向协议行为时，应当采用合理分析的违法认定模式。以此推论，对新型的组织帮助型垄断协议的民事诉讼也应当坚持合理分析原则，由原告对达成组织帮助型垄断协议及其具有的排除限制竞争效果承担举证责任。这似乎加大了民事诉讼中原告的举证责任，但组织帮助型垄断协议诉讼中的原告有可能是达成协议又不遵守协议约束的辐条经营者，或者是轴心经营者所在领域的竞争对手。无论是哪一方，其对轴心经营者和辐条经营者是否签署排除、限制竞争的纵向协议，对辐条经营者间有无意思联络等，比一个处于外部关系中的原告或举报者都具有更加有利的地位，由其承担举证责任符合民事诉讼中“谁主张、谁举证”的基本原则。但是，如果组织帮助型垄断协议的达成和实施符合“核心卡特尔”的行为特征，无论这种“核心卡特尔”限制的是零售商之间的竞争，还是生产商或供应商之间的竞争，都应当依据本身违法原则作出判决。

第四节　小　　结

我国2022年《反垄断法》增设组织帮助型垄断协议规制既具有理论必要性，也具有现实可行性。将垄断协议规制分成包括横向垄断协议、纵向垄断协议、组织帮助型垄断协议和行业协会组织实施的垄断行为，有助于改进我国《反垄断法》关于垄断协议规制架构的制度设计。新增的组织帮助型垄断协议规制，解决了现行法律框架下没有规定的混合型垄断协议，不仅能够回应新兴经济业态中普遍存在的平台企业充当轴心角色的轴辐协议问题，而且对医药、保险、汽车销售等传统领域中出现的独家销售、分销模式具有广泛的适用可能性。组织帮助型垄断协议的构成要件包括三个组成部分：一是存在轴心经营者和辐条经营者签署的一组排除、限制竞争的纵向协议；二是辐条经营者之间存在一个潜在的横向共谋；三是轴心经营者对潜在横向共谋的达成和实施发挥了组织、帮助的作用。对组织帮助型垄断协议的违法性判断，需要结合其在上下游市场产生的排除、限制竞争效果，进行经济分析和综合评估。我国《反垄断法》引入组织帮助型垄断协议规制时，必须将其与横向、纵向垄断协议规制区别开来，并且要处理好与滥用市场支配地位规制以及行业协会组织实施垄断协议行为的关系。现有反垄断法律框架下的协同行为的认定、对滥用共同支配地位的规制，对组织帮助型垄断协议的认定都具有一定的借鉴或替补作用，但是都无法替代组织帮助型垄断协议规制的实施。组织帮助型垄断协议规制的适用，并不必然要求轴心经营者具有市场支配地位，关键在于其是否组织或帮助促成了横向合谋协议，产生了排除、限制竞争效果和造成消费者福利损失。如果组织帮助型垄断协议促成了“核心卡特尔”行为，应当适用本身违法原则。如果组织帮助型垄断协议促成“核心卡特尔”之外的行为，或者轴心经营者所在领域存在有效竞争，则应适用合理分析原则进行判断。

第六章　互联网平台竞争的算法合谋规制

随着数字经济的高速发展，全球数字化转型的加速，数字经济的发展水平已经成为国家的核心竞争力。以阿里、腾讯、谷歌、亚马逊等为代表的互联网平台作为重要的经济组织形式，通过连接线上和线下活动，融合互联网经济和实体经济，成为全球经济中最强大又具有创新精神的组成部分。根据中国信息通信研究院发布的《平台经济与竞争政策观察（2020 年）》，2019 年全球市场价值超过 100 亿美元的数字平台企业达到 74 家，价值总额为 8.98 亿美元，同比增长 41.8%；我国是仅次于美国的世界第二大平台经济体，与美国同为平台经济发展和成长最为活跃的地区。[①] 欧盟则凭借其在数字治理上的领先水平，确立了与中美两强优势互补、不可或缺的全球“第三极”的地位。[②]

---

① 参见中国信息通信研究院政策与经济研究所：《平台经济与竞争政策观察（2020 年）》，载 http：//www. caict. ac. cn/kxyj/qwfb/ztbg/202005/P020200530560741723821. pdf，最后阅览时间：2021 年 5 月 23 日。

② 参见中国信息通信研究院：《全球数字经济白皮书（2022 年）》，载 http：//www. caict. ac. cn/kxyj/qwfb/bps/202212/P020221207397428021671. pdf，最后阅览时间：2023 年 2 月 25 日。

互联网平台经济的爆发式增长，在改变市场竞争格局和社会经济结构的同时，也产生了新的竞争争议和反垄断问题，给全球反垄断制度体系带来新的挑战。近年来，国内外平台经济领域的反垄断诉讼、行政调查和指控不断增加。据统计，自2017年至2020年12月底，以GAFA［谷歌（Google）、苹果（Apple）、脸书（Facebook）、亚马逊（Amazon）］为代表的数字巨头在全球范围内共遭遇111起反垄断调查和纠纷，这引发了各国和地区对平台经济下反垄断规制的高度关注。[①]

互联网平台企业涉嫌垄断的行为涉及传统反垄断法规制的各个方面，在垄断协议规制层面，随着5G通信、大数据、云计算、人工智能等新兴数字技术的运用，以算法合谋和轴辐协议为代表的新型垄断协议受到广泛的关注。与传统垄断协议迥异，数字经济下的平台垄断协议呈现出新的特点，不断提出新的问题，对现行反垄断法律制度构成严峻的挑战，需要从规制理念、规制方法和立法架构等方面予以重新梳理。[②] 本章在阐明传统反垄断法在规制平台垄断协议特别是算法合谋时所处困境的基础上，从理论基础、实体规则、程序制度等角度提出新型规制思路，以期有益于数字经济时代下的反垄断治理。

第一节　互联网平台垄断协议的行为特征

当前，平台经济体的兴起和繁荣，加大了平台企业之间的竞争，

---

① 参见黄莉玲、李玲、黄慧诗：《GAFA陷百起垄断调查，各国争夺数字竞争话语权》，载https：//www. sohu. com/a/439821318_ 161795，最后阅览时间：2021年5月23日。

② 参见陈伟华：《反垄断法视角下的数字经济垄断及规制思考》，载《杭州电子科技大学学报（社会科学版）》2021年第2期。

促使互联网平台企业开展各种技术创新与经营模式创新，其中虽然有改进效率的经营创新，但是也伴随着新型的反竞争行为，引起了诸多国家和地区竞争执法机构的普遍关注。以平台为核心的数字经济不仅具备互联网经济业态的核心特征，同时也具有平台特有的双边或多边市场模式。在双边或多边市场模式下平台企业的网络效应、规模经济、锁定效应和处理相关数据的能力等，使互联网平台企业达成或实施垄断协议具有相较于传统的垄断协议所不同的特征。

一、隐蔽性

互联网平台实施垄断协议天然具有隐蔽性的特征。首先，互联网经济建立在虚拟数字信息和技术的基础上，凭借大数据、云计算和人工技术，虚拟数字信息和技术易于复制与修改，但是不易被发现。[①]例如，运用算法的技术手段处理相关数据，并在这一过程中达成垄断协议。相比传统的书面协议或者电话、邮箱等的沟通，通过算法达成的垄断协议难以识别与干预，具有高度的隐蔽性。其次，通过网络效应和锁定效应形成规模经济的互联网平台，由于涉及的主体众多，在这类垄断协议形成时，对商品和服务的数量、价格等要素的变动，用户往往难以察觉，反垄断执法机构也难以及时收集到相关的有力证据。

二、稳固性

互联网平台垄断协议的稳固性主要体现在：在互联网经济背景

① 参见吴太轩：《互联网新型不正当竞争行为法律规制的实证研究》，法律出版社 2019 年版，第 19 页。

下，数据资源丰富，信息交流便捷，数字化技术精进，经营者之间互动程度更加频繁，从而极大地提高了互联网平台市场的透明度。互联网企业在经营上的任何“风吹草动”都能在非常短的时间内被竞争对手觉察并采取相应的适应竞争（meeting competition）的策略。[①] 在这样的背景下，一方面，鉴于个别较早进入并占据市场的平台经营者具有的先发优势，后发的平台企业认为其获利机会降低，其采取达成垄断协议的可能性会无形中增加；[②] 另一方面，海量数据和机器学习的结合使数字平台市场高度透明化，让平台经营者在面临同盟者的背叛时能够反应迅速并做出应对反应，快速设计报复方案并在第一时间实施报复措施。由此导致平台经营者的背叛成本提高，能够消解由于市场信息不对称或者机会主义倾向带来的合谋瓦解。[③] 因此，相较于传统垄断协议，互联网平台之间的垄断协议更容易达成并长久地维持。

三、复杂性

对互联网平台经营者实施垄断协议的规制具有复杂性。首先，由于平台企业间的垄断协议纳入了技术因素，使数据和算法驱动成为数字经济环境下平台企业达成垄断协议行为的重要特征，数据和算法技

---

① 参见周围：《价格差别待遇的抗辩事由探析——以“适应竞争”抗辩为中心》，载《法律适用》2013 年第 4 期。

② 参见钟原：《大数据时代垄断协议规制的法律困境及其类型化解决思路》，载《天府新论》2018 年第 2 期。

③ 参见阳镇、陈劲：《算法治理：成为责任型数智企业》，载《清华管理评论》2021 年第 4 期。

术的持续升级决定了平台企业达成的垄断协议具有相当的复杂性。[①] 有学者提出，机器（尤其是无监督学习）结果的不可控性使得最终的人工智能不同于以往的技术，其中必然会蕴含着更大的风险和高度的不确定性。[②] 其次，作为互联网经济发展的产物，平台的动态性使平台企业间垄断协议的表现形式不断变化与发展，更加多元化，从而突破了传统的垄断协议类型，同时具有横向垄断协议和纵向垄断协议的混合型特点。典型例子是在实践中互联网平台实施轴辐协议更加容易。

第二节　互联网平台垄断协议的规制现状

目前，虽然各国（地区）普遍地意识到了数字经济背景下互联网平台垄断行为与传统垄断行为的显著不同的特征，需要对竞争制度进行必要的创新以适应数字经济的竞争现实。但是由于互联网平台垄断协议作为互联网平台竞争的新型问题，对其管理和规制并没有形成统一的定论。总体而言，各国（地区）当前在大多适用传统的反垄断制度规制新型垄断协议的基础上，对互联网平台的反垄断规制立法不断予以改进，加强对互联网大型平台的反垄断调查和执法。

一、美国

《美国反垄断法》主要包含1980年颁布的《谢尔曼法》、1914年

① 参见韩伟：《数字经济时代中国〈反垄断法〉的修订与完善》，载《竞争政策研究》2018年第4期。

② 参见郑戈：《算法的法律与法律的算法》，载《中国法律评论》2018年第2期。

颁布的《克莱顿法》和《联邦贸易委员会法》以及多部补充性规定。其中，对垄断协议的规制主要适用《谢尔曼法》第 1 条以及美国反垄断执法部门针对垄断协议出台的相关规定。自 20 世纪 70 年代以来，受芝加哥学派的影响，美国法院在数十年中显著削弱反垄断法规制垄断协议的努力，使反垄断执法机构和私人原告难以应对垄断协议现象，使美国互联网平台的数字化市场竞争问题愈演愈烈。[①]

进入 21 世纪以来，随着数字经济的快速发展，互联网平台的新型竞争问题引发了社会的广泛关注，在此背景下，关注数字市场竞争结构的新布兰代斯学派兴起，强调反垄断法不仅要维护竞争自由，更是构建民主社会的重要手段。在这股思潮的影响下，2020 年 10 月 6 日，美国众议员司法委员会下属的反垄断小组委员会公布了《数字竞争调查报告》（Investigation of Competition in the Digital Markets），这是数字经济时代美国国会首次启动的重大反垄断调查活动。[②] 该报告聚焦对数字化市场现有竞争问题的调查，并建议美国国会对反垄断法进行改革，应当从恢复市场竞争、强化反垄断法对数字市场结构的干预、激活反垄断法执行三个方面进行变革，以应对互联网平台经济时代的市场变化，体现了数字经济时代《美国反垄断法》变革的最新动向。

美国是判例法国家，成文法的规定较为宽泛或者不够明确，反垄断规则的运用主要体现在法院的判例中。互联网平台达成的垄断协议

---

① 参见王健、吴宗泽：《反垄断迈入新纪元——评美国众议员司法委员会〈数字化市场竞争调查报告〉》，载《竞争政策研究》2020 年第 4 期。

② 参见王晓晔：《数字经济反垄断监管的几点思考》，载《法律科学（西北政法大学学报）》2021 年第 4 期。

虽然在形式上具有虚拟性，但并不是一种新的垄断协议类型。因此美国的判例仍然运用传统的反垄断框架对平台垄断协议进行规制，并通过判例逐步丰富和创新对互联网经济下平台垄断协议的反垄断规则。例如，在 2015 年美国司法部诉 Topkins 案中，法院认定 Topkins 与其他合谋者利用数据和算法达成的动态垄断协议，完全符合《谢尔曼法》所禁止合谋行为的所有要素，明确了将算法作为工具的算法合谋构成《美国反垄断法》框架下的垄断协议。① 在 2015 年 Meyer 诉 Uber 案中，法院认为 Uber 公司与司机之间通过算法形成纵向垄断协议，同时司机之间也达成间接的横向垄断协议，因此这样的定价算法可能构成中心辐射型垄断协议。②

二、欧盟

欧盟反垄断法起源于《欧洲经济共同体条约》，现今的实体反垄断规则除了《欧盟运行条约》第 101 条和第 102 条外，还包括欧盟理事会条例、委员会规则、委员会通知、指南等成文规范。尽管欧盟各个成员国仍然保留了各自的反垄断法，但是在实施中被要求要和欧盟竞争法规则保持一致。欧盟反垄断法对垄断协议的规制主要适用于《欧盟运行条约》第 101 条，并有欧盟理事会或欧盟委员会颁发的各种指令或指南作为指导。在传统工业经济向数字经济转变的新时代，

---

① See DOJ Office of Public Affairs, Former E – Commerce Executive Charged with Price Fixing in the Antitrust Division's First Online Marketplace Prosecution, available at https://www.justice.gov/opa/pr/former – e – commerce – executive – charged – price – fixing – antitrust – divisions – first – online – marketplace. Last viewed on 14 February 2023.

② See Spencer Meyer v. Uber Technologies, Inc., Case No. 16 – 2750 – cv, 16 – 2752 – cv. Available at https://cases.justia.com/federal/appellate – courts/ca2/16 – 2750/16 – 2750 – 2017 – 08 – 17. pdf? ts = 1502980212. Last viewed on 14 February 2023.

欧盟与时俱进，在2000年发布《电子商务指令》（2000/31/EC）以规范数字服务，在2016年通过《通用数据保护条例》以保护个人数据，其内容还包括数据自动化决策的规制问题。面临着传统经济的数字化转型产生的新问题，欧盟委员会于2020年12月15日发布了两份数字新规草案，包括DSA和DMA。2022年，DSA和DMA正式通过立法，DSA是欧盟对《电子商务指令》进行现代化升级的成果，针对大型互联网平台，要求其遵守系列数字服务义务和对所提供的数字服务承担法律责任。[①] DMA旨在为在欧盟运营的大型互联网平台制定专门的竞争规则。两部法案共同表明欧盟对互联网平台的反垄断监督向着更严厉的方向发展，体现了欧盟致力于构建完善的数字经济反垄断体系，引领数字经济反垄断规则发展的意愿。[②]

DMA和DSA虽然没有对互联网平台垄断协议进行单独的规制，但是对互联网平台的算法透明度提出了较为严苛的要求。两部草案要求数字平台公开数字业务的运作方式，并明确企业平台企业对算法的解释义务。确保互联网平台的算法透明度，对于解决算法合谋等互联网平台垄断协议的认定和归责等问题具有重要意义。

三、中国

中国关于垄断协议的规制主要见于2007年颁布实施的《反垄断法》中第二章“垄断协议”内容。数字经济的快速发展引发的竞争

---

① 参见王晓晔：《数字经济反垄断监管的几点思考》，载《法律科学（西北政法大学学报）》2021年第4期。

② 参见张枭：《互联网经济对反垄断法的挑战与制度重构——基于互联网平台垄断法经济学模型》，载《浙江学刊》2021年第2期。

问题在我国同样受到高度关注，近年来我国积极构建应对平台经济领域的反垄断法律制度。2018 年 8 月 31 日，我国《电子商务法》得以通过，这是一部全面规范电子商务运营及发展，并对电子商务领域的反竞争行为予以规制的重要法律。自 2020 年开始，国家市场监督管理总局按照全国人大常委会的立法部署，启动对《反垄断法》的修订工作。2021 年 2 月 7 日，国务院反垄断委员会发布《关于平台经济领域的反垄断指南》（以下简称《平台反垄断指南》），进一步对平台、数据、算法等元素制定了具体的条款，有针对性地对互联网平台经济的特点和平台垄断行为的规制作出相应的指引。①

《平台反垄断指南》对互联网平台经济的相关概念进行了明确，将“平台”定义为通过网络信息技术，使相互依赖的双边或者多边主体在特定载体提供的规则下交互，以此共同创造价值的商业组织形态（第 2 条第 1 款）。《平台反垄断指南》第 2 条第 4 款规定“平台经济领域的经营者”包括平台经营者、平台内经营者以及其他参与平台经济的经营者。《平台反垄断指南》第 2 章集中规定了有关“垄断协议”的内容。与《反垄断法》相比，《平台反垄断指南》对垄断协议部分的规定主要作出了以下调整：一方面，《平台反垄断指南》突出了在横向和纵向垄断协议中可能利用“数据、算法、平台规则或其他方式”实施合谋的问题。具体来说，《平台反垄断指南》第 5 条关于“垄断协议的形式”的规定中，强调的“其他协同行为”包括通过算法等方式实质上存在协调一致的行为。第 6 条对达成“横

① 参见杨东、臧俊恒：《数字平台的反垄断规制》，载《武汉大学学报（哲学社会科学版）》2021 年第 2 期。

向垄断协议”的方式的列举中，包括利用算法等实现协调一致的行为。第7条对达成“纵向垄断协议”的方式的列举中，包括利用算法对价格进行直接或者间接限定，以及利用算法等方式限定其他交易条件，排除、限制市场竞争。概言之，《平台反垄断指南》明确了利用算法等技术手段进行信息沟通或实施限制的行为属于被禁止的垄断协议。

另一方面，《平台反垄断指南》第8条单独增设了“轴辐协议”这类新的垄断协议形态，对其内涵进行了阐述：“轴辐协议是指具有竞争关系的平台内经营者可能借助与平台经营者之间的纵向关系，或者由平台经营者组织、协调，达成具有横向垄断协议效果的协议。”并首次明确了具有排除、限制市场竞争效果的轴辐协议属于垄断协议，受《反垄断法》规制。总体而言，《平台反垄断指南》对垄断协议的规定，体现了“平台经济中经营者以数据作为基本生产要素，算法发展并且作用于数据”的行为特点。值得注意的是，《平台反垄断指南》尚未对理论界中不同类型算法合谋的适用做出回应，有关问题仍然需要结合技术的持续更新和商业模式的不断变革在具体案件中进行具体分析。①

2022年6月24日召开的第十三届全国人民代表大会常务委员会第三十五次会议正式通过对《反垄断法》的修正，这是该法自2008年8月1日实施以来的第一次修正。2022年《反垄断法》改进了2007年《反垄断法》实施中存在的问题，适应数字经济时代的反垄

---

① 参见韩伟：《“平台经济反垄断指南”正式稿简评》，载《竞争政策研究》2021年第2期。

断需要，体现了中国特色社会主义市场经济体制下的《反垄断法》的新特点。[①] 2022 年《反垄断法》在实体法方面的最大修改就是针对垄断协议的规制，不仅完善了对纵向垄断协议的规制，而且增设了关于组织帮助型垄断协议即“轴辐协议”的规制。2022 年《反垄断法》总则第 9 条规定：“经营者不得利用数据和算法、技术、资本优势以及平台规则等从事本法禁止的垄断行为。”该条整体上为数字平台企业利用数据和算法等从事垄断行为画出红线，涵盖并不限于算法合谋的规制问题。《反垄断法》虽然在第 2 章“垄断协议”部分没有针对算法合谋规制作出单独规定，但已经将《平台反垄断指南》中关于互联网平台实施垄断行为的规制立场进行了落实。

第三节　算法合谋规制的基本问题

随着以算法、算力和大数据为重要支撑的数字经济的发展，算法技术被广泛地应用于不同的商业情景，在日常生活的各个方面影响着人们的生活。从供给侧来看，平台企业通过算法分析消费者的偏好、判断竞争对手的策略以及预测市场趋势，从而提高企业商业决策的科学性和效率性。从需求侧来看，算法可以提高消费者的便利化程度，利用算法可以更快地比较产品质量与价格，降低交易成本，优化消费决策过程。然而，算法技术在为商业发展提供便利的同时，也越来越多地被应用于平台竞争领域，为互联网平台企业实施反竞争的垄断行

---

① 参见戴龙：《修订版〈反垄断法〉十大特点整理》，载微信公众号“三见道”2022 年 6 月 27 日。

为提供了新的工具。正是在这样的背景下，算法合谋作为互联网平台竞争垄断协议最主要的形式之一，引起了各国反垄断机构的注意，成为全球主要反垄断辖区关注的问题。

一、算法合谋的定义

尽管“算法”的概念早已存在，但是由于其所依托的技术的演进性和多元性，至今仍缺乏一个明确且得到各界普遍认可的定义。[①] 经济合作与发展组织在其2017年发布的报告《算法与合谋：数字时代的竞争政策》（*Algorithms and Collusion*：*Competition Policy in the Digital Age*）[②] 中，认为“算法是一种明确和精确的简单操作列表，它们机械和系统地应用于一套令牌[③]或者对象中。这些令牌的最初状态为输入，最终状态为输出”。经济合作与发展组织报告提出，合谋（collusion），是指“竞争企业之间的任何形式的使联合利润最大化的，可能损害消费者利益的合作或者协议”。合谋又可以分为明示合谋（explicit collusion）和默示合谋（tacit collusion）。明示合谋是指以书面或者口头方式达成的明确协议维持的反竞争行为；默示合谋是指不需要任何明确协议即可以实现的反竞争合作形式，但是竞争对手能够通过承认其互相依存的关系来维持这种形式。算法合谋（algorithmic collusion），是将算法作为合谋的促进因素而形成的新型合谋

---

① 参见戚聿东、蔡呈伟、张兴刚：《数字平台智能算法的反竞争效应研究》，载《山东大学学报（哲学社会科学版）》2021年第2期。

② See OCED：*Algorithms and Collusion*：*Competition Policy in the Digital Age*，available at https：//www. oecd. org/daf/competition/Algorithms – and – colllusion – competition – policy – in – the – digital – age. pdf. Last viewed on 4 May 2021.

③ 令牌（tokens）是计算机术语，是一种能够控制站点占有媒体的特殊帧，以区别于数据帧及其他控制帧。

方式。目前，通过算法达成的合谋大多是默示合谋。

二、算法合谋的表现形式

经济合作与发展组织报告将算法合谋按照算法在合谋中所承担的角色不同，划分为信使类合谋（Messenger）、轴辐类合谋（Hub and Spoke）、预测类合谋（Predictable Agent）和自主类合谋（Autonomous Machine），分别与监督算法（monitoring algorithms）、平行算法（parallel algorithms）、信号算法（signaling algorithms）和自我学习算法（self – learning algorithms）四大算法类型相对应。不同类型的算法技术的应用给算法合谋带来了不同类型的表现形式，并且随着科学技术的发展，算法合谋的表现形式仍将可能进一步演化和更新。①

1. 信使类合谋

信使类合谋，是指经营企业之间以计算机算法作为工具，自愿达成合谋以限制竞争。顾名思义，算法在这类合谋中承担的是类似“信使”的角色，根据人类设计的程序而被动地执行命令。典型案例为全球第一起因运用定价算法违反反垄断规定而遭受处罚 Topkins 案。在该案中，Topkins 及其他共谋者协议采取特定的定价算法，收集竞争对手的定价数据，协商确定和变动各自在亚马逊平台在线销售的海报价格，实施达成的合谋协议。② Topkins 与其他合谋者的共谋本质在于，将算法技术作为工具帮助实现合谋与人类自己达成合谋有

① 参见柳欣玥：《垄断协议规制中算法合谋分类研究》，载《竞争政策研究》2019 年第 5 期。

② 参见许灿英：《算法合谋反竞争问题初探》，载《合肥工业大学学报（社会科学版）》2019 年第 2 期。

同样的效果，即算法的适用仅仅是为了促进人类本来就能完成的任务。

2. 轴辐类合谋

轴辐类合谋，也被称为中心辐射式合谋，是指同行业的经营者们为达成相似的纵向协议，在“轴心”的算法研发者提供的帮助下，作为“辐缘”的经营者共同采用算法研发者所提供的同一算法的活动。当“辐缘”足够大的时候，容易导致全行业合谋，产生限制竞争的效果。举例而言，在Uber案中，Uber公司与每个网约车司机达成纵向协议并要求司机采用相同的Uber定价算法，即Uber算法统一协调Uber司机的收费。这样，Uber作为“轴心”，通过Uber算法将作为“辐缘”的所有司机连接。在这一过程中Uber以及利用Uber定价算法的司机之间达成了合谋，限制了司机之间的竞争，从而损害Uber乘客的利益。[①]

3. 预测类合谋

预测类合谋，指的是各个企业研发的计算机算法设计类似，被用于监督市场活动，而且可以理性地实施价格跟随行为。在预测类合谋中，算法扮演的是经营企业的代理人的角色，通常通过信号算法达成合谋。即在被代理人的授权范围内，监控竞争对手的价格信息，并随之调整自己的定价。在此场景下，企业之间的依赖性得到增强，并且可能达成默示合谋从而产生反竞争的效果。例如，在航空运价公布案中，航空公司通过一个线上机票价格发布平台，可以以特定算法发出提高或者降低价格的提议（proposals），其他竞争航空公司通过算法

① 参见陈永伟：《人工智能的算法合谋挑战》，载《互联网经济》2019年第4期。

检测到该信号后迅速调整自己的价格。[①] 本案中各航空公司通过信号算法技术实际上达成了默示合谋。

4. 自主类合谋

自主类合谋，是指拥有预测能力的算法，通过对市场主体行为的反复适应和持续的自主深度学习，自动积累经验并提高性能，归纳最佳函数，为经营者定制利润最大化的经营策略。换言之，在这类合谋中，算法无须依赖经营企业的指令，而是基于自主学习在大数据的基础上不断获得经验以优化算法，能够依据自身判断寻求优化利润的最佳途径，拥有预测能力的算法是形成合谋决策的主体。在自主类合谋中，即使算法最初的设置没有合谋动机或者算法运行中没有人类干涉，但是算法通过自主学习也有可能达成合谋，结果具有不可控性和其中隐含的风险性，大大增加了损害消费者利益的可能性。[②] 但是，目前由于人工智能技术尚未成熟，自我学习算法是否和如何实际达成合谋仍然无法得知。

第四节 算法合谋对传统反垄断法规制的挑战

算法合谋发生于数字经济市场，且所依托的算法技术正在不断演进，这决定了算法合谋具有不同于传统反垄断法的多样表现形态。当今的反垄断法规制模式主要是以传统工业时代作为背景构建的，其规则没有适时进行调整以配适数字经济时代的特征。在这样的背景下，

① 参见许灿英：《算法合谋反竞争问题初探》，载《合肥工业大学学报（社会科学版）》2019 年第 2 期。

② 参见郑戈：《算法的法律与法律的算法》，载《中国法律评论》2018 年第 2 期。

通过算法合谋达成的垄断协议对传统的反垄断法的规制理论和实践提出了新的法律挑战。

一、难以被纵横分割的“两分法”垄断协议涵盖

横向垄断协议和纵向垄断协议的“二分法”最早形成于20世纪的美国，并在美国联邦最高法院的判决中经常出现。[①] 1997年欧盟在纵向限制绿皮书中第一次采纳了横向垄断协议和纵向垄断协议二分的做法。[②] 我国2007年《反垄断法》借鉴了美国、欧盟法域的二分法做法，从法律形式和认定规则上区分横向垄断协议和纵向垄断协议。区分横向和纵向垄断协议规制的合理性在于，横向和纵向垄断协议在排除和限制竞争效果方面差异显著，进行类型划分可以将经营者的协议行为对号入座，分别适用本身违法原则和合理原则，从而极大地提高了反垄断执法的效率。具体来说，横向垄断协议对排除、限制竞争的效果通常非常明显，一般适用本身违法原则的分析模式；相比之下，纵向垄断协议对排除、限制竞争的效果不确定，甚至还具有实现纵向一体化经营的效率，实践中更适合适用合理原则的分析模式。[③]

然而，面对迅猛发展的互联网平台经济，严格框架化和程式化的横纵垄断协议的“二分法”规制弊端愈发明显：其一，比起平台垄断协议实际导致的排除和限制竞争的效果，垄断协议归于横向抑或是纵向这一形式化的问题似乎更为当事人和法院所关注，难免导致本末

① 参见张晨颖：《垄断协议二分法检讨与禁止规则再造——从轴辐协议谈起》，载《法商研究》2018年第2期。

② See *Green Paper on Vertical Restraints in EC Competition Policy*, https://europa.eu/documents/comm/green_papers/pdf/com96_721_en.pdf. Last viewed on 22 May 2021.

③ 参见侯利阳：《轴辐协议的违法性辨析》，载《中外法学》2019年第6期。

倒置。其二，表象化地对垄断协议进行横纵分割的形式认定，无法应对动态变化的平台垄断协议。换言之，数字经济中平台经营者和平台内经营者的商业合作和运行模式错综复杂，部分平台垄断协议的纵向关系和横向关系相互交织，远非简单的二分理论分类所能穷尽。①

在算法合谋的情形下，垄断协议不再体现为单一的横向或者纵向的性质，而是呈现出更加复杂的特征。例如，通过轴辐类算法合谋达成的轴辐垄断协议，其表现为轴心经营者与轮缘经营者达成的一系列协议。从形式上看与纵向垄断协议相似；从效果上看客观产生了类似横向垄断协议的排除和限制竞争的效果。简言之，轴辐类算法合谋同时具有横向和纵向垄断协议两种形态的特点，当前传统规制垄断协议的“两分法”无法界定此种复合结构的垄断协议。

二、难以被认定为法定的垄断协议类型

算法合谋本质上仍然是一种垄断协议行为，垄断协议的构成通常需要满足主体条件、主观条件、客观行为和实施效果四个要件。由于传统的反垄断法是在工业时代的背景下制定的，其以假设的人为规制对象。当算法参与和主导合谋，成为新的反垄断规制对象时，对传统的垄断协议的构成要件提出了以下难题。

第一，在垄断协议的主体条件方面，传统反垄断法要求为至少是两个以上的经营者，经营者之间往往具有竞争或者交易关系。② 然而在算法合谋的情形下，由于数字技术的运用，作为非经营者的算法的

---

① 参见张晨颖：《垄断协议二分法检讨与禁止规则再造——从轴辐协议谈起》，载《法商研究》2018 年第 2 期。

② 参见刘继峰：《竞争法学》（第 3 版），北京大学出版社 2018 年版，第 87 页。

设计者、提供者、使用者等也有可能成为互联网平台垄断协议的实施主体。[①] 有鉴于此，由非经营者的其他主体实施的算法合谋可能面临无法被规制的窘境。

第二，在垄断协议的主观条件方面，传统反垄断法要求达成垄断协议的经营者之间具有意思联络，形式可能表现为协议、决定或者其他协同行为。中国现行的反垄断立法明确了意思联络不仅包含明示合谋行为，而且还包含默示合谋行为。[②] 虽然对意思联络进行了广义解释，但是在执法实践中默示合谋往往认定困难，且默示合谋的证明难度较大。[③] 对于算法合谋而言，一方面，对于明示合谋，由于算法在该类合谋中仅扮演工具的角色，合谋仍然通过主体的意思联络达成，因此在目前的反垄断框架下仍然可以对这类合谋进行规制；另一方面，对于默示合谋，尤其是预测类和自主学习类合谋，它们达成合谋过程中的算法交流（也称为算法集会）能否被视为反垄断意义上的“协同行为”仍然很难得出肯定的结论。[④] 另外，即使能够将其视作“协同行为”，算法由于不具备法律意义上的意思表达能力，加之具有智能化的特点，也相当程度地加深了默示合谋的取证和证明的难度。

---

① 参见柳欣玥：《垄断协议规制中算法合谋分类研究》，载《竞争政策研究》2019 年第 5 期。

② 参见郭宗杰：《反垄断法上的协同行为研究》，载《暨南学报（哲学社会科学版）》2011 年第 6 期。

③ 针对《反垄断法》第 16 条关于垄断协议的定义中规定的“协同行为”，我国反垄断执法机构认为“协同行为”是指在没有书面或者口头协议、决定的情形下，相互进行了沟通并心照不宣地共同实施排除、限制竞争行为。

④ 参见李振利、李毅：《论算法共谋的反垄断规制路径》，载《学术交流》2018 年第 7 期。

第三，在垄断协议的客观行为方面，传统反垄断法要求的是相互拘束的共同行为或者协调行动，不包括企业擅自实施的单独行动。在利用算法实现合谋的情况下，算法主体由于能够利用算法监控其他合谋者的行为，更容易发现其他合谋者的背叛行为从而立即反应并报复。因此，算法主体能够降低合谋者的背叛可能性，使算法合谋更容易相互拘束和维持。在电子商务平台等销售同种商品的经营者数量非常多的情况下，这种相互拘束可能难以被察觉和认定。

第四，在垄断协议的实施效果方面，传统反垄断法要求在客观上产生排除、限制竞争的效应。互联网平台的运行模式和商业环境复杂，加之算法合谋的隐蔽性外观，对算法合谋产生的竞争效果进行认定存在较大的困难。具体而言需要解决以下问题：其一，该算法合谋行为是否带来了消极的竞争损害；其二，如果认定带来了消极的竞争损害，仍需要分析算法合谋是否具有提高资源配置效率和降低交易成本等促进竞争的效果，即分析其是否具有促进竞争效果的作用，这种行为的消极竞争损害是否大于其带来的积极竞争影响；其三，如果认定消极作用大于积极影响，那么造成的限制、排除竞争的效果如何衡量。换言之，算法合谋在多大程度上设立市场壁垒、打击竞争者和剥夺消费者福利难以进行科学、正确的评估。

三、难以对合谋主体施加责任

即便在承认算法合谋构成法定的垄断协议的前提下，对算法合谋追究法律责任在现有框架下也非常困难。主要原因在于现有法律对违法行为的责任追究限于具有独立承担法律责任的自然人和法人实体，在当前的法律框架下，难以使认定责任主体和责任范围可能导致的通过算法达成的合谋得到《反垄断法》的有效规制。

从责任主体方面看，在处理算法参与或者主导的合谋行为如何施加责任时，共有三种可能的归责主体，分别是算法承担责任、算法部署者承担责任或者没有责任方。[①] 显然，第三种是不可选的，因为一旦算法合谋达成，没有责任方就无法说服民众。这意味着卡特尔的形成不需要有主体承担法律责任，从而任由消费者福利损害的结果恶化。如果由算法本身承担责任，则会面临两个问题：一方面，对算法施加责任，可能导致对互联网的干预过于激进，从而在侧面压制技术的进步；另一方面，算法本质上是计算机编程，不具备法律意义上的独立人格属性和相应的责任能力，对其施加责任不具有可行性。算法部署者无论是企业还是个人，均具有承担责任的能力，同时也与算法合谋行为密切相关，因此，责任主体在某种意义上只能是算法部署者。[②] 值得注意的是，随着人工智能技术的持续进步，算法与人类的联系将会不断变弱，特别是自主学习类算法达成的合谋可能很大程度或者完全脱离算法部署者的部署或者本意。在此背景下，将所有责任均归于算法部署者是不合理的，不仅可能使部署者承担本不应当承担的责任或者承担与其行为不成比例的过多的责任，还可能导致技术创新的“寒蝉效应”。[③]

从责任范围方面看，算法部署者需要承担的责任范围不能一概而

---

① 这里的算法部署者应当理解为广义的概念，包括算法制造者、算法受益者、算法使用者等。See Salil K. Mehra, *Antitrust and the Robo – Seller*: *Competition in the Time of Algorithms*, available at https://scholarship.law.umn.edu/cgi/viewcontent.cgi? article = 1203&context = mlr. Last viewed on 6 May 2021.

② 参见胡光奎：《浅析算法合谋的规制路径》，载《中国集体经济》2021 年第 15 期。

③ 参见滕云啸、王岩洲：《市场竞争中算法合谋的反垄断规制》，载《现代企业》2020 年第 11 期。

论，如何确定责任应基于个案的事实作出判断，即算法部署者应当在其所能控制的算法范围内承担责任。[①] 但是这也带来了以下需要考虑的问题：第一，如何判断算法的哪部分在控制范围内？第二，当算法制造者、算法改进者、算法受益者、算法使用者等主体相分离时，如何厘清和分配各自的责任？第三，在算法可以脱离人类控制自主达成合谋时是否追究算法部署者的责任？这些问题在日后的涉及算法合谋案件中会逐步凸显。

第五节　算法合谋的反垄断法规制路径

传统反垄断法在规制算法合谋的问题上面临难以用“二分法”涵盖、难以认定为垄断协议以及难以确定责任主体和责任范围等困境。因此，有必要在现有《反垄断法》规定的基础上寻求新的规制路径。

一、突破传统的垄断协议“两分法”

如前所述，传统的垄断协议对垄断行为进行横纵分割的“二分化”的处理，流于反垄断形式主义，由于两者之间存在灰色地带，横向和纵向垄断协议的简单分类不能涵盖所有的垄断协议行为，也不能反映所有垄断协议行为表象上体现的违法行为的性质。[②] 就算法合

① 参见韩伟：《算法合谋与反垄断初探——OECD〈算法与合谋〉报告介评》（下），载《竞争政策研究》2017 年第 6 期。

② 参见张晨颖：《垄断协议二分法检讨与禁止规则再造——从轴辐协议谈起》，载《法商研究》2018 年第 2 期。

谋而言，传统“两分法”难以涵盖当今的复合型垄断协议如轴辐类算法合谋，从而无法确定对其适用本身违法原则抑或是合理原则。有鉴于此，需要突破“两分法”的传统理论，以有效监管和规制算法合谋垄断协议。解决方案有二：

第一，细化现有横向和纵向类型的子类型，将混合型垄断协议植入。以轴辐类算法合谋为例，虽然其形式上表现为纵向垄断协议，但是从实质正义出发，其效果和本质是横向限制和排除竞争，因此可以将轴辐类算法合谋归入横向垄断协议的特殊子类型，并适用本身违法原则。① 这种解决方案对“二分法”的突破较小，但存在的问题在于，既定“二分法”框架没有得到创新，同时可能出现未来的新型垄断协议无法根据实质和效果归入任何一类横向或者纵向垄断协议类型的现象。

第二，将混合型垄断协议单独列为现有横向和纵向外的新行为类型。在此基础上轴辐类算法合谋即可被归入第三种类型，由于对第三种垄断协议类型的竞争分析方法和工具尚未类型化，因此，可能需要对归入该类型的垄断协议进行具体分析，以确定具体适用的竞争分析方法和原则。这种解决方案不仅在理论上更加精致，而且能够比较灵活地适应大数据时代的发展变化，可以将未来产生的更多具有复合特点的新型算法合谋垄断协议纳入。缺陷在于被归入第三种类型的垄断协议虽然同时具有横向和纵向的特点，但是由于其多源于数字时代，互联网平台经济发展迅速以及算法、云计算和大数据等技术的深度学

---

① 参见焦海涛：《反垄断法上轴辐协议的法律性质》，载《中国社会科学院研究生院学报》2020 年第 1 期。

习和不断更新，使未来的平台垄断协议不可避免地会呈现新特点，导致难以对该类型的竞争分析方法类型化，仍然需要对属于该类型的垄断协议进行个别分析。事实上，我国于2022年6月24日通过《反垄断法》修订，新增第19条关于组织帮助型垄断协议的规制，就是采取了这一立法模式。

上述解决方案的共同本质在于，对新型互联网平台算法合谋行为的违法性判断不再拘泥于“横向”或者“纵向”这一形式意义的工具，而是回归对垄断协议本身的竞争效果分析和判断——“二分法”只是在司法经验的基础上为了提高司法效率而发明出来的捷径。①

二、对垄断协议进行扩大化解释

具体而言，可以以垄断协议的四个要件作为切入点进行扩大解释。第一，就主体要件而言，可以考虑将垄断协议的主体“经营者”进行扩张解释，从而将规制范围扩大到可能成为算法合谋主体的算法设计者、提供者和使用者等。

第二，就主观因素而言，在规则层面，一方面，在执法机关已经将“协同行为”进行广义解释的基础上，可以考虑对“协同行为”进一步扩张解释，明确其内涵包括算法默示合谋；另一方面，立法机关也可以考虑直接增加有关“算法合谋”的条款，禁止利用算法等

① 参见张晨颖：《垄断协议二分法检讨与禁止规则再造——从轴辐协议谈起》，载《法商研究》2018年第2期。

技术手段达成《反垄断法》所禁止的垄断协议。[①] 在证据层面，除了直接证明共谋者与经营者通过意思联络进行信息交换与传递外，反垄断执法机构还可以更多地综合考虑其他附加要素（plus factors）作为间接证据对主观意思联络进行认定。[②] 下列附加因素可以作为推断主观意思联络的间接证据：经营者间频繁地交换信息、经营者一致行为（如同时宣布提价、降价、发生商业策略重大变化）本身的异常性、经营者对其行为能否给出合理的商业理由、互联网平台的市场环境等。

第三，就共同行为而言，达成算法合谋的主体之间的相互拘束性虽然客观存在甚至更加紧密，但是互联网的特殊环境使这种相互拘束性在实践中难以察觉及认定。在这样的前提下，应制定有助于提高合谋者背叛可能性的专门规则，以更加便利地获取有关其相互拘束关系的证据。另外，应通过各类监管科技如构建数据平台进行实时跟踪记录与识别异常情况，掌握其相互拘束关系的证据。

第四，就竞争损害后果而言，注重个案分析原则在互联网平台领域竞争行为效果认定中的应用。具体而言，应当综合考虑各类商业场景下的包括消费者偏好、消费者隐私、数据属性、数据安全等非价格

---

① 也有部分学者对于将算法共谋纳入反垄断立法和监管的必要性持质疑态度。孙晋教授认为，为了保证《反垄断法》的纯粹性和实施效率，不宜因为新兴技术如智能算法的冲击以及数据在竞争中作用的增加就直接把相关内容纳入《反垄断法》。参见孙晋：《数字平台垄断与数字竞争规则的建构》，载《法律科学（西北政法大学学报）》2021 年第 4 期。而德国 Schwalbe 教授则指出，即使人工智能研究表明算法沟通有可能，但是沟通方式非常有限，自主算法合谋相当困难，并非现实中的重要问题。竞争监管机构应该将有限的执法资源放到如平台滥用行为等更加迫切的问题上。参见孙晋：《数字平台反垄断监管》，载《中国社会科学》2021 年第 5 期。

② 参见胡光奎：《浅析算法合谋的规制路径》，载《中国集体经济》2021 年第 15 期。

因素认定其竞争效果。同时也应在实践中对个案的分析方法进行类型化梳理，并总结出一般的原则和规律，以提高认定标准的可预测性和可确定性。①

三、通过构建算法透明度制度明确责任范围

算法的“黑箱”（black box）状态，② 是算法责任追究难以实现的主要因素。因此只有构建算法透明化制度，在系统开发和部署的每个阶段应用算法透明和可责性原则和规则，③ 一定程度上公开算法的训练和决策过程，才能变“算法黑箱”为“算法白箱”，以认定算法合谋的主体所能够控制的算法范围，从而在该范围内划分和施加各主体责任。

在规则层面，制定并公布一套算法透明度规则以调整算法“黑箱”状态。首先，建立算法审计制度。反垄断执法机构可以在经营者进入市场之前，为其设定一定的算法主动报告义务，要求互联网平台企业在设计算法时须向反垄断执法机关提交算法备案，以便对算法

---

① 参见陈兵、马贤茹：《数字经济平台企业垄断认定完善理路》，载《上海大学学报（社会科学版）》2021 年第 3 期。

② 算法的“黑箱”状态，是指智能算法具有不透明性，在数据的输入和输出之间可能存在灰色地带，在灰色地带内输入的是某类数据的计算程式和模型，经过算法对数据的自主学习和深度挖掘，特别是持续革新的人工智能算法，最终呈现出的是无比精确的结果，在这个过程中不可理解和无法解释之处被称为“黑箱”。即人类难以保证拥有强大学习能力的算法是否与算法设计者或者使用者的目标背离，难以保证算法的计算过程是否脱轨，带来算法决策的潜在意外后果。参见陈兵：《数字经济新业态的竞争法治调整及走向》，载《学术论坛》2020 年第 3 期。

③ 美国计算机协会公共政策委员会和欧洲委员会联合发布的《算法透明和可责性声明》中提出。参见郭慧阳：《算法共谋的认定与反垄断执法》，载《中国市场监管研究》2021 年第 2 期。

进行提前审查。[①] 算法备案一般应当包含如下内容：设计和应用算法的动机、算法使用的数据和对数据的处理、算法运行过程、算法运行的输入和输出结果。[②] 其次，设立可问责原则。反垄断执法机构可以在监管和调查互联网平台的过程中，特定条件下要求或者鼓励算法部署者对算法的模型构建和决策过程等进行公开或解释说明。对没有履行透明度义务的算法部署者，相关机构应当予以追责。[③] 但是，为了达到激励创新和维护竞争秩序的平衡，执法机关仍应当注意对所了解的算法技术可能涉及商业秘密的部分予以保密，仅在执法限度范围内收集、分析并且采取合理的措施规制涉案算法。[④]

在技术层面，通过算法监管方式智能化扁平化以增加算法透明度。[⑤] 首先，可以考虑成立独立的研究算法技术的调研部门。例如，美国联邦贸易委员会成立的"技术研究与调查办公室"，其职能在于对算法透明度进行研究并向联邦贸易委员会提供政策建议，以应对算法技术可能引发的反竞争风险。[⑥] 对此，中国反垄断执法机构也可以考虑借鉴国际经验，设置专门监管互联网平台算法技术的"算法技术监管部门"，在收集互联网平台竞争数据的前提下，重点观察在反

---

① 参见戚聿东、蔡呈伟、张兴刚：《数字平台智能算法的反竞争效应研究》，载《山东大学学报（哲学社会科学版）》2021 年第 2 期。

② 参见唐要家、尹钰锋：《算法合谋的反垄断规制及工具创新研究》，载《产经评论》2020 年第 2 期。

③ 参见张淑玲：《破解黑箱：智媒时代的算法权力规制与透明实现机制》，载《中国出版》2018 年第 7 期。

④ 参见李丹：《算法共谋：边界的确定及其反垄断法规制》，载《广东财经大学学报》2020 年第 2 期。

⑤ 参见李凯、樊明太：《我国平台经济反垄断监管的新问题、新特征与路径选择》，载《改革》2021 年第 3 期。

⑥ 参见唐要家、尹钰锋：《算法合谋的反垄断规制及工具创新研究》，载《产经评论》2020 年第 2 期。

竞争风险边缘的平台企业，采用技术手段对可能构成合谋行为的算法从开发、设计到使用的各个环节进行调查。其次，可以考虑建立平台企业的算法反竞争自查自纠渠道。参考金融监管中的“监管沙盒”，建立互联网平台企业的“算法监管沙盒”模式。即由反垄断执法机关为平台企业提供实验场景，平台企业可以在实验场景中模拟其具有创新性且违法性尚未明晰的算法的全过程，执法机关对其进行全程监控和评估，在此基础上为相关平台企业提供更多的算法合规性指引。① 再次，为避免对反垄断机构造成过多的负担以及提高执法效率和质量，也可以考虑委托第三方专业机构运用其先进成熟的数字科技对平台市场进行监控，以加强对平台算法合谋的有效监管。② 最后，加快推进多方参与的监管体系建设。具体而言，建立反垄断机构、行业协会、平台经营者、平台内经营者、用户群共同参与的反垄断监管联席会议制度，利用各方的力量共同解决平台算法合谋的争议问题。③

第六节　小　　结

数字经济时代，互联网平台达成和实施垄断协议的行为构成新型反竞争行为，具有与传统垄断行为显著不同的隐蔽性、稳固性、复杂

① 参见陈兵、马贤茹：《数字经济平台企业垄断认定完善理路》，载《上海大学学报（社会科学版）》2021 年第 3 期。

② 参见王健、吴宗泽：《反垄断迈入新纪元——评美国众议员司法委员会〈数字化市场竞争调查报告〉》，载《竞争政策研究》2020 年第 4 期。

③ 参见李凯、樊明太：《我国平台经济反垄断监管的新问题、新特征与路径选择》，载《改革》2021 年第 3 期。

性的新特点。虽然包括美国、欧盟、中国等国家和地区已经对互联网平台经济下的反垄断规制进行了不同程度的探索和改进，但距真正解决互联网平台垄断协议的法律规制难题仍有一定的距离。因此，亟须对传统的反垄断规则进行进一步创新，以适应数字经济的不断发展。

其中，算法具备自主学习和处理大数据的能力，有助于达成和实施垄断协议，形成算法合谋现象。算法合谋是目前互联网平台竞争垄断协议最主要的形式之一，分为信使类合谋、轴辐类合谋、预测类合谋和自主类合谋四种表现方式。算法合谋对传统的反垄断法制度和实践提出了法律挑战：第一，难以用纵横分割的“二分法”垄断协议涵盖；第二，难以被认定为法定的垄断协议类型；第三，难以对合谋主体施加责任。

在互联网平台竞争的算法合谋的反垄断规制的路径构建上，本章分析了应对算法合谋的反垄断法规制的基本理论，即突破横纵分割的垄断协议“二分法”规制理论，回归对算法合谋本身的竞争效果分析；对垄断协议进行扩大化解释，特别是将默示合谋纳入协同行为的分析框架中；通过构建算法透明度制度，明确算法相关主体的责任范围。

第七章　互联网竞争的平台垄断和数据垄断规制

数字经济的繁荣颠覆了传统的经济模式与竞争模式，极大地激发了全球经济增长的活力，以物联网、云计算、区块链、算法、人工智能为代表的数字技术飞速发展，带动了社会变革的新一轮浪潮。技术更迭使大量的数据信息在采集、存储、传输、处理、管理等方面越来越便捷，为拥有海量数据的经营者带来一定的竞争优势，各式各样的互联网平台应运而生。不可否认，以数据为基础，算力为保障，算法为核心的平台经济，为消费者创造了诸多便利条件，使消费者得以用相对低廉的价格，购买质量更高的商品，享受更加优质的服务。但同时，我们也需警惕平台经济的野蛮生长，预防"数字化的手"取代竞争机制这一"看不见的手"，进入平台操控的"计划经济时代"。①

自党的十九届四中全会报告把"数据"作为生产要素后，国务院又于2020年4月印发《关于构建更加完善的要素市场化配置体制机制的意见》，其中明确提出将数据纳入生产要素，从推进政府数据开放共享、提升社会数据资源价值、加强数据资源整合和安全保护三

---

① 参见时建中、马栋：《双重身份视角下平台自治与反垄断监管的界限》，载《竞争政策研究》2020年第4期。

个方面提出“加快培育数据要素市场”的具体要求。[①] 2023 年 3 月 7 日，根据国务院改组工作部署，决定组建国家数据局，负责协调推进数据基础制度建设，统筹推进数字中国、数字经济、数字社会规划和建设等。[②] 实践中，互联网平台在向消费者提供免费服务的同时，获取海量消费者数据，并不断追踪与更新，从而依据用户画像及时调整和优化服务，以便投递广告或更加精准的信息。从竞争法的角度而言，显然数据作为一种关键生产要素对于经营者自身的经营与发展具有重要意义，互联网平台围绕数据的竞争也日益激烈，近年来不断爆发平台企业因争夺数据而发生诉讼的案例。理论和实践中也出现了大量关于数据竞争的新问题，诸如数据竞争中如何界定相关市场？数据本身能否作为必需设施？是否存在数据垄断？“大数据杀熟”“二选一”“平台封禁”等竞争问题该如何规制？这些问题都触及《反垄断法》的滥用市场支配地位规制的适用，本章将围绕这些问题展开深入讨论。

第一节　相关市场界定在互联网竞争治理中的运用

一、互联网平台竞争中的相关市场界定

（一）相关市场界定的意义

界定相关市场是认定企业是否存在滥用市场支配地位的必要步

① 《中共中央、国务院关于构建更加完善的要素市场化配置体制机制的意见》，载 http：//www. gov. cn/zhengce/2020 - 04/09/content_ 5500622. htm，最后访问时间：2021 年 5 月 13 日。

② 参见中国政府网：《关于国务院机构改革方案的说明》，载 http：//www. gov. cn/guowuyuan/2023 - 03/08/content_ 5745356. htm，最后访问时间：2023 年 3 月 8 日。

骤，传统上界定相关市场的方式为需求替代分析，这必须基于至少有一方支付金钱对价所建立的单边市场。但在互联网平台围绕数据的竞争中，往往存在基于免费服务而积累的大量用户数据，并通过可观数据吸引其他企业付费获得某种服务的双边市场，在这样的市场中并不存在销售、客户、产品替代，因此也很难适用需求替代分析解决相关市场界定问题。

虽然数据具有非排他性和非争用性特征，数据能够被独家控制和垄断的情况较少出现，[①] 但是，由于企业很有可能会滥用自身积累的数据将其在某个市场的支配地位传导至另一个和该数据密切相关的相邻市场，激烈的数据竞争中仍然很有可能出现数据垄断问题。这种业务或市场边界与传统领域的明显区别就在于其具有较大的模糊性，而非传统的清晰市场界限，因此如何界定数据竞争中的相关市场给反垄断理论界和实务界提出了尖锐的挑战。

（二）法院进行相关市场界定的依据

在互联网平台围绕数据竞争的代表案件 HiQ 诉 LinkedIn 案中，首先，加州北区法院并未直接判定相关市场，而是通过对 HiQ 和 LinkedIn 的核心商业模式与业务范围进行判断，间接确认二者分别处于数据分析市场和职业社交网络服务市场。其次，法院认为 LinkedIn 的数据使用行为可能会限制竞争。鉴于有证据表明 LinkedIn 正在利用该平台上用户公开的数据，开发与 HiQ 相类似的员工评估服务

---

① 参见于立、徐洪海等：《"店选网购"跳单问题的竞争关系分析——以图书行业为例》，载《中国工业经济》2013 年第 9 期。

（使用某数字市场支配地位的传导效应损害相邻数字市场的竞争），依据《美国谢尔曼法》的规定，禁止公司传导某一市场垄断力量来“进行竞争或获得竞争优势，或摧毁竞争对手”，尽管 HiQ 并没有充足证据证明这些行为足以损害相关及相邻市场的有效竞争，法院仍然判定 HiQ 的确提出了严重的实质性问题并颁发禁令。[①]

美国联邦第九巡回上诉法院则采取另一种思路：根据加利福尼亚州的法律，合法的商业目的确实可以证明干预合同是正当的，但仅仅具有此类目的是不够的，在存在合同关系的情况下，维护“合同稳定性”比“竞争自由”具有更大的社会意义。[②] 本案中，法院着重关注数据竞争的相关市场中的收费服务市场，通过判断 HiQ 在该市场中是否因为 LinkedIn 拒绝数据抓取行为而使其与第三方合同稳定性受到影响，如果这种影响足以损害相关及相邻市场的有效竞争，那么 LinkedIn 则构成滥用市场支配地位。[③]

以加州北区法院确定因干预合同而产生的利益是否超过了合同稳定性方面的社会利益的平衡测试为基础，上诉法院依据以下几个方面支持了地区法院的主张：首先，HiQ 在履行对 eBay 和 Capital One 等大客户的合同义务中能够获得丰厚的商业利益，这些公司也因此得益于 HiQ 能够访问、汇总和分析来自 LinkedIn 个人资料的数据；其次，LinkedIn 采取的数据封锁手段不是一种“被认可的商业实践做法”——所有可能间接干扰竞争对手的合同但从根本上不会破坏竞

---

① HIQ LABS, INC. v. LINKEDIN CORP. Cite as 273 F. Supp. 3d 1099 (N. D. Cal. 2017), No. 17 - cv - 03301 - EMC, August 14, 2017.

② Imperial Ice Co. v. Rossier, 18 Cal. 2d 33, 36, 112 P. 2d 631 (1941).

③ HIQ LABS, INC. v. LINKEDIN CORP. Cite as 938 F. 3d 985 (9th Cir. 2019), No. 17 - 16783, September 9, 2019.

争对手基本业务模式的行为；此外，基于 LinkedIn 明知 HiQ 对其外部数据的依赖，且在其首席执行官发表声明决定将自身平台中的数据“传导”至其他平台的一个月内即向 HiQ 发出了停止函，LinkedIn 的行为很可能无法落入公平竞争的范畴；最后，LinkedIn 保护用户隐私的抗辩无法得到支持，因为 LinkedIn 并不拥有其平台上公开数据的所有权，依据核心商业模式也无须对 HiQ 进行数据封锁。综上，LinkedIn 无法证明其以“合法的商业目的”干预 HiQ 与第三方的合同，因此不能选择性阻止 HiQ 对其公开数据的访问。

（三）市场支配地位是否存在“传导”（leveraging）性

数据力量的传导或许会成为未来数据竞争中滥用市场支配地位的主要形式，笔者认为，由于数据的公开性与流通性，数据市场支配地位的确有一定的传导性，这一传导本身不应当认为是违法的，需要结合具体情况分析，只有在数字企业将本身的市场支配地位有针对性地传导至另一市场，使该市场中的下游企业难以竞争时，才有可能违法。例如本案中，LinkedIn 将其在职业社交网络服务市场的支配地位，通过采取数据封锁的行为控制 HiQ 正常业务，将市场支配地位不正当地传导到数据分析市场，加之 HiQ 提供的证据表明 LinkedIn 正在研发一款与其“Skill Mapper”（为雇主提供员工相关技能数据）直接竞争的产品，从而获得在该市场上不正当的竞争优势行为，显然具有一定的违法可能性。但我们必须认识到，数字企业依靠所在市场积累的用户数据向其他市场拓展业务范围，正是数字企业发展的特点，并不能运用本身违法原则一概予以否定。

二、对我国数据相关市场界定的启示

我国涉及数据竞争的立法起步较晚，但互联网企业的发展日益迅速，近年来围绕数据竞争的案例层出不穷，厘清数据竞争中的相关市场界定尤为重要。在界定数据相关市场时，必须认识到哪些特定的用户群与竞争目标相关，以及哪种运营商或服务在竞争。因此，在数据竞争中，由于其涉及多边相关市场界定，因此，要考虑多个用户群，无法进行传统的“假定的垄断者测试”（SSNIP 测试）。[①] 对此，学界存在以下几种观点。

（一）需要一个涵盖所有用户群的单边市场

多边相关市场的定义应涵盖用户群的各个方面，以正确评估竞争限制，因此应该将“假定的垄断者测试”的逻辑扩展到考虑用户群之间的间接网络影响，以评估价格上涨带来的收益。根据这种观点，分析单位本身就是多边平台，而不是使用特定的产品或服务。[②] 在微软和雅虎合并案中，欧盟委员会根据此观点将相关市场定义为“在线搜索广告”，以反映搜索市场与广告市场之间的相互关系。但是，德国联邦卡特尔局在 2012 年公布的《实质性合并控制指南》中声称需要采用个案研究法，因为在广泛的分析框架之外，在一般层面上提

---

① “假定的垄断者测试”就是常说的 SSNIP 测试，来源于英文 Smail but Significant and Non – transitory Increase in Price 的缩写，用中文表示就是“不大但是明显的非临时性涨价”。SSNIP 测试最初是美国司法部和联邦贸易委员会在 1982 年公布的《横向合并指南》中采用的界定相关市场的方法，现在国际上被广泛运用于反垄断法的相关市场界定。参见戴龙：《滥用市场支配地位的规制研究》，中国人民大学出版社 2012 年版，第 69 ~ 70 页。

② See D. S. Evans and M. D. Noel, *The analysis of mergers that involve multi – sided platform business*, Journal of Competition Law and Economics, p. 16, 35, 2008.

供详细的建议是不合适的。①

（二）需要为每个用户群单独定义市场

根据互联网平台广泛存在的多边或双边市场观点，在界定数据竞争时应分别考虑平台各边向用户群提供的服务，并且应分别定义不同服务的相关市场，在评估互联网平台市场支配力和确定滥用市场支配地位的阶段，可以考虑多边平台的某些独特功能。② 通过遵循这种界定各边不同市场的方法，可以很容易地掌握识别替代品的竞争情况。③ 例如，欧盟在谷歌比价购物案中对谷歌处以 24.2 亿欧元的罚款，理由就是谷歌根据用户群的相关市场定义滥用了其作为搜索引擎的市场优势，在该案中欧盟确定了两个独立的相关市场，即常规搜索市场和比较购物服务市场。④

（三）依赖于竞争者

在所讨论的互联网平台运营商的竞争对手可以提供涵盖所讨论平台的所有方面的服务时，也可以通过绑定用户群定义一个相关市场。在这种情况下，“通过平台进行的交易”被视为平台提供的服务。但是，如果竞争对手不能替代所有方面，则应按用户群定义单独的相关

---

① Bundeskartellamt, *Guidance on Substantive Merger Control*, 2012, para. 77 – 78.

② See H. S. Kim, *Market definition and dominance analysis in two – sided markets*, Anam Law Review, Vol. 34, 2011, p. 763 – 785.

③ OECD, *Market definition in multi – sided markets*, DAF/COMP/WD (2017) 33/FINAL, para. 5 – 23, 2017a.

④ Case COMP/AT. 39740 Google Search shopping. ［Online］. 载 https://ec. europa. eu/commission/presscorner/detail/en/IP_ 17_ 1784，最后访问时间：2021 年 6 月 1 日。

市场。[①] 例如，在电信服务市场中，竞争者同时提供发送服务和接收服务。因此，相关市场应定义为“一个电信市场”。在婚介服务的情况下，没有竞争者仅为男人或女人提供服务，因此，在这种情况下，相关市场应通过涵盖两边群体来定义。相反，在互联网广告服务的情况下，互联网平台可以与报纸、广播广告等不同媒体形成竞争关系，因此应单独定义其相关市场。

以上方法各有利弊，这取决于涉及的数字平台企业的具体情况以及每个企业提供服务的性质。但相关市场应该由用户群定义，并且一个相关市场只能在特定情况下根据数字企业类型来定义。例如，在广告平台的情况下，为每个不同的用户群定义一个单独的市场似乎更为合理；但如果平台混合每个用户群体以便在不同群体之间进行直接可观察的交易，则定义一个市场是合适的。

总而言之，我国可以基于传统工具对数据竞争中涉及的多边相关市场进行界定，但针对不同的互联网平台企业类型，需要对传统工具进行修改。此外，可以在相关市场界定、评估市场支配力以及确定滥用市场支配地位以适应数字竞争的整个过程中考虑多边市场的独特功能。

第二节　互联网平台竞争中的必需设施理论

一、必需设施理论的基本内涵

必需设施（essential facility）一般是指某些特定产业中各竞争性

① K. W. Lee, *Review on issues relevant to M&A in internet open market*, KFTC report, 2008, p. 18.

企业从事经营和竞争所必须具备的基础设施，如果缺乏该基础设施，经营者将无法从事经营活动或者将被迫退出市场竞争。在某些高科技产业或者具有规模经济特征的公共行业领域，这种高科技或者基础设施如果被某一个企业拥有，将成为该企业拥有支配地位的一个重要凭据。与此相应，如果拥有这些设施的经营者拒绝其竞争对手使用这些设施，将使竞争对手无法经营，更不能从事竞争活动。而且，即使没有拒绝竞争对手使用这些设施，但如果施加不利其从事经营的限制条件或者征收过高价格，也将使竞争对手的竞争能力大大受到限制。例如，在个人电脑市场上，微软的视窗操作平台（OS）已经成为各电脑软件企业从事经营或者竞争的必备平台。在人类进入数字经济时代后，移动通信平台成为互联网平台竞争的不可或缺的载体，而苹果的 iPhone 和谷歌的 Android 系统成为智能手机别无选择的基础操作平台。

必需设施理论（Essential Facility Doctrine）又称必要设施原则、关键设施原则、基础设施原则等，由于在我国法律文本中都以“必需设施”出现，因而本书采纳该名称。由于该理论一直存在争议，因此各国并无统一概念，解释也多从“必需设施”的概念入手。大体来说，必需设施理论是指“当垄断者对竞争所必要的原料或者资源享有瓶颈式的控制，尤其是对下游市场竞争所必要的设施享有控制时，且设施不能被复制，垄断者必须与下游市场的竞争者共享设施”。[①] 该理论在最开始被应用于如铁路、港口等的传统网络型基础设施，在打破行业自然垄断、推动自然垄断行业改革等方面发挥了重

① LAO M. , *Search*, *essential facilities and the antitrust duty to deal*, Northwestern Journal of Technology and Intellectual Property. 2013, 11 (5) : 276 - 320，转引自曾彩霞、朱雪忠：《必要设施原则在大数据垄断规制中的适用》，载《中国软科学》2019 年第 11 期。

要作用，现如今也被部分国家扩大到知识产权等无形的必需设施。

尽管必需设施理论由来已久，但在适用上仍存在诸多争议问题，各国实践中并不常采纳该理论。原因在于，在很多国家，公共基础行业的基础设施是由国家出资兴建，这些必需设施为公共所有，国家通过部门法律规定拥有或者使用该基础设施的公共企业不得垄断这些基础设施的使用，或者要求公共企业必须保障公共网络的互联互通，因此也就不会出现拥有基础设施的公共企业拒绝其他市场主体使用的问题。但是，在美国，即便是公共基础行业的关键设施也大都是由私人出资兴建，这就引发了私人企业出资兴建基础设施，私人企业拥有对基础设施的所有权问题，按照所有权理论和交易自由的基本原则，私人企业有权拒绝其竞争对手使用这些设施。如果私人企业投巨资兴建公共基础设施却不能支配这些设施的使用权，将大大降低私人投资基础设施的积极性，挫伤私人企业从事研发、占据高科技行业的技术制高点的动机和热情，这和竞争法的宗旨背道而驰。

在数字经济蓬勃发展的当代，“数据”乃至于“大数据”正在成为新型生产要素，当互联网平台拥有和使用自己收集、加工并成为自己从事经营和竞争的数据资源时，这些数据或大数据是否能成为一种必需设施存在巨大的理论分歧。当然，如果数据或大数据本身是由政府收集和拥有，这些数据属于公共数据，按照政府信息公开的基本原则，政府出于公共目的应当公开这些数据信息，或者公平公正地授权市场主体使用这些数据，除了在特殊的法定不允许公开或使用的情形下，不存在政府拒绝数据使用或数据垄断的问题。因此，对于数据或大数据能否成为必需设施，首先要解决这些数据是属于企业数据还是政府数据（公共数据）的问题，要进行数据分类和数据确权，不能不加区分地将数据和大数据笼统地视为必需设施。

二、必需设施理论在美欧的发展与适用

必需设施理论发端于美欧反垄断实践，但是在必需设施理论的具体适用上，美国与欧盟相关部门采取的做法并不相同。美国反垄断执法部门并不赞成将数据纳入必需设施的范畴中，而是通过制定相关法规的方式，主张在合并审查中将大数据视为原材料或资产。欧盟则公开表示，为了加强监管滥用市场支配地位的行为，它将考虑将大数据纳入相关法律中。美国和欧盟司法部门的不同态度从必需设施理论的发展过程中即可窥见端倪。

（一）美国反托拉斯实践中的必需设施理论

必需设施理论的适用最早要追溯到1912年美国诉Terminal Railroad Association of St. Louis案。[①]该案中，Terminal Railroad控制了圣路易斯密西西比河的铁路桥及其他相关设施，并拒绝向竞争对手开放设施。铁路桥是本地区其他铁路公司运营所必要的设施，在当地所有交通工具中，铁路是关键的交通工具，如果没有铁路运输，当地的交通运输会受到严重的影响。法院审理后认为，由于Terminal Railroad拒绝开放的设施是竞争所必要的，为了促进当地交通运输市场的有效竞争，Terminal Railroad应该向竞争者开放该设施。

---

① Terminal Railroad控制了圣路易斯密西西比河的铁路桥及其他相关设施，并拒绝向竞争对手开放设施。铁路桥是本地区其他铁路公司运营所必要的设施，在当地所有交通工具中，铁路是关键的交通工具，如果没有铁路运输，当地交通运输会受到严重的影响。法院审理后认为，由于Terminal Railroad拒绝开放的设施是竞争所必要的，为了促进当地交通运输市场的有效竞争，Terminal Railroad应该向竞争者开放该设施。

因拒绝使用关键设施而被判处违法的代表性案例是 1983 年的 MCI 案。[①] 该案中，美国电话电信公司是美国长途通话和市内通话市场中具有垄断地位的大企业，MCI 试图进入长途电话市场时，美国电话电信公司拒绝其连接到市内通话网络。市内电话是具有自然垄断特征的有线电话，任何城市间的长途通信服务如果不连接到市内有线电话上都将无法成为真正的电信电话服务。MCI 起诉美国电话电信公司违反了《谢尔曼法》第 1 条、第 2 条，并依据《克莱顿法》第 4 条提起三倍损害赔偿诉讼。该案的重要之处在于，第七巡回法院第一次提出了适用拒绝关键设施的使用许可的四个条件，并成为以后相关案件审判的标准，被称为“关键设施理论”。这四个条件是：（1）关键设施被某个垄断者控制；（2）竞争对手不可能复制该设施或者复制这种设施是不合理的；（3）关键设施的垄断者拒绝其竞争对手使用该设施；（4）该关键设施具有让其竞争对手使用的可能。这四个条件缺一不可，前两个条件表明关键设施具有某种自然垄断的属性，第三个条件强调垄断者要有拒绝其竞争对手使用的行为，第四个条件强调竞争对手使用该设施在经济上是合理且可行的。如果由于关键设施的负载能力或者技术上的限制不能为竞争对手所使用，那么不能适用这一理论。在 MCI 案中，法院认为美国电话电信公司拥有的市内通话网络以及拒绝使用的行为具备上述四个特征，因而判定美国电话电信公司违反了《谢尔曼法》第 2 条的规定。

在另一起涉及拒绝使用关键设施的 Alaska Airlines 案[②]中，法院

---

① MCI Communications Corp. v. American Tel. & Tel.（AT & T），708 F. 2d. 1081（7th Cir. 1983）.

② Alaska Airlines, Inc. v United Airlines, Inc.，948 F. 2d 536（9th Cir. 1991）.

却判处被告的行为合法。该案中，美国航空运输市场最大的两家公司——联合航空公司和美国航空公司都开发并拥有自己的电脑预约系统，该系统为顾客了解航空信息以及订票提供了很大便利，一些地方航空公司主要依靠这两家航空公司的美国电话电信公司进行飞机票预定。阿拉斯加航空和西北航空等公司起诉联合航空公司和美国航空公司，认为：（1）联合航空公司和美国航空公司拒绝他们使用其美国电话电信公司系统，而这一系统属于民航运输市场的“关键设施”；（2）两家公司利用其在美国电话电信公司市场的支配地位获取在下游运输市场的竞争优势（杠杆原理）。但是，法院在审理该案时明确表明，“单个企业拥有的设施只有在下游市场的竞争具有被消灭的可能性时才能够被视为关键设施”，而该案中除了联合航空公司和美国航空公司的美国电话电信公司系统之外，还存在其他的美国电话电信公司系统，因而否定了美国电话电信公司系统是关键设施，宣布被告没有违反《谢尔曼法》第 2 条。

在 2004 年的 Verizon 诉 Trinko 案[①]中，最高法院依据 Aspen 案，表达了应该限制对拒绝交易行为违法的判断。该案中，在 1996 年美国电信法颁布后，Trinko 起诉地方电信企业 Verizon Communications 阻碍其竞争对手向其拥有的地方通信网络进行连接的行为具有排除竞争对手的目的，违反了《谢尔曼法》第 2 条，并提起三倍赔偿诉讼。该案经过三级法院的审查，首先，地方法院认为原告的证据不足，运用简易审判程序判处原告败诉；其次，第二巡回法院根据电信法认为

① Verizon Communications Inc. , v. Law Offices of Curtis Trinko, LLP. , 124 U. S. Ct 872 (2004) .

被告阻碍网络连接的行为属于关键设施许可的拒绝行为，可能违反《谢尔曼法》第2条；但是最后，联邦最高法院否决了巡回法院的判决，并援引 Aspen 判决的相关认定，认为本案不具有 Aspen 案判决中的例外条件，不属于违法的拒绝交易行为。最高法院的理由在于：第一，Verizon Communications 以前就没有与竞争对手进行交易，和过去行为进行比较，不能推导出具有拒绝交易的反竞争效果；第二，Aspen 案中，Aspen Skiing 围绕联票价格中的利润分享比例拒绝同竞争对手进行交易，具有谋求垄断后提高价格的目的，而本案中被告是依据电信法的价格标准定价，不存在谋求垄断后提高价格的目的；第三，拒绝使用关键设施的违法性质尚无定论，电信连接义务已由电信法规定，本案不属于拒绝关键设施的使用许可行为，支配性企业除了特殊情况之外没有配合竞争对手的义务。

由上述案例可见，美国法院针对拒绝使用关键设施的判例并不一致，有时判断拒绝使用关键设施的行为违反《谢尔曼法》第2条，有时则支持经营者的这种拒绝行为。但整体看来，基于在美国绝大多数公共基础设施都是由私有企业兴建和运用的现实，以及美国尊重私人产权和自由竞争的历史、文化传统，美国反托拉斯执法机关对经营者拒绝使用关键设施的行为越来越宽容，呈现出尊重企业的交易自由，鼓励私人对关键设施的投资，对拒绝使用关键设施的行为规制更为谨慎的特点。基于这一历史文化和反托拉斯执法特点，即便是在数字经济时代，对于私有企业搭建并运营的具有必需设施特征的基础设备，可以推断美国反托拉斯执法机构或者法院并不会贸然认定互联网平台或者平台企业拥有的数据构成必需设施，这从20世纪末美国发生针对微软公司的世纪诉讼案[①]中美国政府放弃分拆微软、法院也不认可微软 Windows OS 操作平台构成必需设施的判决中可见一斑。

（二）欧盟竞争法实施中的必需设施理论

欧盟竞争法关于拒绝交易行为的众多案例都涉及支配性企业对所拥有的必需设施的使用许可，可以说美国反托拉斯法司法实践中创出的必须设施理论在欧盟得到比在美国更为广泛的运用。欧盟对“关键设施理论”的运用不仅涉及支配性企业的反竞争行为，而且还涉及经营者自己开发的设备要向竞争对手开放以积极地促进竞争的义务。欧盟委员会坚持从促进竞争的必要性和交易自由或者尊重所有权出发，试图平衡两者之间的利害考量。欧盟委员会积极运用“关键设施”理论的原因可能在于：一是作为“关键设施”对象的网络产业（电力、电信、能源、交通以及电脑操作平台等）在欧盟成员国多是由和政府关系密切的大企业控制，为了促进欧洲统一市场的形成，需要和欧盟整体的放松管制步伐相配合，加强欧盟竞争法第 102 条对关键设施的使用规制以促进欧洲市场上的竞争；二是欧盟竞争法的实施主体是欧盟委员会，其作为行政机关更容易介入基础设施等设备的使用，这和《美国反托拉斯法》的实施由法院主导，而法院一般不愿介入企业经营内部事务的情形有很大区别。

欧盟适用必需设施理论起源于 1974 年的商业溶剂案。[②] 该案中

---

① 参见戴龙：《滥用市场支配地位的规制研究》，中国人民大学出版社 2012 年版，第 98 ~ 100 页。

② Istituto Chemioterapico Italiano and Commercial Solvents Corp. v. Commission, Case 6 – 7/73 [1974] ECR 223; 1 CMLR 309.

的商业溶剂公司是一家在世界上生产抗肺结核药物硝基丙烷和氨基丁醇的垄断性企业，垄断了制作乙胺丁醇所需原料氨基丁烷的供应，多年来其一直为 Zoja 公司提供该原材料，该公司进军乙胺丁醇市场尝试兼并 Zoja 时遭到拒绝，后停止对 Zoja 公司供应氨基丁烷。欧盟委员会审查后裁决商业溶剂公司以其在原材料市场上占据主导地位的滥用行为会对在其中出售衍生品的市场产生限制作用，停止供应原材料的行为排除了 Zoja 公司在市场上与其竞争的可能性，达到排除竞争的目的，构成欧盟竞争法第 102 条项下的滥用行为。欧盟法院支持了欧盟委员会的决定，认同商业溶剂公司在抗结核药物生产市场上的支配地位，并指出商业溶剂公司滥用这种支配地位限制了生产抗肺结核药物市场的竞争。

在欧盟适用必需设施理论的相关案例中，Migill 案[①]是一个非常具有代表性的案例，对后续的相关案件的分析产生广泛的影响。该案中爱尔兰的三大出版商 RTE、BBC 和 ITP 都编辑、发行本社的电视节目指南，Migill 准备出版发行收集三家电视节目于一体的综合性电视节目指南，但向三家电视台要求转让许可使用节目信息时遭到拒绝。诉讼中爱尔兰法院以版权法赋予的版权为由，支持了 RTE 和 ITP 的诉求，但是欧盟委员会以三家电视台滥用市场支配地位为由命令三家电视台提供节目信息。三家电视台不服，向欧盟初审法院提起诉讼，初审法院支持委员会的意见，三家电视台又向欧盟法院提起上诉。欧盟法院仍然支持欧盟委员会的主张，并对本案中的市场支配地

① RTE & ITP v. Commission (Migill TV Guide), Case C－241/91P [1995] ECR I－743; 4 CMLR 718.

位及滥用行为进行了具体的解释。欧盟法院认为，拥有知识产权本身未必就拥有市场支配地位，但是本案中电视节目信息是编辑、发行节目指南的必须情报，三家电视台垄断了这种信息，如果不许可这种信息的使用，独立的出版发行商将无法进行竞争，因而各电视台在电视节目信息市场上都拥有阻碍有效竞争的支配地位。欧盟法院认为，该案中涉及的电视节目与其说是知识产权产品，不如说是相当于关键设施的“信息”产品，版权的保护在本案中是偶然的或者说是附带性的，版权或知识产权的行使和维护共同体市场的商品流通与竞争秩序之间必须加以平衡。

IMS Health 案①是 Migill 案之后另一个具有影响力的案件。IMS Health 是在药品销售以及开具处方等销售信息方面具有支配地位的德国企业，向制药公司提供详细的地域性销售数据、药品公司的销售策略、销售地区的汇编、销售人员的报酬以及地区组织等信息。IMS Health 和其他药品公司按照德国的邮政区划开发了将全国划分成具有相等面积大小的 1860 个砖块构造（1860 brick structure），每个砖块构造上涵盖 3 ~4 个药局的销售数据库。NDC 公司想设计一个具有改良性质的地区销售数据库，当它向 IMS Health 寻求相关数据信息时遭到拒绝，于是依据 Migill 案的理论向欧盟委员会提起了滥用市场支配地位的诉讼。欧盟委员会认为，该案中 IMS Health 拥有关于本公司及他公司的销售数据比较是药品销售中不可缺少的东西。据此，欧盟委员会认为 IMS Health 拒绝提供这一数据库的做法违反了欧盟竞争法第 102 条。IMS Health 上诉到欧盟初审法院，初审法院认为要求

---

① IMS Health v. Commission，[2001] ECR II 3139：[2002] 4 CMLR 58.

IMS Health 向竞争对手提供数据库的强制许可会妨碍 IMS Health 对投资的回收，有可能会对其经营造成重大的损害，希望欧盟委员会能够注重著作权对 IMS Health 的保护。事实上，该案和 Migill 案的不同之处在于，IMS Health 并没有单方面地阻碍一个新的市场的产生，只是通过和其他制药公司协作运营了一个相当于事实标准的数据库。欧盟初审法院强调指出，该案中欧盟委员会需要证明 IMS Health 的拒绝许可行为是否对竞争造成影响，而不是对竞争者造成不利。

在 1998 年的 Bronner Oscar 案[①]中，Bronner 和 Mediaprint 分别是奥地利两家规模不同的日报发行商，各占国内市场份额的 3.6% 和 46.8%。原告 Bronner 主张被告拥有的报纸配送系统是向国内各地配送新闻报纸的不可缺少的设施，而被告 Mediaprint 拒绝了原告要求利用自己的配送系统为原告服务的要求。被告指出其报纸配送系统是自己投资兴建的，已经没有能力承接新的报纸配送业务，而且 Bronner 还存在向全国各地配送报纸的其他渠道。该案是欧盟法院第一次明确分析了关键设施理论的案例，欧盟法院将关键设施拒绝使用的违法条件归纳为三个方面：（1）垄断者拒绝交易可能排除下游市场的竞争；（2）该拒绝交易行为缺乏合理根据；（3）该设施对于竞争者的市场准入是不可或缺的；（4）市场上没有实际或潜在的替代品。[②] 特别是第一个标准，即限制必需设施的使用可能排除下游市场的竞争，成为衡量是否适用必需设施原则的一条重要原则。这四个标准的认定非常接近于美国反托拉斯执法机关在 MCI 案中的判决理由，欧盟法院依

① Bronner Oscar v. Media print, Case C－7/97［1998］RCR I－7791；［1999］4 CMLR 112.

② See Oscar Bronner GmbH v. Mediaprint Zeitungs－und Zeitschriftenverlag GmbH, Case C－7 /97,（1998）E. C. R. I－ 7791.

据这一标准，否定被告违反了欧盟竞争法第 102 条的规定。Bronner Oscar 案的判决表明，欧洲对适用关键设施的理论趋于严格，关于关键设施拒绝使用的判断标准已经接近美国，表现出欧盟法院对适用关键设施理论的谨慎态度。

经济合作与发展组织在 2016 年发布的《大数据：将竞争条款带入数据时代》中对数据能否成为“必须投入”及是否能适用必需设施理论作出说明：在某些情况下，数据，更具体地说是从数据中提取的知识是获得明显竞争优势的来源。鉴于必需设施理论并未被法院或竞争法从业者普遍接受，数字企业中的投机行为较为普遍，因此在适用该学说时尤其具有挑战性。虽然市场进入者确实有能力取代现有的领导者，但大数据作为业务战略的重要组成部分的作用是相对较新的，而使用深度学习所产生的技术发展和业务模型则与那些公司一开始进入市场大不相同。因此，可能的情况是，新公司提出更具创新性的创新变得越来越困难，这些创新具有足够的破坏性，以向当前的主导或成熟企业施加竞争压力。然而，为了应用所谓的必需设施理论，仅仅证明大数据是必不可少的输入是不够的，同样有必要证明大数据不能被竞争对手合理地复制。[①] 德国和法国 2019 年联合发布的《算法与竞争》报告中，更进一步认为根据算法对市场支配力的相关性，公司拒绝向竞争对手提供与其算法有关的信息可能会构成排他性滥用。[②]

---

① OECD, *Big data: Bringing competition policy to the digital era*, DAF/COMP (2016) 14. Available at https: //one. oecd. org/document/DAF/COMP (2016) 14/en/pdf. Last viewed on 25 May 2021.

② Autorite de la Concurrence and Bundeskartellamt, *Algorithms and Competition.* Available at https: //www. autoritedelaconcurrence. fr/sites/default/files/algorithms – and – competition. pdf. Last viewed on 19 May 2021.

三、必需设施理论在中国的适用

我国《反垄断法》第22条第1款规定了滥用市场支配地位的7种行为，分别是：（1）以不公平的高价销售商品或者以不公平的低价购买商品；（2）没有正当理由，以低于成本的价格销售商品；（3）没有正当理由，拒绝与交易相对人进行交易；（4）没有正当理由，限定交易相对人只能与其进行交易或者只能与其指定的经营者进行交易；（5）没有正当理由搭售商品，或者在交易时附加其他不合理的交易条件；（6）没有正当理由，对条件相同的交易相对人在交易价格等交易条件上实行差别待遇；（7）国务院反垄断执法机构认定的其他滥用市场支配地位的行为。

我国《反垄断法》列举的上述滥用市场支配地位行为分别可以用垄断高价或低价、掠夺性价格、拒绝交易、限定交易、搭售或附条件交易以及歧视性交易这6种行为来表示。最后一项是兜底性条款，以应对上述没有列举而实践中可能出现的情况。从法律条款来看，并没有明确地把拒绝使用必需设施作为滥用市场支配地位的行为。但是，拒绝适用必需设施属于拒绝交易行为的一种形式，理论上完全可以被《反垄断法》第22条第1款第3项所覆盖。

必需设施理论的运用在我国相关法律法规中最早体现在2010年国家工商总局公布的《工商行政管理机关禁止滥用市场支配地位行为的规定》之中。该规定第4条明确禁止具有市场支配地位的经营者没有正当理由，实施下列限定交易行为，包括：（1）削减与交易相对人的现有交易数量；（2）拖延、中断与交易相对人的现有交易；（3）拒绝与交易相对人进行新的交易；（4）设置限制性条件，使交易相对人难以继续与其进行交易；（5）拒绝交易相对人在生产经营活动中以合理条件使用其必需设施。该规定还进一步明确，在依据前款第 5 项认定经营者滥用市场支配地位时，应当综合考虑以合理的投入另行投资建设或者另行开发建造该设施的可行性、交易相对人有效开展生产经营活动对该设施的依赖程度、该经营者提供该设施的可能性以及对自身生产经营活动造成的影响等因素。

在 2021 年 2 月 7 日国务院反垄断委员会公布的《平台反垄断指南》，明确禁止控制平台经济领域必需设施的经营者拒绝与交易相对人以合理条件进行交易。《平台反垄断指南》第 14 条第 2 款明确了认定相关平台是否构成必需设施，一般需要综合考虑该平台占有数据情况、其他平台的可替代性、是否存在潜在可用平台、发展竞争性平台的可行性、交易相对人对该平台的依赖程度、开放平台对该平台经营者可能造成的影响等因素。《平台反垄断指南》是我国反垄断执法机关首次就平台经济领域的垄断问题阐明政策立场，具有相当明确的实践指导意义。然而，就拒绝必需设施理论的导入而言，该指南在具体实施中仍然存在以下疑问。

首先，由于《平台反垄断指南》中的措辞为“认定相关平台是否构成必需设施”，显然对于作为“守门人”的互联网平台，如果其滥用市场支配地位，拒绝交易，在满足一定条件下能够适用必需设施理论予以规制。不过，虽然指南中罗列了诸多考虑因素，但由于我国仍未有任何适用必需设施理论的案例作为支撑，何种互联网平台能被视为“守门人”、各因素是否存在优先顺序或是比重多少、必需设施理论的适用标准是什么都没有明确答案，因此实践中认定互联网平台为必需设施可能还存在一定难度。

其次，应当注意到最初在制定的《关于平台经济领域的反垄断指南》（征求意见稿）中，对将数据作为必需设施的做法予以认可，具体表述为："认定相关数据是否构成必需设施，一般需要综合考虑数据对于参与市场竞争是否不可或缺，数据是否存在其他获取渠道，数据开放的技术可行性，以及开放数据对占有数据的经营者可能造成的影响等因素。"[①] 但这一款在最终出台的《平台反垄断指南》中被删除，仅表述为"占有数据情况"，并作为认定平台是否构成必需设施的其中一个考量因素。可见我国立法者对于数据能否作为必需设施这一充满争议的问题采取了回避的态度，只是保留了适用必需设施理论的可能性。[②] 其实这一理论分歧的根源在于对于数据垄断是否存在的理解，认同数据构成基础设施，就等于认同数据垄断，显然我国反垄断执法部门并没有对此定下定论。

第三节　互联网竞争的平台垄断及数据垄断辨析

一、数据与大数据的界定及特点

按照国际标准化组织关于信息技术术语的定义，数据是指"信息的一种形式化方式的体现，该种体现背后的含义可以被再现出来，

---

① 《关于平台经济领域的反垄断指南（征求意见稿）》第 14 条，载 http：//www.samr. gov. cn/hd/zjdc/202011/t20201109_ 323234. html，最后访问时间：2021 年 5 月 20 日。

② 参见王健、吴宗泽：《论数据作为反垄断法中的必要设施》，载《法治研究》2021 年第 2 期。

且该种体现适用于沟通、展示含义或处理”。[①] 在信息技术科学中，数据是一个日常用语，是指用二进制的0和1编码方式表示的能够被计算机读取的比特形式，只能借助于特定的载体而存在。数据原本是信息网络科技发展的产物，按照计算机网络设计者和通信理论家的理解，信息科技系统可以划分为三个层次，分别是最底层的物理层、中间层的“逻辑”或“代码”层、最顶层的“内容”层。[②] 物理层覆盖了信息通信系统的底层设备，包括计算机、网络宽带等基础设施；“逻辑”或“代码”层，是指那些让硬件运行的代码，包括因特网的基本协议以及在协议上运行的软件；内容层是指通过网线传输的具体东西，包括数据图像、文本、在线音视频等。这一结构分层代表了任何特定的信息通信系统，对理解数字经济具有重要的意义。采用通俗的例子来说，一张写满文字的信件，物理层指的就是纸张本身，是承载文字和传递信息的基础设施；上面的文字就是代码，是传递信息的工具，可以体现为多种文字符号，诸如英语、法语、德语或中文等；通过代码传递的信息就是内容，即信件本身要表达和传输的意思。只有通过物理层，借助“逻辑”或“代码”符号，才能够传输具有特定意义的信息内容。

大数据源于各种数字平台上开展的个人、社会和商业活动的数字足迹，但是大数据并不仅是大体量的数据集合，还是人们获得新的认知、创造新的价值的源泉，是改变市场、组织机构以及政府与公民关

---

① ISO/IEC 2382：2015（en）Information technology vocabulary，http：//www. iso. org. last viewed at 17 November 2021.

② 参见［美］劳伦斯·莱斯格：《思想的未来——网络时代公共知识领域的警世喻言》，李旭译，中信出版社2004年版，第23～25页。

系的方法，是一场深刻的思维变革和时代转型。[①] 虽然数据和大数据的价值已经得到各国的普遍认可，然而对大数据的定义和价值界定仍然存在争议。一般认为，大数据具有价值巨大但价值密度低（Value）、数据体量大（Volume）、来源和形式的多样性（Variety）和需要更新的时效性（Velocity）等特征，即所谓的4V特征。[②] 大数据的核心价值是预测，这是其所有其他价值的源泉。大数据预测包括日常气候变化、机器原理、经济运行、人类行为、病理溯源、基因排序、国防军事甚至宇宙探索，可以说无所不包，无处不在。信息技术革命特别是计算机科学发展，使人类拥有通过大数据进行更为精确的分析和预测事物发展变化规律的能力。由于大数据的价值需要借助于数学算法，通过人工智能（AI）进行机器学习才能实现，大数据也常常被视为人工智能发展的一部分。

由上可以看出，由于不同学科对大数据的考察侧面不同，大数据的定义存在实质差异，不能直接套用其他学科对大数据的解读研究竞争法领域的相关问题。事实上，很多学者已经注意到大数据领域的特殊性，如李国杰院士等指出，大数据的4V特征只是对大数据信息学特点的描述，社会科学领域的大数据存在不同于自然科学的特点，需要根据自身学科特点调整研究方法和侧重内涵。[③] 因此，大数据的内涵需要结合立法目的、文本和上下文作出综合认定。

---

① 参见［英］维克托·迈尔－舍恩伯格、［英］肯尼思·库克耶：《大数据时代——生活、工作与思维的大变革》，盛杨燕、周涛译，浙江人民出版社2013年版，第9～15页。

② Mark Beyer，Gartner：Solving ‘Big Data’ Challenge Involves More Than Just Managing Volumes of Data June 27，2011. Available at https：//www. insurance－canada. ca. last viewed at 17 November 2021.

③ 参见李国杰、程学旗：《大数据研究：未来科技及经济社会发展的重大战略领域——大数据的研究现状与科学思考》，载《中国科学院院刊》2012年第6期。

回归到竞争法视角，大数据概念应当以信息学的基本定义为基础，在参考其他部门法对数据定义的同时，突出其竞争影响属性。有学者从数据作为生产要素的角度考量，将大数据定义为："以当下技术条件无法在可接受的时间内完成处理的、具有多种特征、需要特定计算架构才能转化成价值从而产生竞争影响的数据生产要素集合。"① 笔者认为，从竞争的角度来看，大数据代表着一类生产要素，其中不同的数据竞争意义差别很大。它们可以是一种产品，也可以是对其他产品的投入，或是毫无商业价值。鉴于互联网平台都是出于商业目的收集和分析特定数据，因此必然存在有效竞争所需的专有数据，从而为反竞争行为或效果提供了可能性。

二、数据垄断祛魅

从近年案例中，我们很明显可以看到互联网平台企业围绕数据的竞争愈加激烈，近年来不仅有抖音与腾讯、京东与阿里、菜鸟与顺丰快递、微信与华为、新浪与今日头条等大型互联网企业的数据之争，也引发了诸如美国的 Facebook v. Power Ventures 和 HiQ v. LinkedIn，国内的新浪诉脉脉、大众点评诉百度、360 诉百度等经典案例。一个明显趋势是网络平台已经由用户之争向数据之争转移。② 数据之争引发的竞争法问题值得思考，如何建立和完善数据竞争规则，从而维护数据竞争市场的公平竞争秩序至关重要，其中数据垄断相关问题的反

① 王安康：《论大数据的反垄断法规制——以其生产要素内涵为视角》，载《电子知识产权》2021 年第 3 期。

② 参见曾雄：《数据垄断相关问题的反垄断法分析思路》，载《竞争政策研究》2017 年第 6 期。

垄断法分析是重点和难点。

（一）数据垄断的定义

数据垄断其实就是大数据垄断，至今尚无统一定义，学界一般有多种理解：其一，从数据流动的角度看，数据垄断是指数据拥有者对其拥有的数据不向外界共享；其二，从数据占有的角度看，是指经营者独占数据，并依据该数据优势滥用市场支配地位；[①] 其三，从数据市场结构角度看，是指排除市场竞争的一种市场力。[②]

如果采取第一种理解，其实只是数据垄断的狭义解释，与前文提到的必需设施理论类似，是一种拒绝交易的行为。但是，《反垄断法》乃至其他部门法都并不强制数据共享，企业出于利润最大化的目的并没有为竞争者开放数据的必要，只有在极其特殊的情况下才存在开放数据的可能性，如果单从这方面理解数据垄断，显然是片面的，也未能充分考虑大数据的特征。更何况大数据具有多归属性，即便某一互联网平台拒绝共享数据，也不代表其他企业无法获得相关数据。再退一步讲，数据拥有者与数据之间的关系也仍然存在较大争议，至少在目前而言数据并不能成为民事关系的客体，绝大多数国家对企业是否拥有数据权持否定态度。我国学术界关于数据的法律属性也存在人格权说、财产权说、知识产权说、新型权利说、数据信托说等各种理论，但无论哪种学说都只说明了数据的部分法律属性，并不

---

① 参见崔海燕：《大数据时代"数据垄断"行为对我国反垄断法的挑战》，载《中国价格监管与反垄断》2020 年第 1 期。

② 参见曾彩霞、朱雪忠：《论大数据垄断的概念界定》，载《中国价格监管与反垄断》2019 年第 12 期。

能不区分数据种类而对数据所有权一概而论。[①]

如果采取第二种理解，在反垄断法语境下，合法持有数据再多本身也不可能构成垄断，更何况大数据具有大体量的特征，其数量趋向于无穷，理论上不存在某企业独占数据的行为，因而数据垄断本身就是伪命题，没有探讨的必要。实践中，全球主要反垄断执法辖区都或多或少对 Google、Amazon、Facebook 等互联网企业巨头进行反垄断调查，也并不因它们数据量巨大，而是针对其基于数据优势从事滥用市场支配地位等法律禁止或限制，从而影响市场竞争秩序，损害消费者福利的行为。

如果采取第三种理解，从反垄断视角展开，从生产效率、资源分配效率以及社会福利几个方面进行考量，认为可以将大数据视为市场力，企业正是通过占有大数据而实施价格控制和限制、排除竞争行为的。这种定义较为符合国家将数据作为生产要素的理念，又充分考虑了数字市场结构，且是对数字企业最为不利的一种理解方式。笔者采用该定义，并通过比较大数据对消费者福利、创新与竞争的影响，具体探讨如果某一经营者拥有海量的关键数据并且占据市场支配地位，为了追求更多的利益，实施拒绝公开数据，限制数据的流通等行为时，是否属于垄断行为。倘若在这种最为严苛的理解下，大数据仍不会造成垄断行为，那么数据垄断至少在目前并不存在；如果大数据的确能够促进垄断行为的发生，那么数据垄断就有规制的必要。笔者认为，大数据在目前阶段的使用并不需要用《反垄断法》予以规制，大数据经济的本质特征能够打消人们对围绕大数据及其被数字主导企

① 参见戴龙主编：《数字贸易法通论》，中国政法大学出版社 2022 年版，第 3 ~ 5 页。

业使用带来的反竞争效果的担忧，并将在下文详细阐释。

（二）大数据对竞争的促进作用

互联网平台运用大数据实现了消费者利益的空前提升，主要包括用户得以享受免费服务，得到精准的信息匹配，平台服务质量得到不断改善，创新性平台企业不断涌现等诸多利好。具体而言，大数据对竞争有以下几个方面的促进作用。

1. 数据“货币化”能够为消费者提供免费产品补贴

大数据带来的最明显的益处或许就是互联网企业能够为消费者提供高额补贴或免费服务，只不过这种服务是以消费者数据为对价，并以此在另一相关市场获取利润实现的。从反垄断的角度出发，这种免费服务无疑能够极大地提升消费者福利，以定向广告销售的形式将数据“货币化”并不被法律禁止，而是“经济上合理的、利润最大化的行为”。如果互联网平台被阻止或限制收集消费者数据并以此获取利润，那么势必会抑制其抢夺用户的动力，对消费者的损害就会以服务价格上涨的形式出现。[①]

有些学者认为提供免费服务使初创企业更难与成熟的对手竞争，[②] 这种主张是站不住脚的，因为向消费者免费提供高质量服务的能力是大数据“货币化”的一个促进竞争的效果，而非反竞争的损害。此外，新进入者在免费服务方面与既有对手竞争并不困难，欧盟

---

① See Fred S. McChesney et al. , *Competition Policy in Public Choice Perspective*, Roger D. Blair & D. Daniel Sokol eds. OXFORD HANDBOOK OF INTERNATIONAL ANTITRUST ECONOMICS, 2015, p. 156 – 163.

② See Nathan Newman, *Search*, *Antitrust*, *and the Economics of the Control of User Data*, 31 YALE J. ON REG. 401, 427 – 28（2014）.

委员会在 Facebook 收购 WhatsApp 案中就进行了类似认定。[①]

2. 提高质量并促进创新

互联网平台企业可以采取多种方式利用大数据提升并改良产品和服务，开发全新的创新产品。例如，在搜索引擎市场，无论是主导企业还是中小企业，其运营的搜索引擎都能够持续从用户搜索和点击的数据学习，以提供更加精确、更加高质量的搜索结果外。除了获取搜索结果外，搜索引擎还可以为消费者提供多样化的增值服务。例如，Amazon、淘宝等电商能够分析过去的购买信息和浏览历史，为用户提供个性化的购物建议；携程等旅游类公司能够依据用户数据预测票价趋势；Facebook、微信等社交平台能够利用用户数据向其推荐朋友或可能感兴趣的文章。

（三）大数据经济的运行模式能够抵销竞争性损害

如果仔细考量大数据的经济特征，可以看到，数据的积累本身并不能形成进入市场的障碍，也不会自动赋予企业排除对手的动机或能力，扩大或维持垄断地位，或以其他方式损害竞争。[②] 简言之，拥有海量数据并不必然导致反垄断风险，具体而言数字市场还具有以下特征。

1. 大数据市场准入壁垒低

数据驱动的市场通常具有低进入壁垒的特点，虽然是否存在进入

---

① Case COMP/M. 7217—Facebook/WhatsApp, Comm'n Decision (Mar. 10, 2014).

② Anja Lambrecht & Catherine E. Tucker, *Can Big Data Protect a Firm from Competition?* (2015). Available at https://www.competitionpolicyinternational.com/wp-content/uploads/2017/01/CPI-Lambrecht-Tucker.pdf#:~:text=However%2C%20despite%20the%20excitement%20surrounding%20big%20data%2C%20its, protect%20their%20business%20from%20current%20or%20future%20competition. Last viewed on April 5, 2023.

壁垒会因市场的不同而不同，不能一概而论，但实践中存在诸多新进入者迅速崛起并抗衡甚至取代了拥有比他们更多数据资源的老牌企业的例子，如国外有 Snapchat、Tinder 等，国内有字节跳动、拼多多等。从这些例子中不难看出，尽管存在既有的网络效应，但对客户需求的清晰洞察能够使创新企业进入市场并迅速取得成功。另外，新竞争者对数据的要求远比那些更成熟的公司要少，所需数据也存在本质上的不同，甚至几乎不需要任何用户数据。这些初创企业可能以创新的新产品进入，巧妙地满足客户的需求，并迅速收集用户的数据，进而利用这些数据进一步改进产品并取得成功。因此，在数据收集或分析方面，老牌企业可能不会比新进入者拥有更大竞争优势。最后，即便一个已经运营了多年的公司可能比新进入者拥有更多的数据存储，但资本、数据等生产要素上的不对等并不足以成为新进入者进入不了重大市场的借口。[①]

2. 数据无处不在、价格低廉、易于收集

客观上，随着互联网的广泛应用与拓展，用户在不断地创造数据，留下需求和偏好的痕迹。企业可以很容易地从消费者那里快速收集数据，而且数据和存储及分析数据所需的工具都可以随时从众多的第三方获得，因而大数据的生产和分配的边际成本几乎为零。当然，有些学者认为数字企业为收集和处理数据所付出的资源和努力导致数据的获取是"昂贵的"。[②] 此时必须区分"原始数据"与"用户衍生

① See Catherine Tucker, *The Implications of Improved Attribution and Measurability for Antitrust and Privacy in Online Advertising Markets*, 20 GEO. MASON L. REV. 1025, 1030 (2013).

② See Maurice E. Stucke & Allen P. Grunes, *Debunking the Myths over Big Data and Antitrust*, CPI ANTITRUST CHRON., May 2015, at 7.

数据”,[①] 由于用户衍生数据是企业根据自身的运营模式和商业目的，对原始数据加工而来，一般而言具有排他性，可能落入商业秘密的范畴，显然并非数据垄断所探讨的范畴。因此，认为数据价格昂贵的观点同样站不住脚。

3. 数据具有非排他性和非竞争性

没有任何一家企业能够占据世界上的所有数据，收集数据的行为也不会直接导致其他企业利益受损，多归属性是数字经济中的一种常态，能够有效减少数字主导企业的市场力量。不可否认，大数据成为一种日益重要的生产要素，然而，大数据的非竞争性和非排他性使其有别于其他生产要素。比如虽然一个供应商至少在理论上可以掌握世界上所有的石油资源，但没有一个供应商可以积累所有可用的数据。此外，绝大多数互联网企业并不会在其服务条款中规定排他性条款，针对“二选一”这种明显的违法行为，并不是数据垄断涵盖的范畴，且各国法律一般都予以规制。

4. 数据的价值会随着时间的推移而大大降低

在数字市场中，老数据的价值大大低于新数据的价值，规模经济的回报也会随着时间的推移而减少。因此，数据提供的任何竞争优势都是转瞬即逝的，新进入者或潜在竞争者不太可能在数据收集和分析方面与主导企业相比处于明显的不利地位。此外，各企业数据的需求也存在巨大差异，这意味着，持有大量陈旧或笼统的数据并不一定对持有者有利或对潜在的挑战者不利。初创企业的成功并不在于能否创建一个规模相当的数据库，而在于能否制定一个可以积累高度相关和

① 参见陈兵：《“数据垄断”：从表象到本相》，载《社会科学辑刊》2021 年第 2 期。

及时更新数据的战略。

5. 拥有大数据本身并不足以确保竞争成功

在互联网平台企业动态更替、泥沙俱下的当代数字市场，拥有海量数据充其量只能算是提升企业竞争力的一个维度，单凭数据优势并不足以帮助企业获得垄断地位，服务质量、创新速度和对消费者需求的关注才是获得成功的关键。例如，在国外 Facebook 一家独大的情况下，WhatsApp 依旧凭借创新的服务模式快速占据市场，国内拼多多也依靠以团购模式、补贴为主导的新商业模式成为电商领域的一匹黑马。反观国内搜索引擎的龙头企业百度，虽然当初占据了充足的数据优势，但由于未能充分重视服务质量、推出新的数据产品或服务，反而在后起的互联网平台企业的竞争下，近年来市场地位连续下滑。

6. 互联网企业的业务差异意味着所需数据的高度差异

在目前存在包括社交网络、电子商务、搜索引擎、网络游戏、在线旅游、云服务等多个领域的市场，甚至在同一市场中也呈现细分的趋势（如在线旅游市场还能细分为机票市场、火车票市场、住宿市场、度假市场等），[①] 因而对一家公司有用甚至是关键的数据可能对其竞争对手并没有用。当下的数字平台企业想要获得成功，需要开辟自己的利基市场，并迅速积累有价值的数据。最终，企业是否拥有大量有用的数据，大数据是否能够转化为平台竞争的优势，仍然需要互联网平台企业其他各种竞争策略或竞争工具的加持，单凭拥有大数据很难实现阻碍竞争或形成垄断的效果。

---

① 艾瑞咨询：《2018 年中国在线旅游行业研究报告》，第 3 页，载 http：//report. iresearch. cn/report_ pdf. aspx？ id = 3318，最后访问时间：2021 年 6 月 1 日。

（四）大数据不会对竞争造成实质损害

由于近年来企业收集、储存和使用数据的规模和范围飞速扩展，数据量的增长和大数据的出现，使数据的重要性不断提升。大数据“4V”乃至“5V”特征①的出现意味着企业现在会比以往任何时候都更多地采取数据驱动的策略，以便提升效率。因此有学者认为，这种数据策略的目的即是获得和维持不公平的竞争优势，从而排除、限制竞争，损害消费者福利，具体而言包括大数据带来的锁定效应和高昂的转换成本可能阻碍用户的多归属与数据流动，网络效应可能提高数据市场的进入壁垒，② 数据驱动型经营者集中可能产生扭曲竞争③等。鉴于互联网平台多数为消费者提供免费服务，由此产生的危害不一定是更高的价格，而是质量、创新的损失。

不过，互联网平台往往对应着双边甚至多边市场，为了正确评估大数据的反垄断影响，我们必须认识到，反垄断分析必须权衡平台整体的利益和危害，即便某些行为对平台的一方而言是反竞争的，但这

---

① IBM在大数据的“4V”特征基础上，提出引入真实性（veracity）的“5V”特征。IBM指出：（1）大体量：采集、存储和计算的量都非常大。大数据的起始计量单位至少是P（1000个T）；（2）多样化：种类和来源多，具体表现为网络日志、音频、视频、图片、地理位置信息等；（3）快速度：数据增长速度快，处理速度也快，时效性要求高，这是大数据区别于传统数据挖掘的显著特征；（4）低价值密度：随着互联网以及物联网的广泛应用，信息感知无处不在，信息海量，但价值密度较低，如何结合业务逻辑并通过强大的机器算法挖掘数据价值，是大数据时代最需要解决的问题；（5）真实性：数据的准确性和可信赖度，即数据的质量。载 https：//blog. csdn. net/wyqwilliam/article/details/106630942，最后访问时间：2021年5月20日。

② 参见殷继国：《大数据市场反垄断规制的理论逻辑与基本路径》，载《政治与法律》2019年第10期。

③ 参见傅晓：《警惕数据垄断：数据驱动型经营者集中研究》，载《中国软科学》2021年第1期。

些行为可能会对整个平台造成有利的竞争效果。[①] 笔者认为，大数据并不会对竞争造成实质损害，具体分析如下。

1. 数据优势不会导致服务质量下降

由于海量数据客观上的确能够为服务质量的提升起到重要作用，有些学者就据此认为中小企业正是因为无法与主导企业实现数据数量上的等同而无法与之竞争。随着主导企业与较小的竞争对手之间的数据差距，以及随之而来的质量差距的扩大，竞争对手在质量和创新方面对主导企业的竞争制约会减弱，在这种情况下主导企业就没有充足的动力进行创新或是进一步提高服务质量。[②]

首先，暂且不论现实中数字市场的具体情况如何，该理论本质上是理想化的，根本没有考虑到企业的逐利性。当某一企业所提供的服务质量远比其他对手高时，即便其服务质量不会进一步提升，是否就会引发反垄断担忧呢？换句话说，一个企业是否有义务提供绝对意义上质量最好的产品，即使这无法实现企业利润的最大化？答案是否定的，也没有任何一国的执法机构或法院提出类似的要求。另外，服务质量高低其实相对的、主观的，我们无法定义所谓“最佳质量”，在现实中很多企业以提升质量为目的进行软件更新，但更新后的服务可能并不会得到预期的效果，这种情况下显然也不能认定其服务质量降低。

其次，撇开这些问题不谈，这种理论也忽略了数字市场中的双边

① See Hemant K. Bhargava et al., *The Move to Smart Mobile and Its Implications for Antitrust Analysis of Online Markets*, U. C. Davis L. Rev.

② See Allen P. Grunes & Maurice E. Stucke, *No Mistake About It: The Important Role of Antitrust in the Era of Big Data*, ANTITRUST SOURCE, Apr. 2015.

属性，未能权衡整体的利弊。例如在搜索引擎市场中，如果去除所有广告，显然会提升搜索质量，但对广告商非常不利；如果加入过多广告，的确有利于广告商，但必然会导致用户的搜索质量下降。

2. 数据优势不会扼杀创新

除了可能出现的所谓质量下降外，一些学者还认为大数据企业还可能采取“扼杀式并购”的方式扼杀创新型初创企业：大型数字企业更多的是想通过并购的方式将新技术所有者的企业边缘化，来扩大本企业与市场落后者和新进入者之间的竞争差距，保持本企业的领先地位，或者利用本企业的优势地位，将被并购的企业迅速做大，从而形成双重垄断。[①] 例如，拥有大数据权限的主导企业可以根据数据趋势识别潜在进入者，并制定战略，通过限制或阻止他们获得必要的数据，或通过收购他们迅速消灭任何崛起的竞争。在这种情况下，较小的竞争对手就无法获得必要的数据，其创新及与主导企业竞争的动力就会减少。当拥有雄厚财力的市场领导者收购潜在或实际的新进入者时，创新的源泉就会被移除，竞争也会受到影响。[②]

但我们应该注意到，这种并购也可能对竞争有利，因为它迫使市场主导者进一步投资于创新本身。事实上，这种被收购的可能性也会激励更多创新企业进入市场，以获取更多投资。同时，《反垄断法》设置了经营者集中审查程序，如果没有证据表明这种收购可能会排除、限制竞争，法律不会禁止企业收购一个较小的竞争对手，我们不

---

① 参见李勇坚、夏杰长：《数字经济背景下超级平台双轮垄断的潜在风险与防范策略》，载《改革》2020 年第 8 期。

② U. S. DEP'T OF JUSTICE & FED. TRADE COMM'N, HORIZONTAL MERGER GUIDELINES § 6.4 (2010).

应该用所谓的扼杀创新等主管臆断苛责一个企业为自身的合法行为承担责任。

3. 数据驱动型经营者集中本身并不违法

近年来，与数据相关的经营者集中案件层出不穷，有学者认为这种经营者集中需要警惕，“尤其是在数据寡头的相关市场上要想继续增大市场份额，非价格竞争往往比价格竞争更有效”。[①] 在美国，反垄断机构有机会考虑大数据在部分经营者集中案件的作用，而集中方也越来越多地提出数据驱动的效率为自己辩护，并取得了不同程度的成功。例如，在 2012 年评级与点评平台 Bazaarvoice 收购竞争对手 PowerReviews 案中，美国司法部和初审法院都驳回了双方的效率主张，理由是缺乏证据证明该交易带来了数据收益，导致产品改进、价格降低或更大的创新。[②] 美国司法部在 2010 年对 Microsoft 和 Yahoo！之间与搜索有关的合作进行调查时，确实接受了双方有关数据驱动的效率抗辩，认为该交易可能是有利于竞争的，因为数据的增加使微软的搜索产品得到更快的改进，从而实现对 Google 的替代。[③]

在欧盟，TomTom 收购 TelaAtlas 案中各集中方提出客户反馈的数据将使合并后的公司能够以更快的速度生产出更好的数字地图，虽然欧盟委员会并没有就数据相关问题发表最终意见，但认可该市场转

---

① 傅晓：《警惕数据垄断：数据驱动型经营者集中研究》，载《中国软科学》2021 年第 1 期。

② United States v. Bazaarvoice, Inc. , Case No. 13 – cv – 00133 – WHO, 2014 WL 203966.

③ Press Release, U. S. Dep't of Justice, Statement of the Department of Justice Antitrust Division on its Decision to Close Its Investigation of the Internet Search and Paid Search Advertising Agreement Between Microsoft Corporation and Yahoo！Inc. （Feb. 18, 2010）, available at http：// www. justice. gov/opa/pr/statement – department – justice – antitrust – division – its – decision – close – its – investigation – internet. Last viewed on 8 March 2023.

换成本低，不存在排除竞争者的动机。[①] 此外，Thomson 收购 Reuters 案（2008）、Google 收购 DoubleClick 案（2008）、Telefonica、Vodafone、EE 新设合营企业案（2012）、IMSHealth 收购 Cegedim Business 案（2014）、Sanofi 和 Google 新设合营企业案（2016）、Microsoft 收购 LinkedIn 案（2016）、Verizon 收购 Yahoo 案（2016）、Facebook 收购 WhatsApp 案（2014）等都涉及大数据相关的竞争效果调查，大部分的集中都获得了无条件批准。[②]

因此，客观来讲，数据驱动型经营者集中的确值得关注。一方面，集中方可能援引数据合并能够提高效率的理由进行抗辩；另一方面，反垄断执法机构在进行经营者集中审查时也逐渐对数据相关的竞争效果予以考量。不过，这也印证了数据驱动型经营者集中本身并不会对现有的竞争造成实质损害，需要根据实际情况与相关市场进行综合判断。

4. 现有规模经济、网络效应和准入壁垒理论的谬误

绝大多数支持数据垄断的理论，都是或多或少基于对“反馈循环”的理解以及大公司在获得大量数据后所享有的网络效应。不可否认，大数据可以产生网络效应，网络效应也可以在反垄断分析中发挥重要作用。但笔者认为大数据中存在的网络效应会自动导致反竞争效果这一结论应当予以摒弃。

（1）理论依据。大数据可以通过所谓的“反馈循环”实现规模

---

① Case COMP/M. 4854, TomTom/TeleAtlas, Comm'n Decision, 2008 O. J. (C 237) 53 - 54.

② Fred S. McChesney et al. , *Competition Policy in Public Choice Perspective*, Roger D. Blair & D. Daniel Sokol eds. OXFORD HANDBOOK OF INTERNATIONAL ANTITRUST ECONOMICS, 2015, p. 156 – 163.

经济，具体而言存在两种方法：一是“用户反馈循环”理论，即随着平台获得更多的用户，它可以收集更多的用户数据，从而更好地了解消费者和他们的需求，企业可以利用这些数据提高质量，吸引更多的用户；[①] 二是“货币化反馈循环”理论，即随着平台获得更多的用户并收集更多的用户数据，企业能够更好地定位和销售广告，因此能够更好地实现平台货币化并获得收入，这些收入可以投资于改善服务质量，从而吸引更多用户。[②]

除了以上的反馈循环之外，在互联网平台企业收集和使用大数据的过程中也存在诸多独特的网络效应，具体而言也分为两大类：一是直接网络效应，即随着越来越多的人使用一个产品或服务，该特定产品或服务对个人用户变得更有价值，主要存在于社交网络平台、照片分享平台和聊天应用程序等领域。[③] 二是间接网络效应，即随着更多的用户使用一个产品或服务，会改良该特定产品或服务，并使其对消费者更有吸引力，这种网络效应在搜索引擎领域较为明显。[④] 有些学者认为网络效应在双边市场中格外强大，因为经营双边平台的公司不仅可以从传统的网络效应中获益，还可以从跨平台的网络效应中获益，即平台的一个相关市场中存在更多用户，使平台对另一市场的用

---

① Andres v. Lerner, *The Role of "Big Data" in Online Platform Competition* 4 – 5 (2014), available at http://ssrn.com/abstract=2482780. Last viewed on April 5, 2023.

② Mark Milian, *Retailers Use Big Data to Turn You Into a Big Spender*, BLOOMBERG (Jun. 4, 2014), available at http://www.bloomberg.com/news/2014-06-03/retailers-use-big-data-to-turn-you-into-a-big-spender.html。Last viewed on June 3, 2021.

③ Michael L. Katz & Carl Shapiro, *Network Externalities, Competition, and Compatibility*, 75 AM. ECON. REV. 424, 424 – 26 (1985).

④ 参见李勇坚、夏杰长：《数字经济背景下超级平台双轮垄断的潜在风险与防范策略》，载《改革》2020 年第 8 期。

户更具吸引力。[①] 因此，作为数据驱动市场特征的规模经济和网络效应会导致“赢家通吃”的结果，并带来不可逾越的进入壁垒。

（2）理论漏洞。首先，反馈循环的作用被严重夸大了，该理论认为较小的竞争者因为缺乏可比的用户量而无法与主导企业形成有效竞争，以至于无法提升服务质量。但事实上互联网企业完全可以通过不涉及用户数据的方式获得用户规模（如拼多多最初通过高额补贴与低价吸引用户），也可以通过其他来源获取数据（例如 Microsoft 和 Yahoo！进行数据相关的战略合作）。退一步讲，反馈循环也具有一定的负面效应：用户的增加在很多情况下会对平台的生态系统造成负面影响，随着用户和数据的增加，平台可能出现拥堵，或者会让用户感到隐私受到威胁，内容吸引力下降。这些都意味着大数据与产品质量的反馈循环并不一定总是正向的。[②]

其次，网络效应虽然可以让互联网企业在较短的时间内积聚大量数据，但也可能在短时间内被其他企业超越。[③] 在诸如社交平台和通信应用等具有强大直接网络效应的市场中，创新足以颠覆市场，实践中的案例层出不穷：国外有最初的主导企业 Friendster 被 MySpace 取代，后者又几乎完全被 Facebook 淘汰；国内也有字节跳动开创短视频时代，并逐渐成为主导企业。另外，在广告商中，网络效应也被大多数互联网平台采用的定价结构所削弱：按点击付费的模式意味着，

---

① See Inge Graef, *Market Definition and Market Power in Data*: *The Case of Online Platforms*, 38 WORLD COMPETITION: LAW AND ECON. REV. 473, 476 - 77 (2015).

② See Christopher S. Yoo, *When Antitrust Met Facebook*, 19 George Mason L. Rev. 1147 (2012); Catherine E. Tucker & Juanjuan Zhang, *Growing Two - Sided Networks by Advertising the User Base*: *A Field Experiment*, 29 MKTG. SCI. 805 (2010).

③ See Catherine C. Tucker, *Network effects and market power. Antitrust*, Vol. 32 (2): 73 - 76 (2018).

虽然在较大的平台上投放广告可能会为广告商吸引更多用户，但同时意味着更高的成本（更多的点击意味着广告商必须支付更多的费用）。[①] 因此，对于广告商来说，选择在大平台投放广告实际上可能无法实现商业利润最大化，广告商很可能在多个不同的平台上做广告。平台上有更多的用户的确可能对广告商有利，但一个平台投放广告的数量是有限的，在聚集众多广告商的大平台上投放广告很可能无法获得更多用户的注意力，反而在小型平台投放广告可能会获得更好效果。

最后，对规模效应的认识也存在一定误区：由于大数据产业有边际效应递减的特点，在达到一定临界点之后，更多的数据输入并不能带给互联网平台更多的规模效应，新增数据的价值无限趋近于0。在这种情况下，小型企业能够从增量数据中获得更大的价值，因而激励其提升质量和创新程度参与竞争，吸引边缘用户。退一步讲，即使规模是竞争能否成功的关键，较小的竞争者仍拥有参与竞争的能力和动力。[②] 能力方面，在数字市场中，即使是初创企业一般也拥有充足的资金，或者至少可以从投资者那里获得额外的资金，他们可以利用这些资金提高其平台的服务质量。此外，所有的互联网平台都可以从第三方获得数据，这些数据极易获得且价格低廉。动力方面，一个小公司对服务质量的投资将比一个大公司的类似投资吸引更多的增量用户。因此，前者的动力实际上可能比后者的更大。

---

① See European Data Protection Supervisor, *Preliminary Opinion of the European Data Protection Supervisor: Privacy and Competitiveness in the Age of Big Data: The Interplay Between Data Protection*, Competition Law and Consumer Protection in the Digital Economy, at 6 – 7 (Mar. 2014).

② See Brian Honigman, *How Big Data Is Transforming The Travel Industry*, FORBES (Apr. 30, 2014).

综上，笔者认为真正的数据垄断其实并不存在，数字市场中的诸多垄断问题本质上还是企业从事垄断协议、滥用市场支配地位、违法的经营者集中的垄断行为，运用传统的反垄断分析思路与框架完全能够处理。只不过在数字经济时代，这些垄断行为或多或少涉及数据的相关问题，因而引发了反垄断担忧。下文就针对“大数据杀熟”“二选一”“数据封禁”这三类在数字市场中最为突出与常见的滥用市场支配地位的行为规制问题进行探讨。

第四节　互联网平台的常见垄断行为规制

一、互联网平台的“大数据杀熟”规制

所谓“大数据杀熟”，是指企业在经营过程中，通过分析和预测消费者的相关数据，形成对应的用户画像，从而对不同对象针对相同商品或服务收取不同价格的行为。在反垄断法的语境下，该行为本质上是一种价格歧视，属于滥用市场支配地位中差别待遇的范畴。受益于大数据技术的发展，平台经营者数据的收集与运用能力极大提升，数据杀熟现象愈发普遍，在电商网站、网约车软件、外卖平台、在线旅游服务等平台中尤为突出。具体而言，平台经营者通过支付工具推广、红包发放等方式扩大自己的消费者数据库，在消费者具备一定黏性之后，利用算法，根据消费者的习惯、地址、价位选择、所用电子设备型号等特征，有针对性地对新老消费者显示不同的标价，极其隐蔽地获得更高的利润，长此以往将不可避免地产生排除、限制竞争的效果。

按照《反垄断法》第22条第6项的规定，具有市场支配地位的经营者没有正当理由，对条件相同的交易相对人在交易价格等交易条件上实行差别待遇，属于滥用市场支配地位的行为。该条款基本上能够对应“大数据杀熟”行为，但该条款规定较为简单，适用范围并不明确。由于“大数据杀熟”现象还涉及《消费者权益保护法》和《反垄断法》等多部法规的交叉区域，需竞合执法，过程较为复杂。不过，《平台反垄断指南》中第17条针对“大数据杀熟”行为进行细化，将笔者主要认定思路概括如下：第一，认定该数字企业在相关市场中具有支配地位，相关市场相关问题的具体判断前文已经进行详细讨论，不再赘述。第二，若具有支配地位，判断价格差异是不是在条件相同的情况下出现，即是否“交易相对人之间在交易安全、交易成本、信用状况、所处交易环节、交易持续时间等方面不存在实质性影响交易的差别”,[①] 并应注意“平台在交易中获取的交易相对人的隐私信息、交易历史、个体偏好、消费习惯等方面存在的差异不影响认定交易相对人条件相同”。第三，若具有支配地位且条件相同，则判断平台企业是否基于大数据或算法，在①交易价格或其他交易条件；②标准规则算法；③付款条件和交易方式三方面给予差别待遇。第四，即便具有市场支配地位的平台企业在相同条件下差别待遇，仍可进行正当性抗辩，提供相关证据证明该差别待遇或符合正当交易习惯和行业管理，或针对新用户，或基于公平、合理、无歧视的规则，或其他理由。第五，若具有市场支配地位的平台企业在相同条件下给

---

① 参见国务院反垄断委员会《关于平台经济领域的反垄断指南》第17条，载 http://www.samr.gov.cn/hd/zjdc/202011/t20201109_323234.html，最后访问日期：2021年7月15日。

予差别待遇，且不存在正当理由，仍需判断是否产生排除、限制竞争效果，毕竟算法可以基于消费者的个人画像和用户偏好作出更精准的推荐，提高交易的效率，因此不能一概认定为违法。

就在前不久，携程涉嫌“大数据杀熟”案一审宣判原告胜诉，携程赔偿原告未完全赔付的差价 243.37 元，以及订房差价的三倍支付赔偿金，共计 4777.48 元[①]。但可惜的是本案法庭并没有对“大数据杀熟”问题进行深入探讨，直言“‘大数据杀熟’很难确证，因此建议不在本案中进行确证”，而是基于携程未能履行监管义务，依据公平和效率原则作出判决。

可以看出，对“大数据杀熟”行为的认定存在一定困难，根源还是在于互联网企业对数据的收集和使用、算法机制的运作不透明，消费者群体处于非常弱势的地位，执法机构也缺少相应的工具对可能存在的杀熟行为进行具体判断。笔者认为，除了进一步细化《反垄断法》中的“大数据杀熟”概念外，还要对企业的数据、算法使用能力进行规制，消费者应拥有拒绝被采集数据、拒绝接受算法服务的权利；即使消费者同意接受算法服务，企业也要对算法进行一定程度的公开，以防出现过度歧视某一类消费者的现象，破坏市场竞争秩序。当然，反垄断执法机构也应当更新工具箱，针对数据和算法领域的难题与其他部门或第三方合作，共同整治“大数据杀熟”的市场乱象。

---

① 参见余建华、徐少华：《浙江一女子以携程采集非必要信息“杀熟” 诉请退一赔三获支持》，载人民法院网，https：//www.chinacourt.org/article/detail/2021/07/id/6146423.shtml。

二、互联网平台竞争中的“二选一”规制

互联网平台竞争中强迫实施“二选一”的现象并不少见，即具有市场支配地位的平台经营者通过书面或其他方式要求平台内经营者在竞争性平台中进行“二选一”，本质上是一种限定交易，构成了滥用市场支配地位，是对市场竞争秩序的公然践踏和破坏。《平台反垄断指南》第 15 条明确了“二选一”的判断标准：首先，从主体上看，实施者是“具有市场支配地位”的平台经济领域经营者，这就排除了不具有支配地位经营者的相关行为构成“二选一”的可能。其次，“二选一”行为实现方式并不限于书面、口头等方式，如果平台经济领域经营者通过“平台规则、数据、算法、技术”等技术限制间接实现限定交易的目的，仍然不能避免《反垄断法》的规制。此外，即便存在“二选一”的行为，互联网平台依然可以提出正当性抗辩，通过证明该行为是保护交易、保护知识产权、保护交易特定资源、维护合理经营模式及其他理由，从而免于受到《反垄断法》的制裁。最后，所有商业交易行为都可能经历从“多选一”进入“三选一”“二选一”，因此对“二选一”是否构成《反垄断法》禁止的限定交易需要在个案中进行具体分析，《平台反垄断指南》重申针对“二选一”的行为仍然需要对消费者福利乃至社会整体福利与市场竞争的影响进行权衡，综合判断是否存在滥用市场支配地位，排除、限制市场竞争的行为。

从实践中看，我国反垄断执法机关对“二选一”行为目前采取较为强势的态度，自 2021 年 4 月市场监督管理总局对阿里巴巴作出

182.28 亿元天价行政处罚决定①开始，相继出现上海市市场监督管理局对食派士“二选一”垄断行为“教科书式”行政处罚、② 美团饿了么因“二选一”纠纷互诉不正当竞争均判赔等焦点案件。国家市场监督管理总局会同中央网络安全和信息化委员会办公室、国家税务总局召开互联网平台企业行政指导会，34 家互联网企业承诺自检自查，逐项彻底整改，并向社会公开《依法合规经营承诺》，接受社会监督。从这类行政处罚书中，我们不难看到替代分析、假定垄断者测试等传统市场支配地位的认定方法仍然能够适用，但也需警惕“二选一”行为并不当然违法，只有达到排除、限制竞争效果的“二选一”行为才是需要法律规制的。

三、互联网平台的“数据封禁”规制

“数据封禁”也是我国理论和实务界广泛探讨的反垄断话题，具体是指互联网平台对自身收集或存储的数据进行封锁，禁止其他企业获取数据或者进行链接的行为。互联网平台涉嫌从事“数据封禁”行为的代表案件为 HiQ 诉 LinkedIn 案，LinkedIn 拥有超过 500 万注册用户，是一个专注于商业和职业网络的社交平台，以维持他们在商业交往中认识并信任的联系人。HiQ 是一家数据分析公司，通过提供测评服务的方式，为企业人力资源部门考核员工行为提供参考。由于

① 国家市场监督管理总局行政处罚决定书 - 国市监处〔2021〕28 号，载市监总局官网，http://www.samr.gov.cn/fldj/tzgg/xzcf/202104/t20210409_327698.html，最后访问日期：2021 年 8 月 5 日。

② 上海食派士商贸发展有限公司滥用市场支配地位行政处罚决定书 - 沪市监反垄处〔2020〕06201901001 号，载市监总局官网，http://www.samr.gov.cn/fldj/tzgg/xzcf/202104/t20210412_327737.html，最后访问日期：2021 年 8 月 5 日。

LinkedIn 在职业社交领域具有支配地位，HiQ 的商业模式主要依赖于 LinkedIn 的公开数据，其通过“爬虫”工具抓取 LinkedIn 用户公开的个人资料，并将这些信息与专有的预测算法一起使用，以生成“人员分析”，将其出售给企业客户。自 2012 年起，HiQ 一直获取并使用 LinkedIn 网站上的公开数据，LinkedIn 并未反对，并自 2015 年起参与 HiQ 举办的“提升”会议，讨论其商业模式并分享人员分析领域的最佳实践。2017 年 5 月发生转折，LinkedIn 向 HiQ 发出要求其停止抓取数据的文件，同时为阻止 HiQ 继续获取平台数据采取一系列技术手段。2017 年 6 月，HiQ 以 LinkedIn 违背了谢尔曼法的精神、违反了加州不公平竞争法等为由，向加州北部地区法院提起诉讼。2017 年 8 月，北区法院发出初步禁令，该禁令要求 LinkedIn 消除阻碍 HiQ 访问其公共数据的任何技术障碍。[①] 2019 年 9 月 9 日，美国联邦第九巡回上诉法院驳回了 LinkedIn 公司的上诉请求，维持原判。[②]

我国目前已经审结了如新浪微博诉脉脉、[③] 大众点评诉百度[④]等数据类纠纷案件，也累积了一些司法经验。在新浪微博诉脉脉案中，二审法院提出了开放应用程序编程接口开发合作模式的“用户授权” + “平台授权” + “用户授权”的三重授权原则，即数据提供方向第三方开放数据的前提是数据提供方取得用户同意，第三方平台在使用用

---

① HIQ LABS, INC. v. LINKEDIN CORP. Cite as 273 F. Supp. 3d 1099 (N. D. Cal. 2017), No. 17 - cv - 03301 - EMC, August 14, 2017.

② HIQ LABS, INC. v. LINKEDIN CORP. Cite as 938 F. 3d 985 (9th Cir. 2019), No. 17 - 16783, September 9, 2019.

③ 参见北京知识产权法院（2016）京 73 民终 588 号民事判决书。

④ 上海市浦东新区人民法院（2015）浦民三（知）初字第 528 号民事判决书、上海市高级人民法院（2016）沪 73 民终 242 号民事判决书。

户信息时还应当明确告知用户其使用的目的、方式和范围，再次取得用户的同意。[①] 笔者认为这是必要的，但在应用三重授权原则时必须区分数据的公开与否。因为在本案中，脉脉抓取的数据是“公开、向特定人公开或不公开”的信息，也就意味着有大量用户拒绝向社会公开的数据也被脉脉抓取用于自身的软件开发，同时这也是新浪微博的内部数据，作为具有社交信息市场支配地位的新浪微博有合理理由拒绝脉脉的数据抓取行为。这与 HiQ 诉 LinkedIn 案有本质上的不同，因为 HiQ 抓取的全部是向社会公开的数据，LinkedIn 的拒绝其抓取行为本质上是其在职业社交网络服务市场支配力的延伸，而非基于用户协议保护自身拥有的数据，是一种过度的数据封锁行为。加之有证据表明 LinkedIn 正在研发与 HiQ 构成竞争的产品，当然是滥用市场支配地位的表现，有违竞争法精神。

大众点评诉百度案则根据涉及的 Robots 协议[②]提供了另一种思路，即数据抓取协议只涉及搜索引擎抓取网站信息的行为是否符合公认的行业准则的问题，不能解决搜索引擎抓取网站信息后的使用行为是否合法的问题。[③] 换言之，即使数据需求者遵守数据抓取行为的一般规范，也不能就此认定其行为合法。数据需求者应当遵守必要的商业道德，依据诚实信用原则，按照合适的适用范围和方式合理使用源于其他网站的数据，即所谓的合理原则。本案与 HiQ 诉 LinkedIn 案十分相似，都是处于某一市场支配地位的企业，试图以极低的成本攫

---

① 参见北京市高级人民法院（2016）京 73 民终 588 号民事判决书。

② Robots 协议用来告知搜索引擎哪些页面能被抓取，哪些页面不能被抓取，可以屏蔽一些网站中比较大的文件。

③ 参见上海市浦东新区人民法院（2015）浦民三（知）初字第 528 号民事判决书。

取其他市场中经营者的成果，达到排挤竞争对手的目的。但是，在大众点评诉百度案中我国法院作出了和 HiQ 诉 LinkedIn 案截然相反的判决，认为大众点评网上用户存留的点评数据是大众点评网付出大量经营成本获得的，并且是大众点评网的核心竞争优势所在，百度公司抓取这些公开数据并显示在百度导航地图中已经侵害了大众点评的竞争利益，最后法院适用《反不正当竞争法》的原则条款判决百度败诉。这一案例为分析中美两国针对数据封禁行为的法律适用提出了不同的分析思路。

笔者认为，我国在处理数字企业滥用市场支配地位的问题时，除了不可忽视相关市场界定与必需设施原则的适用外，还需重视区分案件涉及的数据是否属于非公开数据或具有非公开数据成分。若数据属于非公开数据或具有非公开数据成分，可以按照三重授权原则进行验证；但若数据为完全公开，一方面，我们需要注意数据市场支配地位的传导效果，防止支配力量不正当地延伸至其他市场，以低成本甚至采取数据封锁行为，忽视其他市场中经营者在经营活动中付出的努力，挖掘并积累的数据资源；另一方面，我们也需灵活运用合理原则进行分析，在遵守诚实信用原则和公认的商业道德下，无论是数据持有者还是数据需求者，都可以在合理的适用范围和方式内利用数据创造价值。

第五节　小　　结

互联网平台的竞争与垄断规制问题主要体现在数字平台企业利用数据、算法和技术优势从事各种新型反竞争行为，形成不同于工业经济时代的市场竞争特点。互联网平台企业的竞争与垄断问题对传统竞争理论和法律规制构成严峻挑战，近年来世界上的主要经济体均加大了对这一问题的研究力度，通过立法或强化执法加强对互联网头部企业的监管。我国涉及互联网平台竞争监管的法律包括《反垄断法》《反不正当竞争法》《电子商务法》，以及国务院反垄断委员会颁布的指南与其他部门规章等，但是现有的法律法规在适用于互联网平台的竞争和垄断问题时存在难以适用的问题。对于互联网平台的竞争与垄断问题，除了本书第5章和第6章探讨的垄断协议规制之外，更多地体现为可能违反了《反垄断法》的滥用市场支配地位规制。但是，正如本章所探讨的内容所示，对互联网平台竞争中的行为，仍然可以在现有《反垄断法》框架内进行规制，不能贸然使用“平台垄断”或“数据垄断”等网络词汇对平台竞争或数据竞争进行“一刀切”的负面描述。对于互联网平台实施的新型反竞争行为，诸如“大数据杀熟”“二选一”“数据封禁”等，更多应该在个案中进行排除、限制竞争效果分析。整体而言，我国仍然应当坚持包容审慎和依法监管的原则，在鼓励数字经济创新发展的同时，发挥平台行业自律和社会协同监管的作用，提高竞争执法机关的执法能力和水平，在维护公平竞争的同时，需要把促进创新和加强平台监管协调起来，科学合理地加强互联网平台竞争行为治理。

第八章　互联网平台的创新与集中控制

随着全球新一轮科技革命的爆发，全球多国将“创新驱动”作为其谋求国际竞争优势的关键战略。德国于 2013 年 4 月提出“工业 4.0”并将其逐步上升为国家战略，德国联邦政府已提供 2 亿欧元资金支持德国工业领域新一代革命性技术的研发与创新，以便确保德国在国际上强有力的竞争地位；[①] 欧盟于 2018 年 6 月提出“地平线欧洲”计划（Horizon Europe），计划在 2021—2027 年预算期投资一千亿欧元支持新一轮研发与创新，以帮助欧盟站在全球研究与创新的前沿，发现和掌握更多知识和技术，强化卓越科学，促进经济增长、贸易和投资，积极应对重大社会和环境挑战；[②] 美国于 2021 年 8 月通过了《2021 年美国创新与竞争法案》，提出联邦政府将拨款约 1600 亿美元用于从总体上加强美国的科学技术能力，推动美国科技进步并确保科技领域优势。[③] 在我国，中共中央、国务院于 2016 年 5 月印发的

---

① 参见李涵、王益群：《论德国工业 4.0 对中国制造 2025 标准化工作的启发》，载《第十四届中国标准化论坛论文集》（2017 年），第 1357 ~ 1364 页。

② 参见中国科学院：《欧盟“地平线欧洲”计划提出 2021—2027 年研究与创新蓝图》，载 http：//www. bpf. cas. cn/zypz/201811/t20181112_ 4670005. html，最后访问日期：2023 年 3 月 28 日。

③ 参见孙浩林、程如烟：《〈2021 财年美国创新与竞争法案〉将大幅增加美国研发投入》，载《科技中国》2021 年第 10 期。

《国家创新驱动发展战略纲要》中明确提出“创新强则国运昌，创新弱则国运殆”的发展口号，明确了“创新”作为未来中国发展的第一动力和主要方向。[①] 在党的二十大报告中，习近平总书记指出：“必须坚持科技是第一生产力、人才是第一资源、创新是第一动力，深入实施科教兴国战略、人才强国战略、创新驱动发展战略，开辟发展新领域新赛道，不断塑造发展新动能新优势。”“加快实施创新驱动发展战略……加快实现高水平科技自立自强。”

以互联网为代表的新一轮科技革命加速改变人们生产和生活方式以及国家治理模式，互联网平台创新激励与互联网平台反垄断法规制之间的平衡不容忽视。一方面，以网络平台为中心的互联网经济是当前全球主要经济体中最具活力和发展潜力的新兴产业，作为经济转型升级的重要驱动力，互联网经济正在成为全球新一轮产业变革的核心力量，以及改变国际格局的关键力量。根据 Charlie Bilello 于 2019 年 4 月发布的全球市值前十大公司变迁报告，在 20 年间，全球市值前十大公司实现了由 1990 年 0 家互联网企业到 2019 年 7 家互联网企业的跨越。[②] 可见，激励互联网平台创新，对于拉动经济增长、增强国家竞争力具有不可忽视的重要作用。另一方面，平台经济的出现、必要设施的增多、数字垄断的疑虑等也给平台治理带来一系列挑战，尤其是大型互联网平台经营者有可能利用市场支配地位获取不正当利益，妨碍公平竞争，诸如通过提供捆绑搭售、掠夺性定价、拒绝交

① 参见陈一宏：《论经营者集中控制制度中的创新考量》，载《上海法学研究》集刊 2020 年第 15 卷。

② See Charlie Bilello：Largest Companies in the World by Market Cap，1980 to Today. Available at https：//twitter. com/charliebilello/status/1183026480344899584. Last viewed on June 14，2021.

易、歧视以及市场挤压等行为损害消费者利益，排除实际或者潜在的竞争对手。因此，“如何看待创新竞争”“如何进行创新考量”成为反垄断制度和实践无法回避的问题，这在经营者集中控制制度中更加凸显——互联网平台集中的创新与效率的关系是怎样的？如何在申报标准中回应创新行业的反垄断需求？如何看待平台企业扼杀式并购行为？这些关键问题是本章的研究重点。

第一节　互联网平台集中控制制度中的创新与效率

创新是发展的第一动力，是提升企业生产、经营效率，提高产品或服务质量，最终提升社会总福利的动力。近年来，竞争法理论与实务界关注的一种观点是将创新作为反垄断法的立法宗旨。经营者集中控制制度的目的即鼓励创新，防止经营者过度集中造成垄断化市场结构，进而妨碍市场公平竞争并阻碍创新。为此，经营者集中控制制度通过事前审查以平衡经营者集中在未来产生的遏制创新及加剧市场垄断化等限制性影响。然而，互联网行业创新具有低技术壁垒、多类型创新和多程度创新等特殊性，因此互联网平台集中在多大程度上会阻碍创新，如何平衡经营者集中产生的经济效率和可能产生的排除限制竞争效果，理论上和实践中都存在很大争议。

一、互联网平台创新的特殊性

互联网平台创新具有不同于传统工业经济时代的复杂创新机制。传统工业经济时代的创新通常以技术创新和产品创新为主要模式，此时，大型企业既具有有利于创新的资本、技术、劳动力、经验方面的优势，又具有基于已有知识产权处于行业领先优势造成其他企业难以进入的技术壁垒。互联网行业的创新不仅包括产品和技术创新，更包括商业模式的创新，这使互联网平台的创新机制具有以下两个方面的复杂特点。

（一）创新技术壁垒降低

不同于传统工业经济时期以技术创新作为主要创新模式，互联网平台的商业模式创新更易受到风险投资的追捧，近年来短视频直播（抖音、快手）、共享经济（滴滴出行、共享单车）、社交电商（小红书、拼多多）等新兴商业模式的兴起，证明企业即使不具有核心技术，也可以通过找准市场定位创新先进的商业模式，从而在市场中立足。这吸引了大量风投资本的追崇，加大对互联网平台企业的投资，不仅降低了互联网企业创新所需的技术、资金壁垒，改变了创新的成本结构，提高了中小型企业创新成功的可能性，也能够让大型平台企业遭遇资金困难时重获新生。

例如，全球知名咨询机构毕马威每季度都发布全球风投分析报告，从全球和区域角度分析风险资本市场投资数据的最新趋势，其最近数年的投资报告都显示出全球范围内的大量风投资金都投向了数字经济行业。仅以毕马威发布的《2021 年第三季度全球风投趋势分析报告》为例，分析报告显示 2021 年第 3 季度全球接受风投的公司总共达成 8682 宗交易，融资总额达到 1717 亿美元，其中最大的一笔投资投向印度电商平台 Flipkart，完成 36 亿美元投资，其他较大的分投资金分别投向新能源汽车、大数据公司、在线职业教育平台、金融科技公司等行业，众多“独角兽”企业获得风投资金的青睐。[①] 在我国，当京东集团在2018年度遭遇资金困难时，一次性获得高瓴资本风投资金3亿美元；[②] 蚂蚁金服于2018年5月27日的Pre－IPO融资中，蚂蚁金服的估值为1500亿美元，获得了活跃于国际VC和PE市场的贝莱德、GIC、淡马锡、加拿大养老基金、华平投资等合计达140亿美元的融资，随后于2018年6月23日获得太平洋寿险16亿元人民币的战略投资。[③]

（二）创新类型和创新程度多样

如上所述，互联网行业的技术壁垒与传统产业相比较低，使中小型企业可以通过商业模式、技术创新在市场上立足，新型互联网平台模式不断涌现。同时，互联网行业中的需求多样化产生了显著的长尾效应，[④] 互联网平台可以自主选择创新的程度。除了催生新型产品或服务的具有变革性的激进式创新外，针对现有产品、服务进行改良的渐进式创新也开始不断浮现。一方面，互联网行业流量至上的商业模式促使各企业更加注重用户体验，从而激励企业更加关注市场的长尾

---

① 参见毕马威：《2021年第三季度全球风投趋势分析报告》，载毕马威中国官网，http：//assets. kpmg. com/content/dam/kpmg/cn/pdf/zh/2021/12/venture－pulse－q3－2021. pdf，最后阅览时间：2023年2月3日。

② 参见澎湃新闻：《京东物流启动IPO，张磊和他的高瓴资本是如何炼成的?》，2021年2月19日，载澎湃新闻网，https：//www. thepaper. cn/newsDetail_ forward_ 11379197，最后阅览时间：2023年2月3日。

③ 参见毛婷：《蚂蚁上市，谁在闷声发大财?》，2020年7月22日，载https：//new. qq. com/rain/a/20200722A05FHI002，最后阅览时间：2023年2月3日。

④ 长尾效应，指尽管消费者大多数的需求属于集中式的、流行性需求，但仍然存在个性化的、零散的小量的需求，这部分差异化的、少量的需求会在需求曲线上面形成一条长长的“尾巴”，所谓长尾效应就在于它的数量上，将所有非流行的市场累加起来就会形成一个比流行市场还大的市场。

部分，即用户小而零散的各类需求，使创新更加渐进式、细腻化；另一方面，由于技术壁垒弱化，一些中小型企业进入市场相对容易，受限于资本、技术等方面的劣势，该类企业可以参照市场上已有的技术或商业模式进行渐进式创新。①

二、互联网平台的集中与创新：熊彼特—阿罗之争

由于互联网行业催生了大量新型数字技术和新商业模式，不断改进了人们的消费模式和消费体验，这原本属于新经济初创时的正常现象。然而，互联网行业创新由于其高度技术集成都存在于虚拟空间，具有不同于传统制造业的创新特点，对互联网经济领域的集中是否会阻碍创新，是否存在减损消费者利益和社会公共利益的问题，一直是社会各界关注的焦点。要探索创新与竞争、创新与效率的关系，还得回溯到对创新问题进行系统研究的经济理论，在这方面作出卓越贡献的主要学说是熊彼特（Joseph Schumpeter）与阿罗（Kenneth Arrow）关于“市场结构与竞争之关系”的经济学理论。

（一）熊彼特：垄断激励创新

约瑟夫·熊彼特在1942年出版的《资本主义、社会主义与民主》一书中最早提出创新与市场结构的关系。其认为，市场中更少的竞争易导致更多的创新，大企业和垄断市场结构对促进创新具有重要作用，在互联网等高科技行业也是如此。在这些行业中，竞争主要

① 参见荆文君：《互联网行业垄断会阻碍创新吗？——兼论熊彼特假说争论的新解释视角》，载《财经问题研究》2021年第7期。

体现在新产品和服务的研发，而非价格或产量的竞争。此时，更少的竞争会使大企业在创新后获得高额利润，从而提升它们参与研发的动力与实力。同时，新进入者试图取代领先供应商的企业之间的创新竞争，也会激励当前的市场领导者在创新方面进行投资以维系其市场地位。并且，垄断不仅为创新提供激励，也为创新提供保障，由于保有利润、实力雄厚和限制性手段的存在，垄断企业足以应对外部的冲击和困难，因而持续的创新得到保障。在完全竞争情况下，企业容易因外部冲击而垮台，持续的创新难以保持，且创新由于利润的耗散而减少价值，因而不值得追求。①

在互联网平台竞争中，互联网平台创新的特性保障了创新的空间和可行性。在平台经济中，技术、产品、服务、商业模式等都可以成为创新点，且数字技术能够快速放大创新收益，从而强化对市场主体的创新激励，有利于平台企业在新技术和商业模式的研发中展开熊彼特式竞争，这意味着集中并不会阻碍互联网平台创新。

（二）阿罗：竞争激励创新

作为对熊彼特观点的回应，阿罗在 1962 年发表的论文中提出了不同观点。他指出，竞争行业要比垄断行业具有更强的创新激励因素，垄断会造成静态和动态效率损失。处于竞争压力下的企业为了超越对手，将努力生产比竞争对手更具优势的产品与服务。并且，在创新竞争中，一种新发明的产品可以使发明企业从竞争对手处夺得销售

① 参见［美］约瑟夫·熊彼特：《资本主义、社会主义与民主》，吴良健译，商务印书馆 1999 年版，第 145 页。

额，带来更高的市场份额和产品产量，从而激励企业创新。垄断者由于其已具有庞大的市场地位和市场占有量，即使不创新也能获得可观的利润，导致垄断者进行研发的动机比处于竞争强度更大的市场时更小。①

并且，在互联网平台经济中，平台企业集中而引发的市场垄断可能从多个方面损害市场主体的创新激励。第一，市场集中可能仍会在一定程度上提高市场进入的门槛，从而损害进入者的创新动力。第二，主导平台企业的“猎杀式并购”（killer acquisition）将严重阻碍市场创新。美国在2020年发布的《数字市场竞争报告》中指出，脸书对Instagram、亚马逊对Diapers. com和Zappos的收购很大程度上是在帮助大型互联网平台企业消除实际或潜在的竞争对手，获得并维持市场支配地位，并认为该行为会阻碍新型竞争对手发展并破坏市场竞争。第三，主导式平台如果一味通过并购初创企业获得创新成果，其自主创新激励也可能大幅降低。②

如上所述，熊彼特—阿罗之争在理论中尚未达成一致意见，无法为市场结构提供最佳控制指导。2021年2月，我国国务院反垄断委员会在发布的《平台反垄断指南》中指出，国务院反垄断执法机构在评估平台经济领域经营者集中的经营影响时，将考虑“经营者集中对技术进步的影响。可以考虑现有市场竞争者在技术和商业模式等创新方面的竞争，对经营者创新动机和能力的影响，对初创企业、新

---

① See Kenneth Arrow, *Economic Welfare and the Allocation of Resources for Invention* (1962), p. 609 - 626.

② 参见周孝：《平台企业横向并购反垄断规制：争议、难点与对策》，载《法治研究》2021年第4期。

兴平台的收购是否会影响创新”。[①] 但是《平台反垄断指南》中并没有明确如何考量和展开经营者集中分析，使这个答案只能聚焦于个案，通过确定特定市场的竞争情况后，对具体案件涉及的反竞争影响进行分析后得出。

三、互联网平台的创新效率抗辩

效率抗辩是《反垄断法》中关于经营者集中控制制度中由经营者提供相关集中的效率证明，是反垄断执法机构进行集中审查时的重要考量因素之一。例如，美国、欧盟等发达国家或地区反垄断执法机构发布的合并指南中都将相关市场界定、反竞争效果分析、市场进入分析、效率分析、破产企业分析等作为经营者集中审查的主要考虑因素。[②] 那么，创新是否可以作为经营者进行抗辩的理由之一在经营者集中审查中被援引？Hall 于 2011 年的研究通过衡量企业创新数量和企业收入，发现创新对生产效率具有显著的经济影响，创新活动提高了企业从投入中获得收入的能力，印证企业创新对效率提升具有积极作用。[③] 我国《反垄断法》关于经营者集中的审查制度中，并没有直接提及创新效率抗辩，但是结合我国互联网平台经济实际及域外反垄断立法与执法经验，增加创新效率抗辩作为经营者集中的审查理由，有助于更好地考量创新带来或可能带来的效率，给经营者进行创新提

---

① 国务院反垄断委员会：《国务院反垄断委员会关于平台经济领域的反垄断指南》，载中国政府网，http：//www. gov. cn/xinwen/2021 －02/07/content_ 5585758. html，最后阅览时间：2023 年 8 月 5 日。

② 参见戴龙：《反垄断法中的相关市场界定及我国的取向》，载《北京工商大学学报（社会科学版）》2012 年第 1 期。

③ See Bronwyn H. Hall，*Innovation and Productivity*（2011），NBER Working Papers 17178，National Bureau of Economic Research，Inc.，p. 15.

供更多机会。

（一）我国的创新效率抗辩制度

根据经济合作与发展组织2005年的定义，“创新是指在商业实践、工作场所或对外关系中实施的新的或显著改进的产品（商品或服务）、流程、营销方法或组织方法”。[①] 创新效率，则指的是企业从事创新所带来的经济效率，属于动态效率，熊彼特认为创新效率对经济增长的贡献比资源配置效率更为显著。根据Hall于2011年的研究，创新可以从以下两个方面提升效率：首先，现有企业的创新可以改善其提供的商品和服务，从而增加需求、降低生产成本，提升效率；其次，新进入的创新型企业因提供更好的产品，可能取代现有效率低下的企业，因此总效率水平也会随之提高。[②] 在创新可以提升经济效率的背景下，一些国家将创新效率纳入经营者集中的审查中，允许实施集中的主体以创新为理由对涉嫌违法的集中行为进行抗辩。

我国2007年《反垄断法》第27条[③]列举了反垄断执法机构在审查经营者集中时应当考虑的各种因素，其中第3项规定了“对市场进入、技术进步的影响”。虽然没有明确提及经济效率，但是“对市

---

① OECD and Statistical Office of the European Communities, Oslo Manual: Guidelines for Collecting and Interpreting Innovation Data, 3rd Edition (2005), available at https://ec.europa.eu/eurostat/documents/3859598/5889925/OSLO－EN.PDF. Last viewed on March 28, 2023.

② See Bronwyn H. Hall: Innovation and Productivity (2011), NBER Working Papers 17178, National Bureau of Economic Research, Inc., p. 4.

③ 我国2007年《反垄断法》第27条规定：“审查经营者集中，应当考虑下列因素：（一）参与集中的经营者在相关市场的市场份额及其对市场的控制力；（二）相关市场的市场集中度；（三）经营者集中对市场进入、技术进步的影响；（四）经营者集中对消费者和其他有关经营者的影响；（五）经营者集中对国民经济发展的影响；（六）国务院反垄断执法机构认为应当考虑的影响市场竞争的其他因素。”

场进入、技术进步的影响”本身即可以视为创新的结果，当然“对市场进入、技术进步的影响”可能并不限于技术或经营模式创新，可以包含更加丰富的内容。由于立法用语的抽象性，我国的立法表述是将创新作为效率抗辩的一个整体进行分析，创新与市场集中度、市场进入壁垒共同作为竞争影响分析的一部分，用以分析集中是否具有或可能具有排除限制竞争的效果。[①] 这在某种程度上难以体现创新对效率影响的重要性，特别是在考虑对国民经济整体影响的综合因素之下，更难以概括得出我国经营者集中审查中创新效率所占的比重。

在2022年6月27日国家市场监督管理总局公布的“关于公开征求《经营者集中审查规定（征求意见稿）》意见的公告”中，要求经营者申报的文件中要明确包括“集中对相关市场竞争状况影响的说明”，其中包括“集中对市场竞争结构、行业发展、技术进步、创新、国民经济发展、消费者及其他经营者的影响”等。更早些时候，由国家商务部制定的《关于评估经营者集中竞争影响的暂行规定》（商务部公告2011年第55号，已失效），其中第8条[②]也规定了经营者集中对技术进步的积极影响和消极影响，可被视为集中者可以援引的创新效率抗辩。但是，经营者集中对创新的积极和消极影响如何在经营者集中的审查中被考虑，是在对集中进行反竞争效果分析时将其

---

① 参见陈一宏：《论经营者集中控制制度中的创新考量》，载《上海法学研究》集刊2020年第15卷。

② 《关于评估经营者集中竞争影响的暂行规定》（已失效）第8条规定：“经营者通过集中，可更好地整合技术研发的资源和力量，对技术进步产生积极影响，抵消集中对竞争产生的不利影响，并且技术进步所产生的积极影响有助于增进消费者利益。集中也可能通过以下方式对技术进步产生消极影响：减弱参与集中的经营者的竞争压力，降低其科技创新的动力和投入；参与集中的经营者也可通过集中提高其市场控制力，阻碍其他经营者对相关技术的投入、研发和利用。”

作为与市场集中度、市场进入等因素并列考虑，还是在得出具有反竞争效果的结论时作为一种抗辩制度，这些疑问尚未明确。

（二）域外的创新效率抗辩制度

与我国相比，欧美发达国家很早就关注创新在经营者集中审查中的抗辩作用。例如，美国在 2010 年的《横向合并指南》[①] 中规定“合并特有的效率”并不局限于经济效率，也包括创新效率。反垄断执法当局可以在效率条款中更多地融入产业政策因素以提升本国产业的国际竞争力，并购带来的技术进步和产业创新等因素也可以作为效率因素纳入反垄断审查的抗辩条款中，从而提升了效率因素在并购审查中的地位。在创新效率的抗辩标准上，美国《横向合并指南》中规定，参与合并方必须证明：第一，效率由合并产生；第二，无其他更有竞争性的替代安排；第三，具有实质性，即创新带来的效率要足以抵销对创新激励的损害和因单边价格效应、竞争活力下降等给消费者带来的反竞争影响。[②]《横向合并指南》同时指出，如果合并导致垄断或近乎垄断，则合并产生的效率就不具有合理性。

---

① See the United States Department of Justice：*Horizontal Merger Guidelines*（09/19/2010）, available at https：//www. justice. gov/atr/horizontal – merger – guidelines – 08192010，last viewed on14 June 2021.

② “the merging parties must show that any claimed innovation synergies are（1）likely to result from the merger，（2）would not be achieved through an alternative arrangement that preserves more competition，and（3）are material，and hence capable in principle of offsetting not only the reduction in innovation incentives caused by the merger，but also the harm to current and future product mar – ket competition and to customers brought about by unilateral price effects（net of any efficiencies in production cost）.”

欧盟2004年的《横向合并指南》[①] 中也明确规定了创新效率抗辩，还特别强调合并可能带来积极的创新效应，这通常在合并方提出的效率主张背景下进行评估。如果有证据表明合并所产生的效率足以抵销或超过其带来的反竞争效果，则该项集中就能够获得反垄断法的豁免。另外，欧盟在执法方面针对创新效率抗辩作出了努力。例如，欧盟委员会于2008年批准了TomTom/TeleAtlas合并案，该合并将一家领先的导航系统生产商与数字地图开发商结合在一起，欧盟委员会认可交易双方声明的对创新效率的显著提升，认为从TomTom的用户处获得的信息将用于改善Tele Atlas地图创建的时效性和质量，而这些与创新相关的效率，至少部分是合并所特有的，并将给消费者带来利益，因此无条件批准两家公司合并。[②]

第二节　互联网平台的VIE架构模式分析

在我国互联网经济发展过程中，国内尚不健全的融资环境，对新兴的互联网经济缺乏相应的制度支撑，使我国早期出现了一类特殊的互联网企业经营模式，即VIE架构（Variable Interest Entities，VIE，又称可变利益架构）。在VIE架构模式下，我国互联网企业首先在境

---

① European Comission：*Guidelines on the Assessment of Horizontal Mergers under the Council Regulation on the Control of Concentrations between Undertakings*，https：//eur－lex. europa. eu/LexUriServ/LexUriServ. do？uri＝OJ：C：2004：031：0005：0018：EN：PDF，last viewed on 14 June 2021.

② See European Communities：declaring a concentration to be compatible with the common market and the EEA Agreement，Case No COMP/M. 4854 － TOMTOM/TELE ATLAS，available at https：//ec. europa. eu/competition/mergers/cases/decisions/m4854＿20080514＿20682＿en. pdf. Last viewed on 28 March 2023.

外（一般选择在税负较低的国家或地区）注册一家实体，该境外主体一方面可以通过更加容易的境外上市门槛获得融资，另一方面又通过协议而非股权关系控制国内的运营实体，以应对互联网行业外商投资和外汇政策的限制。我国早期的互联网平台企业普遍采用 VIE 架构模式，但对于这一模式是否需要事先向国务院反垄断执法机构申报经营者集中，在过往的执法实践中反垄断当局往往采取避而不谈的监管态度。2021 年 2 月，国务院反垄断委员会发布了《平台经济领域反垄断指南》，首次明确涉及 VIE 架构的经营者集中也属于经营者集中反垄断审查范围，经营者须事先申报，体现了反垄断执法当局针对 VIE 架构企业的立场转变。然而，我国针对平台企业 VIE 架构的经营者集中申报制度亟待完善，按照现行经营者集中申报门槛很难说互联网行业中的 VIE 架构符合企业并购。

一、互联网平台的 VIE 架构模式

VIE 架构是境内初创时期的互联网企业为实现境外上市融资而采取的一种返程投资方式。该模式下，境外上市实体与境内运营实体分离，境外上市实体在境内设立全资子公司，该全资子公司在境内不实际开展业务，而是通过协议方式控制境内运营实体，使境内运营实体成为境外上市实体的可变利益实体。通常情况下可变利益实体架构模式有如下三个步骤：第一，境内运营实体的实际控制人在开曼群岛等税负较低的境外设立一家离岸公司用作未来的上市主体；第二，境外上市主体在国内设立一家从事技术服务行业的外商全资子公司；第三，全资子公司以技术咨询公司的身份与国内运营实体签订一系列协议，使得上市主体能够实际拥有并控制境内运营实体，而后者也将全

年税后利润转移给境外上市主体。典型的可变利益实体架构模式如图8－1所示。

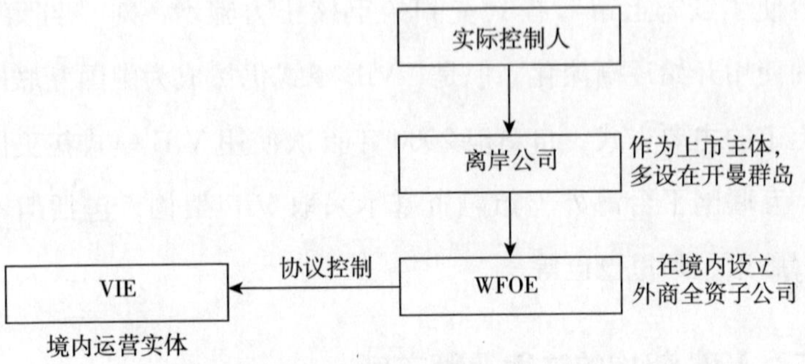

图8－1　VIE架构示意

我国互联网平台企业为实现境外上市早期多数采用可变利益实体架构，这与我国对外投融资相关管理规则有密切联系。在2006年之前，我国企业境外上市的主要方式为红筹模式，即中国企业将境内资产通过换股等形式转移给境外注册的企业，而后以该境外企业作为上市主体进行融资，最终将国内公司变为外资公司。2004年国家外汇管理局发布《国家外汇管理局关于境内居民通过境外特殊目的公司融资及返程投资外汇管理有关问题的通知》（汇发〔2005〕75号）、2006年商务部、中国证券监督管理委员会、国务院国有资产监督管理委员会、国家工商行政管理总局、国家税务总局、国家外汇管理局发布《关于外国投资者并购境内企业的规定》（2006年第10号文）、2007年国家发展和改革委员会联合商务部发布《外商投资产业指导性目录（2007年修订）》开始限制这种所谓“红筹上市”模式，特别是五部委的10号文规定，境内企业设立或控制的特殊目的公司以换股形式并购境内企业须经商务部批准；特殊目的公司在境外上市交易，须获得国务院证券监督管理机构的核准；外国投资者以合法拥有的人民币资产作为并购支付手段，还须经外汇管理机关核准。该规定的出台使“红筹上市”模式受到的审核压力骤增，对“红筹上市”模式的使用开始逐渐淡化。但是，VIE 模式仍然成为中国互联网企业海外上市的主要方式，自新浪 2000 年首次使用 VIE 模式在美国上市以来，互联网平台海外上市融资基本采取 VIE 架构，包括但不限于百度、腾讯、阿里巴巴等。

二、VIE 架构的法律监管态度

（一）《平台反垄断指南》出台前：法律监管的“灰色地带”

在 2021 年 2 月国务院反垄断委员会发布《平台反垄断指南》之前，VIE 模式一直处于反垄断监管的灰色地带。立法层面，对 VIE 架构的监管零散分布于电信、网游、教育等细分行业，但并未单独出台对互联网行业的 VIE 架构限制。

例如，2006 年 7 月原信息产业部出台的《关于加强外商投资经营增值电信业务管理的通知》中规定，我国境内电信公司不得“以任何形式”向外国投资者转让业务经营许可或为其在境内非法经营电信业务提供条件。虽然没有直接提及 VIE，但电信业务管理通知中“不得以任何形式”的表述可以解释为包括 VIE 这一形式。2009 年 9 月新闻出版总署、国家版权局、全国“扫黄打非”工作小组办公室联合发布的《关于贯彻落实国务院〈“三定”规定〉和中央编办有关解释，进一步加强网络游戏前置审批和进口网络游戏审批管理的通知》不仅禁止外商以独资、合资或合作等方式在境内从事网络游戏运营服务，还进一步明确外商不得通过签订相关协议等间接方式实际控制和参与相关业务，但由于作为网络游戏主管部门的文化部、作为外商投资主管部门的商务部以及作为经营增值电信业务许可部门的工信部都未参与，因此该法规并未引起市场的足够关注。2018 年 11 月，中共中央、国务院发布的《关于学前教育深化改革规范发展的若干意见》明确禁止社会资本通过利用 VIE、协议控制等方式控制国有或集体资产举办的幼儿园，并由教育部牵头对违规问题进行清理整治。

VIE 架构作为新兴经济领域出现的一种新型融资和经营模式，立法层面并不统一，从执法层面而言，立法层面的不统一导致对 VIE 架构的执法监管实践难有统一的做法，国内监管部门也对 VIE 架构企业的合法性与否问题语焉不详、态度模糊。对涉及 VIE 架构企业是否符合《反垄断法》的经营者集中审核标准，我国反垄断执法部门没有强制要求相关 VIE 架构企业进行事先申报。

我国立法和执法的模糊态度是因为 VIE 架构模式是符合我国早期的互联网企业生存环境的。处于扩张期的互联网平台企业对资金的需求量大，上市诉求强，但由于国内新兴互联网平台企业在科创板设立前，往往达不到境内交易所上市的盈利要求，无法在境内上市融资；并且，我国对电信、科技行业的外商投资设定了一定的限制，使外商无法直接投资国内互联网行业，国内互联网平台企业也无法获得外资融资。而 VIE 架构为国内互联网平台企业利用境外相对宽松的上市标准获得境外融资提供了相对简便的方式。目前，国内各个细分市场上领先的互联网平台，诸如腾讯、阿里巴巴、百度、携程、美团、滴滴均利用了 VIE 架构进行境外上市融资，并且成功地利用外资促进自身的快速发展。这意味着国内反垄断执法机构早期针对 VIE

架构的放任态度事实上是符合中国当初的市场环境及外资政策的，并有力地推动了我国互联网行业的发展，进而影响经济、就业、科技创新和我国在互联网行业的国际竞争力。

（二）《平台反垄断指南》：默认 VIE 合法展开强监管

2021 年 2 月，国务院反垄断委员会发布的《平台反垄断指南》中，首次明确涉及 VIE 架构的经营者集中属于经营者集中反垄断审查范围。《平台反垄断指南》第 18 条第 2 款规定："经营者集中达到国务院规定的申报标准的，经营者应当事先向国务院反垄断执法机构申报，未申报的不得实施集中。涉及协议控制架构的经营者集中，属于经营者集中反垄断审查范围。"对比之前反垄断执法机构有意回避针对 VIE 企业的反垄断审查，《平台反垄断指南》反映了我国互联网平台经济进入新发展阶段后反垄断执法机构试图加强对 VIE 企业监管的立场转变。

自 2018 年党的十八大以来，党中央国务院作出我国经济进入新发展阶段、构建新发展格局以及促进高质量发展的论断，意味着我国对互联网平台经济进入强监管阶段。整体而言，随着互联网经济的快速发展，互联网平台竞争中产生的问题逐渐受到世界各国的普遍关注，对 VIE 企业加强监管有助于我国更好地控制 VIE 架构的特有风险。

在 VIE 架构下，境内外商独资企业基于合同约定对境内运营实体行使控制权，不具备股权控制架构下相对完备的产权保护机制，特别是公司法赋予的制约机制和救济途径。[①] 并且，VIE 架构涉及境外上市主体的实际控制人和 VIE 的实际控制人的双层委托代理关系（见图 8－2），从经济学角度讲，凡委托代理关系必定存在道德风险（Moral Hazard）。VIE 架构中的双向委托代理关系构成双向道德风险：其一，作为代理人的 VIE 实际控制人有可能在实际操作中侵犯委托人——上市公司的实际控制人的权利，如搬空境内 VIE 的资产，如双威教育事件、[②] 支付宝事件[③]以及新东方事件[④]即为典型代表；其二，上市公司的实际控制人作为投票权代理协议下的代理人，也有可能假借手中的投票权侵害境内 VIE 实际控制人的权益，如 2012 年安

---

① 参见安邦坤、湛晶心、万丽梅：《协议控制架构的特有风险及监管》，载《中国财政》2020 年第 1 期。

② 双威教育于 2007 年以 VIE 架构在美国上市。但 2011 年开始，双威教育内部的控制权争夺越发激烈，中国的管理层和美国投资人之间的矛盾逐渐激化，公司创始人陈子昂等人失去对集团的控制权后，转移了双威教育旗下的境内主要资产，导致新任管理层无法取得公司的实际控制，最终导致其退市，退入美国的场外交易市场。参见法教观察：《教育 IPO 案例 16｜双威教育“被退市”：VIE 有风险，上市需谨慎》，载 https：//mp. weixin. qq. com/s/7JMjebK7tCw5WuIXa－VqJw，最后阅览时间：2023 年 3 月 30 日。

③ 阿里巴巴集团通过 VIE 模式控制浙江阿里巴巴，支付宝于 2009 年 6 月前是阿里巴巴集团控股的外商独资企业。2009 年 6 月和 2010 年 8 月，阿里巴巴集团先后将支付宝 70% 的股权和剩余 30% 的股权转让给浙江阿里巴巴，并在 2011 年第一季度时未经雅虎和软银等股东同意的情况下，单方面终止阿里巴巴集团对浙江阿里巴巴的协议控制，暴露出协议控制的履约风险。参见郭一璟：《从“支付宝事件”析 VIE 模式的法律风险与监管对策》，载《河南司法警察职业学院学报》2014 年第 2 期。

④ 新东方教育科技集团于 2006 年以 VIE 结构在美国上市，2012 年 7 月，新东方宣布通过无对价协议无偿将 VIE 股权 100% 转移到俞敏洪个人控制的实体下，这引发美国证券交易委员对新东方的 VIE 结构调查，浑水做空机构发布了一份长达 90 多页的做空报告，其中提到新东方的 VIE 结构存在重大问题，缺乏控制力。这引发了市场恐慌性抛售，在 SEC 调查事件公布后，新东方单日暴跌 34. 32%。参见邓秋玲：《从 VIE 模式看新东方遭浑水机构做空问题》，载《会计师》2015 年第 11 期。

博教育事件①即暴露出这种风险。因此，加强对 VIE 企业经营者集中的反垄断审查，有助于监管机构对 VIE 企业涉及的具有或可能具有排除、限制竞争效果的经营者集中展开调查，维护消费者利益和社会公共利益。

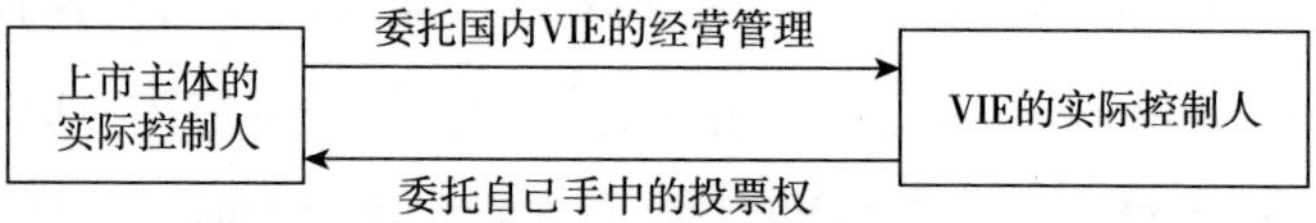

图 8－2　VIE 架构的双重委托代理关系

《平台反垄断指南》第 18 条规定，“涉及协议控制架构的经营者集中，属于经营者集中反垄断审查范围”，这相当于间接承认 VIE 架构的合法性。如上所述，我国反垄断执法机构过往的执法实践显示其不受理 VIE 企业事前提交的经营者集中申报，也没有对 VIE 架构的经营者集中展开审查，对 VIE 架构的合法性问题采取了回避立场。《平台反垄断指南》首次明确了 VIE 架构的经营者集中也属于经营者集中反垄断审查范围，给以前模棱两可的政策监管予以明确的肯定性回复，事实上反而给互联网平台企业吃了一剂安心药。判断经营者集中是否符合《反垄断法》规定的申报标准是经营者集中审查的前提，《平台反垄断指南》明确 VIE 架构企业也须进行经营者集中事先申报，就意味着对 VIE 架构也按照国务院公布的《关于经营者集中审查的申报标准》的审查门槛进行申报和审查。间接承认 VIE 架构的

---

① 安博教育于 2010 年以 VIE 架构于美交所上市，然而 2012 年，公司内部出现股权纠纷、高管离职、重组等一系列风波，公司无法按时提交年报，随后又陷入虚假收购、业绩造假的丑闻，导致被纽交所强制摘牌，执行退市。参见《教育 IPO 案例 11丨安博教育：快速发展背后的“困局”》，载 https：//mp. weixin. qq. com/s/QXfOJOLOKJR_ g0JSKs9uiQ，最后阅览时间：2023 年 3 月 31 日。

合法性，有助于在稳定我国蓬勃发展的互联网经济的同时，加强对VIE架构的互联网平台的经营者集中审查监管，对国内互联网平台开展有效竞争，预防和破解互联网经济部分细分市场的行业垄断，具有一定的积极意义。

三、VIE企业的经营者集中申报标准

（一）现有经营者集中申报标准的缺陷

《平台反垄断指南》规定平台企业集中达到国务院规定的申报标准的，无论是否采取VIE架构，均应事先向国务院反垄断执法机构申报，未申报的不得实施集中。其中，根据2008年《国务院关于经营者集中申报标准的规定》，我国目前采取的经营者集中申报标准是"营业额标准+兜底条款"模式。营业额标准是指经营者集中审查申报制度的启动基准为经营者上一会计年度的营业额，参与集中的企业的上一年度营业额达到该规定第3条[①]的金额时，经营者应事先申报，未申报的不得集中。设置这一基准的目的在于抓大放小，过往经济运行的经验表明，经营额较高的企业往往具有市场支配地位，采用经营额标准有助于将有限的反垄断执法资源集中于可能对相关市场竞

---

① 2008年《国务院关于经营者集中申报标准的规定》第3条规定："经营者集中达到下列标准之一的，经营者应当事先向国务院商务主管部门申报，未申报的不得实施集中：(一) 参与集中的所有经营者上一会计年度在全球范围内的营业额合计超过100亿元人民币，并且其中至少两个经营者上一会计年度在中国境内的营业额均超过4亿元人民币；（二）参与集中的所有经营者上一会计年度在中国境内的营业额合计超过20亿元人民币，并且其中至少两个经营者上一会计年度在中国境内的营业额均超过4亿元人民币。营业额的计算，应当考虑银行、保险、证券、期货等特殊行业、领域的实际情况，具体办法由国务院商务主管部门会同国务院有关部门制定。"

争产生重大影响的交易。除经营额标准外，《规定》第4条[①]还规定在营业额未达到申报标准时，主管机关依职权依法调查的兜底条款。但反垄断法实施的实践中，并未有成熟案例表明执法机关开展了实质性调查，兜底条款基本空设。[②]

目前，我国的经营者集中申报标准难以应对我国互联网经济的实际情况，未能有效筛选对市场竞争和消费者福利具有或可能具有重大影响的经营者集中案件，固定的营业额标准忽视了互联网经济下非财务因素对企业竞争力的影响。例如2016年滴滴收购优步中国案，根据中国IT中心2016年发布的《中国专车市场研究报告》，专车市场内滴滴出行份额为85.3%，优步份额为7.8%，两者合并后占据专车市场超过90%的份额。然而商务部并未收到滴滴和优步中国的经营者集中申报，原因在于优步中国和滴滴出行在上一年度均未实现盈利，没有达到事先申报的营业额标准，故没有申报义务。该案体现了现行的营业额标准在应对互联网平台集中时的局限性，互联网平台发展前期为了占据市场往往采取亏损经营模式，前期很难盈利，然而其基于用户数量、大数据和核心科技所具有的市场竞争力与营业额不相匹配，导致固定营业额标准难以对参与集中的互联网平台所具有的市场影响力进行有效评估，具有一定的局限性。虽然我国规定了审查的兜底条款，但《反垄断法》生效以来，我国反垄断执法机构尚未公开依据此条款查处过并购案件，导致该条款没有发挥实质作用。

---

① 2008年《国务院关于经营者集中申报标准的规定》第4条规定："经营者集中未达到本规定第三条规定的申报标准，但按照规定程序收集的事实和证据表明该经营者集中具有或者可能具有排除、限制竞争效果的，国务院商务主管部门应当依法进行调查。"

② 参见仲春：《我国数字经济领域经营者集中审查制度的检视与完善》，载《法学评论》2021年第4期。

（二）我国经营者集中申报标准的改进

完善我国经营者集中的申报标准可以适当参考域外反垄断实践。目前，国际上存在两种主流的反垄断合并审查方法，大多数司法辖区以达到预定阈值作为启动经营者集中审查的条件，阈值通常设置为营业额标准，我国采取的即为此方式。而以美国为代表的审查机制则相对灵活，根据美国反托拉斯改进法案（Hart-Scott-Rodino Antitrust Improvements Act），美国的经营者集中申报门槛同时采用营业额标准和交易额的双标准（见表8－1）。并且，即使交易没有达到美国反托拉斯改进法案所规定的相应交易规模和营业额标准，根据《克莱顿法》第7条，在一项交易可能大幅减少相关市场的交易时，反垄断执法机构也可以进行审查。[①]

采取交易额标准与营业额标准这一双标准的优势在于：一方面，企业的交易额能够将互联网平台经营者没有体现在营业额上的竞争力因素包含在内，因为基于理性经营者的考虑，企业竞争力因素将被包含在交易的对价中，故而可以弥补营业额标准在互联网平台经营者集中控制上的缺陷；另一方面，交易额可以通过经营者的交易合同或其他交易凭据直接确定，获取方式便捷准确，更便于反垄断执法机构调查执法。[②] 因此，在标准设置层面考虑增设交易额标准补以充现有审查标准，有助于进一步完善我国经营者集中审查制度，推动平台经济

---

① 参见仲春：《我国数字经济领域经营者集中审查制度的检视与完善》，载《法学评论》2021年第4期。

② 参见汤玉喜、李鑫：《对互联网经济下经营者集中的控制：困境与调适》，载《黑龙江生态工程职业学院学报》2021年第4期。

的健康发展。

表 8-1 美国经营者集中申报门槛

交易方规模测试	
交易规模大于 9400 万美元且小于等于 3.76 亿美元	交易一方（或其最终母公司）的总资产或年度净销售额大于或等于 1.88 亿美元，且： 交易另一方（或其最终母公司）的总资产或年度净销售额大于或等于 1880 万美元
交易规模大于 3.76 亿美元	无论交易方规模大小，均须进行申报

2024 年 1 月 22 日，国务院公布了新的《国务院关于经营者集中申报标准的规定》，对 2008 年《国务院关于经营者集中申报标准的规定》进行修改，2024 年新规定第 3 条提高了经营者集中申报标准，把旧规定中的所有经营者全球范围内营业额从 80 亿元提高到 120 亿元人民币，把中国境内参与合并至少两个经营者的营业额从 4 亿元提高到 8 亿元人民币；把所有参与集中的经营者中国境内营业额从 20 亿元提高到 40 亿元人民币，其中至少两个经营者在中国境内营业额从 4 亿元提高到 8 亿元人民币。新规定第 4 条规定了在没有达到第 3 条申报标准但有证据证明该经营者集中具有或者可能具有排除、限制竞争效果的，国务院反垄断法执法机构可以要求经营者申报。第 5 条规定经营者未依照上面第 3 条和第 4 条规定进行申报的，国务院反垄断机构应当依法进行调查。

这次国务院发布的新的申报标准只是提高了相应的营业额标准，但并未采用集中申报的交易额标准，也未采用 2022 年 6 月国家市场监督管理总局公布《国务院关于经营者集中申报标准的规定》（修订草案征求意见稿）中确定的市值或估值标准。[①] 这表明，我国最终采取了相对保守的做法，维持了和旧申报标准体系的一致性，只限于提高了申报门槛，并未进行实质性的申报门槛标准的调整。

第三节　互联网平台的扼杀式收并购规制

近年来，全球主要数字平台掀起了针对初创企业和新生企业的并购浪潮，引发各国反垄断执法机构的竞相关注。传统理论认为，对尚不具有一定市场规模的企业实行的并购并不会产生显著的竞争损害和市场结构的变化，反垄断法无须对此进行干预和控制；相反，此种并购可以促使更擅长运用技术的大企业获得创新技术，从而实现协同效应和专业化，促进创新和社会的整体福利。然而，当本身具有市场支配地位的数字平台持续并购创新型初创企业，并演化为一种旨在消除潜在竞争和创新、巩固和维持数字平台市场支配地位的策略手段时，就可能具有排除、限制竞争的效果。"扼杀式并购"正是这一行为的典型代表，主要指大型平台企业不断收购中小型科技初创企业和新生企业，并且在收购之后完全关闭或终止目标企业的产品，这种并购行为可能对行业的创新和竞争造成不可挽回的损害。一方面，平台企业通过并购将不断增加自身的服务并获得更多包含个人信息的大数据，

---

① 2022 年 6 月国家市场监督管理总局公布的《国务院关于经营者集中申报标准的规定》（修订草案征求意见稿）第四条规定：经营者集中未达到本规定第三条规定的申报标准，但同时满足下列条件的，经营者应当事先向国务院反垄断执法机构申报，未申报的不得实施集中：（一）其中一个参与集中的经营者上一会计年度在中国境内的营业额超过 1000 亿元人民币；（二）本规定第二条第一项所规定的合并其他方或第二条第二项和第三项所规定的其他经营者市值（或估值）不低于 8 亿元人民币，并且上一会计年度在中国境内的营业额占其在全球范围内的营业额比例超过三分之一。

根据网络效应增加用户的转换成本，进一步巩固其市场支配地位；另一方面，拥有创新技术的初创企业的竞争潜力无法反映在市场规模中，因此对创新企业的并购容易逃脱目前反垄断的事前审查，而大型互联网平台将通过其支配地位干预市场投资和创新进程，将使创新者的进入变得异常困难。

因此，在对互联网平台企业的反垄断执法中，应特别关注大型互联网平台企业对潜在竞争对手的收购或合并，严格限制扼杀创新企业以维持自身垄断地位的反竞争行为。《平台反垄断指南》对此表明了关切，其第19条第3款[①]明确规定“参与集中的一方经营者为初创企业或者新兴平台”的，即便未达到法定的申报标准，国务院反垄断执法机构也会高度关注，并对具有或者可能具有排除、限制竞争效果的，将依法进行调查处理。这有利于防止大型平台企业凭借资本优势无序扩张，扼杀创新企业。然而，在反垄断法的制度框架下如何识别并有效规制具有反竞争效应的初创企业并购，还需进一步探索具体的制度设计。

一、防范互联网平台扼杀式收并购的域外经验

（一）美国互联网平台扼杀收并购的反垄断法规制

2020年10月6日，美国众议院司法委员会下属的反垄断小组委员会正式公布《数字化市场竞争报告》（Investigation of Competition

① 《平台反垄断指南》第19条第3款规定：“国务院反垄断执法机构高度关注参与集中的一方经营者为初创企业或者新兴平台、参与集中的经营者因采取免费或者低价模式导致营业额较低、相关市场集中度较高、参与竞争者数量较少等类型的平台经济领域的经营者集中，对未达到申报标准但具有或者可能具有排除、限制竞争效果的，国务院反垄断执法机构将依法进行调查处理。”

in the Digital Markets)。报告对 2019 年 6 月 3 日启动的针对 Facebook、谷歌、亚马逊、苹果四大互联网平台企业的数字化市场调查进行了分析和总结，最终得出四大互联网平台企业利用其垄断地位打压竞争、压制行业创新的结论，并对反垄断法改革提出建议。

《数字市场竞争报告》中提出四大互联网平台企业存在“扼杀式收购行为”(killer acquisition)，如脸书对 Instagram 和 WhatsApp 的收购、亚马逊对 Diapers. com 和 Zappos 的收购、谷歌对 YouTube 和 Double Click 的收购、苹果对 Shazam 的收购，并认为这类扼杀式收购很大程度上帮助大型互联网平台企业消除了实际或潜在的竞争对手，获得并维持市场支配地位，并认为该行为会阻碍新型竞争对手的发展并破坏市场竞争。

因此，报告在修改反垄断法的建议中就扼杀式收购行为向国会提出一系列建议。第一，考虑将平台企业的收购行为推定为违法，除非合并方能够证明交易对维护公共利益是必要的，并且通过内部增长和扩展无法实现类似利益。将举证责任转移到并购方，有助于促进诉讼资源分配，增加反竞争性合并被阻止的可能性。第二，建议加强《克莱顿法》以强化初始审查标准，禁止大型互联网平台企业通过收购潜在竞争对手和新生竞争对手以削弱竞争或增强市场势力，并购方需要证明不会对潜在竞争或新生竞争产生损害。第三，建议国会审查有关加强纵向合并法律的提案，针对纵向合并的具体行为类型考虑如何进行结构性推定。①

---

① Commission of the Judiciary, Investigation of Competition in Digital Markets, 2020, available at https：//www. govinfo. gov/content/pkg/CPRT - 117HPRT47832/pdf/CPRT - 117HPRT47832. pdf. Last viewed on 28 May 2023.

作为相应的配套立法活动，2021 年 6 月，美国众议院公布旨在限制大型数字平台垄断的 6 项草案，包括《终止平台垄断法案》《美国创新与选择在线法案》《平台竞争和机会法案》《通过启用服务切换法案》《并购申报费用现代化法案》《州反垄断执法场所法案》。[①]美国众议院司法委员会采取分别立法思路，从滥用市场地位、兼并收购和消除数据流动壁垒三个主要方面对大型互联网平台的垄断现象进行立法规制。[②] 其中，针对扼杀式收并购行为，《平台竞争和机会法案》主要规定了禁止法案所涵盖平台收购其他公司，除非该平台可以证明：目标公司与平台没有竞争，目标公司不是平台的新生或潜在竞争者，收购不会提高平台现有的市场地位，或者收购不会增强平台保持市场地位的能力。[③] 该法案所涵盖的平台范围包括：在美国拥有至少 5000 万月活跃用户或至少 10 万月活跃商业用户，年净销售额或市值超过 6000 亿美元，或者是平台产品或服务销售提供的关键贸易伙伴。[④] 脸书、谷歌、亚马逊和苹果公司都落入了该法案所涵盖的平台范围，在日后进行合并或收购时，这些公司需提供明确和令人信服的证据，以证明其交易不属于上述任何禁止类别。法案严格的证据要求有助于对大型互联网平台的扼杀式收并购行为产生抑制作用，以确

---

① 参见网络交易监督管理司：《欧美数据开放规制情况》，载 https：//www. samr. gov. cn/wljys/ptjjyj/202206/t20220609_ 347661. html，最后阅览时间：2023 年 3 月 30 日。

② 参见刘传平、徐鹏：《美国数字平台反垄断立法动向与借鉴》，载《电子政务》2022 年第 12 期。

③ See 117th Congress. H. R. 3826，Platform Competition and Opportunity Act of 2021，https：//www. congress. gov/bill/117th – congress/ house – bill/3826/text. Last viewed on 30 May 2023.

④ See Summary：H. R. 3826 – 117th Congress （2021 – 2022），https：//www. congress. gov/bill/117th – congress/hou Cse – bill/3826. Last viewed on 30 March 2023.

保少数科技巨头不会依据显著市场力量限制创新。

除美国众议院针对互联网平台巨头垄断问题立法外，美国参议院也加快了平台竞争监管的立法步伐。美国参议院于 2021 年 2 月和 8 月分别提出《2021 年竞争与反垄断执法改革法案》和《2021 年开放应用市场法案》两部草案，旨在全面改革美国的反垄断框架和反垄断理念，在执行层面进一步增强了反垄断执法力量。其中，针对合并行为，《2021 年竞争与反垄断执法改革法案》加强对反竞争合并的监管。其在《克莱顿法》框架下新增条款，禁止造成“实质损害风险”的“排他性行为”，从而禁止实质损害竞争或限制竞争机会的合并行为，此外，对于大幅提高市场集中度的合并、具有市场支配力的企业（超过 50% 市场份额或具有显著的市场控制力的企业）的合并，或者市值超过 50 亿美元的大型合并，《2021 年竞争与反垄断执法改革法案》将证明合并是否合法的责任转移至合并方，合并参与方必须证明合并不会造成实质削弱竞争的风险，也不会造成垄断。法案还规定在联邦贸易委员会设立独立的支持竞争办公室，以加强反垄断执法力量，对潜在违法行为推进举报激励制度等。[①] 新法案通过加强合并审查和执法力量，将给脸书、谷歌等大型互联网公司带来更大的监管风险，同样有助于遏制其通过扼杀式并购寻求市场主导地位。

---

① See 117th Congress，S. 225 - Competition and Antitrust Law Enforcement Reform Act of 2021，https：//www. congress. gov/bill/117th - congress/senate - bill/225/text （last visited on February 30，2023）. See also，117th Congress，Summary：S. 225 — 117th Congress（2021 - 2022），https：//www. congress. gov/bill/117th - congress/senate - bill/225 （last visited on February 30，2023）.

（二）欧盟互联网平台扼杀收并购的反垄断法规制

2022年7月5日，欧洲议会以压倒性多数分别通过了具有里程碑意义的两项法律：DSA和DMA，其中DMA已于2022年11月1日生效，并于2023年5月2日正式实施；DMA已于2022年11月16日生效，并于2024年2月17日全面实施。两法均对互联网环境下的竞争行为进行规制，目标是形成一个公平开放的数字市场。具体而言，DMA主要规制守门人的不公平竞争行为，其引入“守门人”的概念，对符合标准的大型互联网平台进行反垄断规制；DSA则主要约束中介服务提供者，旨在对欧盟境内在线中介服务提供者的权利义务进行规制，以打造更安全、明确的在线服务环境。

根据DMA第3条第1款，“守门人”是指提供核心平台服务、由欧盟委员会指定的、满足以下三项条件的经营者：对内部市场有重大影响，提供的核心平台服务是商家接触终端用户的重要渠道，以及已拥有或可以预期即将拥有稳固持久的市场地位。[①] 针对三项条件，DMA设定了具体的界定标准，如表8－2所示。

表8－2　欧盟DMA中对“守门人”的认定标准

序号	“守门人”的认定条件	推定属于“守门人”的标准
1	对内部市场有重大影响	在过去的3个财年中，每年在欧盟内的年营业额不低于75亿欧元，或者在过去1个财年中，平均市值不低于750亿欧元，且向至少三个成员国提供相同的核心平台服务

① 参见洪莹莹：《欧盟〈数字市场法〉及其对中国的启示》，载《上海政法大学学报（法治论丛）》2023年第2期。

续表

序号	“守门人”的认定条件	推定属于“守门人”的标准
2	提供的核心平台服务是商家接触终端用户的重要渠道	公司运营的核心平台服务在上一财年有超过4500万欧元的月活跃欧盟终端用户或1万的年活跃欧盟商家； 核心平台服务种类为以下10类之一：在线中介、在线搜索引擎、在线社交、视频共享平台、独立于号码的人际通信、操作系统、浏览器、虚拟助理、云计算，以及与前述服务有关的在线广告服务
3	已拥有或可以预期即将拥有稳固持久的市场地位	在过去三个财年中均符合第二项认定条件

根据DMA第3条，若提供核心平台服务的企业符合上述标准，应在满足条件后的两个月内立即通知欧盟委员会，欧盟委员会将在收到通知信息后的45个工作日内指定符合条件的平台为“守门人”。若提供核心平台服务的企业未按时通知欧盟委员会，欧盟委员会仍有权根据获得的信息指定该企业为“守门人”。若企业有充分理由证明其不符合“守门人”标准，可以向欧盟委员会提出反驳，在有理由推翻指定的情况下，欧盟委员会应启动调查，并在5个月内作出结论。

对于扼杀式并购的反垄断规制，DMA第14条规定，“守门人”的收购、合并行为，若涉及另一核心平台服务提供者或在数字领域提供任何其他服务的服务提供者，“守门人”均应事先通知欧盟委员会，即使这些集中并未达到申报标准或者不影响成员国之间的交易。守门人应在签订集中协议、宣布公开招标或收购股权之后，在实施此类集中之前，通知欧盟委员会交易的具体信息，包括交易价值或估价、交易性质和理由、相关核心平台服务提供者的年营业额、年活跃业务用户数和月活跃终端用户数等。[①] 据此，达到“守门人”条件的核心平台服务提供者对初创企业的收并购将需要通报欧盟委员会，若“守门人”未根据第 12 条的规定进行申报，将面临最高上一财年总营业额 1% 的罚款。通过对“守门人”的特别约束，《数字市场法》强化了对科技巨头的监管，从而有助于中小企业和初创企业的发展成长，确保数字市场的公平性和开放性。

（三）其他国家的相关规定

在欧盟内部，针对数字企业的并购特点，德国和奥地利率先修订本国法律，从 2017 年起引入以合并交易的对价为标准的企业并购审查辅助门槛，规定审查条件并不取决于交易双方的营收，而在于并购交易的价值。同时，德国和奥地利两国还共同发布了《强制性事前并购申报交易额门槛指南》，[②] 根据该指南，引入该门槛的目的在于将营业额与并购价格之间差异过大的交易纳入预防性审查范围，从而保护具有强大市场潜力的初创企业和小型企业，因为较高的交易价格往往代表目标公司的商业理念或经营模式具有创新性和强大的市场潜力。根据合并对价标准，即使目标公司的营业额目前低于并购审查门槛，但被高价收购，则执法机关仍可依据竞争法审查该交易。交易价格的认定可以包括多种要素，诸如现金、固定资产、股份、证券、无

---

① See EU Commission, Digital Markets Act, available at https://eur-lex.europa.eu/legal-content/EN/TXT/PDF/?uri=CELEX:32022R1925. Last viewed on 30 May 2023；秦勇、宋丽玉：《平台经济领域扼杀式并购的反垄断规制》，载《南方金融》2022 年第 4 期；胡飞：《平台企业并购反垄断规制研究》，载《中国物价》2022 年第 7 期。

② 参见龙睿等：《德奥〈强制性事前并购申报交易额门槛指南〉》，载《经济法论丛》2019 年第 1 期。

形资产等。通过纳入合并对价标准，德奥两国得以加强对市场领先企业收购初创企业的监管能力，保护小型参与者参与市场竞争。[①]

除增加合并对价标准外，一些国家授予反垄断执法机构对未达到申报标准的并购进行事后调查和审查的权力。例如，《日本禁止垄断法》第 17 条规定，公正交易委员会有权对未达到申报标准的经营者集中发出中止令或终止令，[②] 并明确“如果某一公司收购或业务合并的规模足够大，会对买方收购的进程进行反垄断调查，特别是面向初创企业的收购”。[③] 除日本外，英国、加拿大、巴西等国家的反垄断执法机构都有事后审查的权力，通过构建合理有效的事后控制机制，对大型数字平台的扼杀式并购行为进行威慑。

二、我国防范平台经济扼杀式收并购的制度完善建议

相较于西方发达国家，我国政府在平台经济反垄断领域尚处于探索阶段，预防和防范扼杀式收并购行为的措施尚不够完善，亟须探索建立适合国情的反垄断监管体系。总体来看，今后我国在包容审慎监管中应当对大型平台强化监管、对中小平台特别是初创平台应弱化监管并强化服务保障，帮助中小初创平台快速成长，增强核心竞争力，切实提高中小初创平台抵御大型平台的能力，杜绝平台经济扼杀式收购行为的发生。

---

① 参见赵丰：《欧盟数据驱动型企业扼杀式并购的监管发展及启示》，载《电子政务》2022 年第 6 期。

② 参见刘桂清：《大型数字平台猎杀式并购初创企业的反垄断规制难题与破解进路》，载《吉首大学学报（社会科学版）》2022 年第 5 期。

③ 周平尔、倪建伟：《发挥政府有效作用预防平台经济扼杀式并购》，载《经济参考报》2021 年 4 月 6 日，第 7 版。

第一，加强对扼杀式并购行为的事前监管。建立并完善平台企业经营者集中申报商谈制度。制定更加科学、系统的平台经济领域经营者集中申报制度。降低平台经济领域经营者集中申报门槛，适当提高对违法实施经营者集中行为的罚款以更好地发挥威慑作用。2022 年《反垄断法》第 58 条规定，经营者违法实施集中，且具有或者可能具有排除、限制竞争效果的，国务院反垄断执法机构可以采取结构性救济或行为性救济措施，处罚上一年度销售额 10% 以下的罚款；不具有排除、限制竞争效果的，处 500 万元以下的罚款。自 2020 年中央经济工作会议提出“加强反垄断，防止资本的无序扩张”以来，我国反垄断执法机构严格审查大型互联网平台已经实施的收购案，特别是对大型平台收购中小型初创平台，并对数十起集中行为处以 50 万元以下不等的罚款。今后，我国仍然需要严格按照经营者集中申报制度执行，综合考量合并后对市场竞争局势的影响。同时要深入调查涉及协议控制的经营集中，防范扼杀式并购行为的发生。

第二，赋予初创平台企业一定期限的特定权利。首先，构建权责对等的初创平台企业培育制度。对于初创中小型平台，政府应当给予政策优惠，促进其快速发展，在享受权利的同时督促初创平台履行维护市场公平竞争、保护消费者合法利益的责任。在保护中小平台能够自觉履责的前提下，考虑在新兴领域优先开放对中小平台的准入权，允许中小平台先于大型平台进入新领域，快速建立市场、培育客户，确保中小平台有充足的发展空间，待时机成熟，再允许大型平台参与竞争。其次，在现有领域对初创平台实行短期内部分垄断行为豁免制度，在初创企业起步阶段，允许其用低于成本价格销售，保障初创企业能够形成一定的市场影响力。同时，考虑到一些初创企业起步阶段实力不足的情况，可以采用“限定主动并购时间”的措施，即在平台起步的一定时间阶段内，允许初创中小平台之间自由并购以提升初创平台规模，增强平台竞争力。

第三，支持初创平台企业提高市场竞争力。在保障资金方面，应给予中小平台企业一定的税收优惠政策，拓宽平台经济融资渠道、鼓励商业银行为中小平台企业进行融资，确保初创平台能够筹得充足的资金参与竞争；在提升创新活力方面，建议设置创新奖励机制，激励初创平台主动创新，积极引导科研团队与初创平台合作，增强初创平台的创新能力；在获取资源能力方面，政府可以组织搭建数据共享交流平台，将可分享的合法数据上传分享，弥补中小初创平台相较于大型平台在数据资源获取上的劣势。

第四节 互联网平台企业集中的案例分析

一、Facebook 收购 Whatsapp 案

2014 年 2 月 19 日，Facebook 宣布以 190 亿美元全资收购移动即时信息应用 Whatsapp，这是 Facebook 创立 10 年来最大规模的一次收购。Whatsapp 是一款跨平台用户通信应用程序，其与 Facebook 旗下的用户通信应用程序——Facebook Messenger 存在竞争关系，对 Whatsapp 的收购将帮助 Facebook 公司进一步拓展在移动通信市场的业务，但也引发了各国政府和市场主体对此次收购将会进一步巩固 Facebook 在社交网络市场的支配地位的担忧。

美国联邦贸易委员会于2014年3月13日对该收购案展开初步调查。[①] 在初步审查后，美国联邦贸易委员会并没有对收购案展开全面调查，即于2014年4月10日批准了该交易，同时建议Whatsapp“必须继续履行”其对用户隐私数据安全的承诺，“不遵守有关隐私的承诺将构成《联邦贸易委员会法》第5节规定的欺诈行为”。[②]

2014年9月，欧盟委员会通过开始对Facebook收购Whatsapp的提议进行审查。然而，Whatsapp的营业额没有达到欧盟合并规制门槛，如上文所述，互联网平台的营业额无法反映公司价值，如滴滴等公司虽然在网约车市场拥有支配地位，但其营业额尚未达到申报标准。[③] 为解决此问题，欧盟通过案件移送制度对该收购案进行了审查。在审查中，Facebook告诉欧盟委员会其计算Facebook Messenger和Whatsapp在2014年2月的合并份额约占欧洲市场的36%，因为使用多个具有相似功能的应用程序是通信市场的一个关键特征，“大约70%的消费者至少平行使用2款通信应用程序，43%的用户至少平行使用3款”。[④]

最终，欧盟委员会于2014年10月3日无条件批准了该项收购，并表示“Facebook Messenger和Whatsapp并不是紧密的竞争对手，

---

① Commission of the Judiciary, Investigation of Competition in Digital Markets, 2020, available at https://www.govinfo.gov/content/pkg/CPRT-117HPRT47832/pdf/CPRT-117HPRT47832.pdf. Last viewed on 28 March 2023.

② Letter from Jessica Rich, Dir., Bur. of Consumer Protection of the Fed. Trade Comm'n, to Erin Egan, Chief Privacy Officer, Facebook, & Anne Hoge, Gen. Counsel, WhatsApp 1-2 (Apr. 10, 2014), available at https://www.ftc.gov/system/files/documents/public_statements/297701/140410facebookwhatappltr.pdf. Last viewed on 28 May 2023.

③ 参见詹馥静、王先林：《反垄断视角的大数据问题初探》，载《价格理论与实践》2018年第9期。

④ Production of Facebook, to H. Comm. on the Judiciary, FB-HJC-ACAL-00042161 (on file with Comm).

交易完成后消费者将继续有可广泛选择的通信应用程序”。[①] 尽管欧盟委员会指出，通信应用程序具有网络效应，但它得出结论，认为Facebook在并购后将继续面临充分竞争。欧盟委员会承认社交网络和短信应用之间存在重叠，并指出这些应用程序之间的区别正在“变得模糊”。[②] 但是欧盟得出的最终结论是，社交网络服务通常比通信应用提供更多的社交功能，比如评论或点赞其他用户的发帖和照片，而通信应用的功能有限，更注重即时沟通。

欧盟委员会在并购案的审查中没有得出任何有损竞争的结论，并非Facebook收购Whatsapp没有损害竞争的威胁，而是从侧面反映了目前国际社会针对互联网平台并购审查制度中普遍存在的弱点。2016年8月，Whatsapp更新了用户政策，允许将Facebook用户身份与Whatsapp用户的电话号码相关联，有证据证明Facebook在进行收购交易时已经打算创建该功能。这一举措引起欧盟委员会的关注，欧盟委员会以Facebook在委员会进行交易审查期间提供了“不正确或误导性信息”为由，对Facebook处以1%年营业额及1.1亿美元的罚款。[③]

二、滴滴出行收购优步中国案

2016年8月1日，滴滴出行宣布与Uber（优步）全球达成战略

---

① Press Release, Eur. Comm'n, Mergers: Commission approves acquisition of WhatsApp by Facebook (Oct. 3, 2014), https://ec.europa.eu/commission/presscorner/detail/en/IP_14_1088. Last viewed on 30 February 2023.

② Facebook/WhatsApp Android (Case M.7217) Commission Decision No. 139/2004 [2014], para. 52, https://ec.europa.eu/competition/mergers/cases/decisions/m7217_20141003_20310_3962132_EN.pdf. Last viewed on 30 February 2023.

③ Press Release, Eur. Comm'n, Mergers: Commission fines Facebook €110 million for providing misleading information about WhatsApp takeover (May 18, 2017), https://ec.europa.eu/commission/presscorner/detail/en/IP_17_1369. Last viewed on 30 April 2023.

协议，滴滴出行将收购优步中国的品牌、业务、数据等在中国运营的全部资产。同时，滴滴和优步全球将按照战略协议相互持股。依据智库数据报告，在2015年第4季度，滴滴出行、优步中国分别占据中国境内84%和17.5%的客户数量。优步中国是滴滴出行在中国市场的主要竞争对手，两者的合并引发市场对网约车市场垄断的关注。

根据商务部2017年8月2日发布会的发言，滴滴和优步中国合并并未就经营者集中问题进行申报。对此滴滴公司说明的原因为上一个会计年度滴滴出行和优步中国在中国均实现盈利，除此之外，优步中国没有达到申报标准，因此不符合申报条件。商务部于9月2日的新闻发布会上进一步表示已就滴滴公司合并未申报问题约谈两次，并正在根据有关法律法规依法调查滴滴出行收购优步中国是否涉嫌垄断。但是，至今国家市场监督管理总局反垄断局没有披露对该收购案的调查结果。①

如上文所述，2008年《国务院关于经营者集中申报标准的规定》第3条规定的经营者集中的申报标准，采用的是营业额标准，以参与集中主体在全球或者中国境内的上一会计年度营业额计算是否需要事先向主管部门申报。② 根据《21世纪经济报道》2020年9月的报道，

---

① 参见央视网：《滴滴优步合并一周年 商务部：反垄断调查仍在进行》，载http://jingji.cctv.com/2017/07/27/ARTIjkEFCfWw2aMMRbyk39oW170727.shtml，最后访问日期：2023年3月28日。

② 2008年《国务院关于经营者集中申报标准的规定》第3条规定：“经营者集中达到下列标准之一的，经营者应当事先向国务院商务主管部门申报，未申报的不得实施集中：（一）参与集中的所有经营者上一会计年度在全球范围内的营业额合计超过100亿元人民币，并且其中至少两个经营者上一会计年度在中国境内的营业额均超过4亿元人民币；（二）参与集中的所有经营者上一会计年度在中国境内的营业额合计超过20亿元人民币，并且其中至少两个经营者上一会计年度在中国境内的营业额均超过4亿元人民币。营业额的计算，应当考虑银行、保险、证券、期货等特殊行业、领域的实际情况，具体办法由国务院商务主管部门会同国务院有关部门制定。”

优步全球计划以 63 亿美元出售其持有的 5.89% 滴滴股权，根据这些股权的售价推算，滴滴的估值已超过 1000 亿美元。[①] 为何估值远超《国务院关于经营者集中申报标准的规定》中规定的经营者集中申报标准的合并案并没有申报和查处？原因就是营业额算法问题。滴滴出行和优步中国作为互联网约车平台，在合并当时两者均属于未上市公司，双方的营业数据暂未对外界公布，因此如何计算两者上一年度的营业额是反垄断机构面临的首要问题。另外，现行法律没有规定如何计算网约车平台营业额。营业额是否仅包含平台获得的服务费，还是同时包含税费、网约车司机费用这些消费者支付的费用？如果仅以平台获得的服务费计算平台的营业额，那么滴滴出行并没有达到经营者集中的申报标准；如果将税费、网约车司机费用和平台费用同时纳入营业额计算范围，则将达到申报标准，触发反垄断执法机构的经营者集中审查。根据 2009 年《经营者集中申报办法》（已失效）第 4 条中的规定[②]，营业额的组成部分应包括扣除税金及其附加后的其他全部收入，以司机所获费用与平台服务费合并计算滴滴出行营业额的方式更为合理，滴滴公司应就合并向当时负责经营者集中审查的商务部申报。但在审慎监管和 VIE 架构背景下，商务部对互联网平台经营者集中进行审查时，条件予以放宽将有利于持续营造互联网行业创新、自由的环境，持续促进互联网平台经济的健康发展。

---

① 参见 21 世纪经济报道：《持续亏损，Uber 也要断臂自救！准备卖掉价值 60 亿美元滴滴股权?》，载 https：//mp. weixin. qq. com/s？_ _ biz = MjI3Njc0NTk4MQ = = &mid = 2650047165 &idx = 2&sn = 7963308b 00c7646280f3631a4ef71c94&chksm = b78bb72f80fc3e39ecfacedd4bc58c1dc2d5c3d38d251ff8c91f68a150cc216227355fa5a0fe&scene = 21#wechat_ redirect，最后访问日期：2021 年 8 月 16 日。

② 《经营者集中申报办法》第 4 条第 1 款规定：“营业额包括相关经营者上一会计年度内销售产品和提供服务所获得的收入，扣除相关税金及其附加。”

第五节 小　　结

数字经济在运行中表现出的不同于传统经济的创新特征，推动形成了互联网平台“赢家通吃”的垄断局面。互联网平台集中和垄断，是否会阻碍创新，从而导致消费者利益和社会公共利益的减损，长期以来产生了熊彼特与阿罗之间关于“市场结构与竞争之关系”的经济学理论之争。近年来，互联网平台的一系列创新性竞争行为，如VIE架构、扼杀式并购，对各反垄断辖区的经营者集中规制形成重大挑战。随着新布兰代斯学派为代表的新思潮兴起，近年来各国普遍加强了数字经济领域反垄断执法力度，加快制定和完善反垄断规则体系，加强反垄断执法力度，对大型互联网平台的排除限制竞争行为进行规制。我国应积极推动《反垄断法》的有效落实，同时借鉴国外的改革思路，完善相应配套规则，持续提升对创新性的垄断行为的识别能力和救济效率，探索出适应我国统一大市场监管格局下的新型反垄断执法体系，促进互联网平台的健康发展。

第九章　竞争政策视野下互联网平台规制的法律协调

数字平台企业的竞争与垄断问题对传统竞争理论和法律规制构成严峻挑战，近年来世界主要经济体均加大对这一问题的研究，通过立法或强化执法加强对互联网头部企业的监管。我国涉及竞争监管的法律包括《反垄断法》《反不正当竞争法》《电子商务法》和国务院反垄断委员会颁布的指南与其他部门规章等，但是现有的法律法规在适用于数字平台的竞争和垄断问题时存在难以适应的问题。对数字平台市场中的竞争与垄断规制问题，应秉持包容审慎和依法监管的原则，在鼓励数字经济创新发展的同时，发挥平台行业自律和社会协同监管的作用，提高竞争执法机关的执法能力和水平，在维护公平竞争的同时，需要把促进公平交易作为数字平台监管的新理念，加快平台竞争行为治理的规则制定。

第一节　我国关于平台竞争与垄断问题的应对方针

一、深入研究，加强对平台经济领域垄断问题的认识

近年来，数字经济领域的平台竞争与垄断问题引发世界各国的广

泛重视，一些国际组织启动了针对数字经济领域垄断问题的调查和研究。例如，经济合作与发展组织很早就启动关于竞争政策的研究，发布了大量的报告或论文集，其中不乏有很多涉及数字经济领域竞争政策分析的成果。① 世界银行在其2016年度世界发展报告中聚焦数字经济发展，分析了数字经济给世界各国带来的机遇，同时也分析了数字经济给各国带来的包括垄断问题在内的各项监管挑战。② 世界贸易组织在其2018年年度报告中，详细分析了世界贸易发展的未来，特别是分析了数字技术改变全球商业的逻辑及其给各国带来的挑战。③ 联合国贸易发展会议长期重视竞争政策方面的研究，2019年针对数字经济产生的数据价值链和发展机会，分析了其给不同国家带来的不平等和权力失衡，呼吁各国需要调整现有的政策、法律和法规。④

世界主要经济体也早就开始关注数字经济带来的竞争监管方面的挑战，开展了大量涉及数字平台竞争、大数据、人工智能等方面的研究。2020年10月，美国众议院司法委员会发布了《数字市场竞争调查》报告，对以脸书、亚马逊、谷歌、苹果为代表的数字平台企业滥用市场力量从事垄断行为进行分析，建议加强反垄断立法，恢复对

---

① 参见韩伟主编：《OECD竞争政策圆桌论坛报告选择》，法律出版社2015年版。

② World Bank, World Development Report 2016: Digital Dividends, available at https: //openknowledge. worldbank. org/.

③ WTO, World Trade Report 2018: The Future of World trade, How Digital Technologies are Transforming Global Commerce, available at https: //www. wto. org/english/news_ e/news18_ e/wtr_ 03oct18_ e. htm.

④ UNCTAD, Digital Economy Report 2019: Value Creation and Capture, Implications for Developing Countries. Available at https: //unctad. org/en/pages/PublicationWebflyer. aspx? publicationid = 2466.

平台企业的反垄断执法。[①] 欧盟委员会于 2015 年 7 月发布了题为《数字经济中竞争政策面临的挑战》的报告，分析了数字经济引发的竞争问题，解释了欧盟可能采取的相应政策工具。[②] 欧盟成员国中的德国、法国以及英国等也都发布了和数字平台竞争相关的调研报告，阐述了各国应对数字竞争的挑战及思考。[③] 2021 年 3 月，日本公正交易委员会公布了由数字市场竞争政策研究会提交的《算法/AI 与竞争政策》的报告书，反映了日本政府和理论界对数字竞争挑战的最新思考。[④]

和西方发达国家相比，虽然我国理论界关于数字经济竞争问题的研究成果众多，但是由政府组织的关于数字经济竞争与垄断问题的调研报告并不多见。这可能因为我国反垄断执法机构面临大量的执法实务工作，人员编制有限，很难有时间从事具有专业性质的研究工作。另外，我国以信息通信研究院和互联网络信息中心为代表，近年来从事了大量与数字经济发展有关的研究报告，其中有涉及平台经济反垄断问题的相关研究成果。[⑤]

---

① Subcommittee on Antitrust, Commercial and Administrative Law of The Committee on the Judiciary, Investigation of Competition in Digital Market, 2020, available at https：//judiciary. house. gov/news/documentsingle. aspx？ DocumentID = 3429. Last viewed on 5 April 2023.

② EU Commission, Challenges for Competition Policy in a Digitalized Economy, available at https：//www. ceps. eu/wp - content/uploads/2016/05/Nicolai% 20van% 20Gorp% 20CEPS% 201_ 06_ 2016. pdf. Last viewed on 5 April 2023.

③ 参见韩伟主编：《数字市场竞争政策研究》，法律出版社 2017 年版，第 54 ~ 95 页、第 132 ~ 150 页、第 192 ~ 214 页。

④ 日本公正交易委员会：《アルゴリズム/AIと競争政策》，载 https：//www. jftc. go. jp/houdou/pressrelease/2021/mar/210331_ digital/210331digital_ hokokusho. pdf。

⑤ 例如，中国互联网络信息中心连续发布中国互联网发展状况统计报告，最新一次是 2021 年 2 月 3 日发布的第 47 次《中国互联网发展状况统计报告》；中国信息通信研究院也多次发布中国数字经济发展白皮书，在 2021 年 5 月还发布了《平台经济与竞争政策观察》的专题报告。

二、完善立法，增设应对平台经济领域垄断问题的条款

世界主要国家中，德国是最早通过立法对平台经济领域的竞争与垄断问题做出回应的国家。德国于 2017 年 6 月和 2021 年 1 月通过《反限制竞争法》第九次和第十次修订，在事前规制和事后规制两个层面对数字平台企业进行竞争监管的规制立法。在事前规制层面，主要是通过提高经营者集中申报门槛的方式，降低德国联邦卡特尔需要审查的经营者集中案件的申报数量，扭转当前德国执法机关不堪重负的局面。在事后规制层面，主要体现在修改滥用市场支配地位规制条款，以更加有效地规制数字平台企业的新型滥用行为。具体而言，首先，在平台经济领域，将控制“与竞争相关的数据”获取渠道界定为企业具有市场支配地位的参考依据之一，并补充设定滥用市场支配地位行为的认定标准；其次，在滥用相对优势地位行为的规制层面，拓展现行竞争规则的适用范围，以防范与遏制平台企业滥用相对优势地位的行为；最后，对于“具有显著跨市场竞争影响的企业”，启用更加符合数字平台市场的界定标准，禁止其从事价格歧视、限制交易、自我优待以及其他滥用数据优势的行为。[①]

欧盟长期以来高度关注平台经济领域的新型竞争问题，比其他司法辖区表现出更加激进的规制立法倾向。2020 年 12 月底，欧盟委员

---

① 参见翟巍：《〈德国反限制竞争法〉数字化改革的缘起、目标与路径——〈德国反限制竞争法〉第十次修订述评》，载王先林主编：《竞争法律与政策评论》（第 6 卷），法律出版社 2020 年版，第 25 ~ 37 页。

会公布了关于DSA[①]和DMA[②]两个法案，引入针对大型平台企业的“守门人”义务，可以视为欧盟应对平台经济竞争与垄断问题的立法回应。《数字服务法》着重于为数字平台提供的服务整体设置义务，适用于几乎所有提供互联网服务的企业（原则上不包括电信业等负责单纯传输数据的企业）。DMA 则明确规定适用于向欧盟用户提供“核心平台服务的守门人”企业，守门人企业需要承担一系列义务，并且禁止进行特定行为。[③]一旦守门人企业违反 DMA 规定，欧盟委员会可以不经竞争法上市场支配地位等方面的论证，直接对该企业进行处罚。处罚措施除了罚款之外，在特定情况下还包括拆分企业等结构性救济措施。2022 年 7 月 5 日，欧洲议会就 DSA 和 DMA 两部法案进行表决，DSA 以 539 票赞成、54 票反对和 30 票弃权获得通过；DMA 则以 588 票赞成、11 票反对、31 票弃权获得通过。[④]

日本于 2020 年 2 月 1 日发布了《特定数字平台交易透明化法》。[⑤]该法规定综合网络商城达到年销售额 3000 亿日元以上以及应用商城国内年销售额达到 2000 亿日元的数字平台企业需要承担特定

---

① Proposal for a Regulation of the European Parliament and of the Council on a Single Market for Digital Services (Digital Services Act) and amending Directive 2000/31/EC, 2020/0361 (COD).

② Proposal for a Regulation of the European Parliament and of the Council on Contestable and Fair Markets in the Digital Sector (Digital Markets Act), Brussels, 2020/0374 (COD).

③ 根据 DMA 法案，“核心平台服务”包括搜索、社交媒体、视频播放、操作系统、云服务以及广告等几乎所有互联网平台企业，认定企业是否属于看门人需要从在欧盟市场的销售额、用户数量以及持续性从事上述服务这三个要件进行判断。

④ Leign Mc Gowran, EU Parliament passes Landmark DMA and DSA tech rules in “landslide” vote, Silicon Republic, available at https: //www. siliconrepublic. com/business/. Last viewed at Augest 8, 2022.

⑤ 日本公平贸易委员会：“特定デジタルプラットフォームの透明性及び公正性の向上に関する法律”，2021 年 1 月 26 日，载 https: //www. meti. go. jp/press/2020/01/20210126002/20210126002. html，最后阅览时间：2022 年 8 月 31 日。

义务。但与 DMA 不同的是，这部法律仅适用于综合网络商城与应用商城企业，不包括搜索引擎、社交平台等服务在内。而且，法律仅规定被认定为特定平台的企业有义务确保与商户和用户间的交易透明度、需要定期向日本经济产业大臣提交报告，而把竞争方面的问题仍然委托给竞争执法机构日本公正交易委员会进行处理。

在亚太地区，应对平台经济领域新型竞争问题走在前沿的其实是我国。作为新兴的数字经济大国，我国平台经济领域的新型竞争问题也很突出，甚至出现了一些在欧美发达国家尚不显著的不正当竞争与垄断问题。对此，我国相关政府部门积极应对，出台了相应的法规、规章与指南等制度，2020 年 2 月 7 日，国家市场监督管理总局公布了国务院反垄断委员会通过的《平台反垄断指南》就是例证。我国的立法推进工作也很富有效率，2017 年《反不正当竞争法》修订，新增专门规范网络新型不正当竞争行为的所谓“互联网专条”。2018 年 8 月 31 日，第十三届全国人民代表大会常务委员会第五次会议通过《电子商务法》，规范电子商务领域的竞争与交易行为。2022 年 6 月 24 日我国《反垄断法》修正时，把“鼓励创新”列入新增的立法目的，在具体制度方面也增加了应对数字经济领域的垄断问题的新规定。这都表明，我国在应对数字经济时代的竞争与平台监管方面，一直与时俱进，在某些方面甚至走在世界前列。

三、加强执法，增加对平台反竞争行为的威慑力

近年来，全球主要国家加强对平台经济领域的竞争监管，出现针对跨国数字巨头的比较密集、罚款数额巨大、监管严厉化的趋势。欧盟作为世界上最有影响力的经济体之一，对美国互联网巨头的监管具

有代表性。2017—2019 年，欧盟委员会对谷歌作出三次反垄断处罚，总计罚款达 82.5 亿欧元。[①] 2019 年 2 月，德国联邦卡特尔局针对脸书通过用户协议条款，迫使脸书用户同意收集和使用其他平台数据，按滥用市场支配地位行为作出处罚。自 2017 年开始，日本公平贸易委员会开始对亚马逊在日本网络销售中实行最惠国待遇条款（MFN）问题展开调查，后来在亚马逊公司取消相应措施并作出保证的情况下，日本公平贸易委员会作出终止调查的决定。[②] 此外，英国、意大利，加拿大、韩国、新加坡等国家，也都对谷歌、亚马逊、eBay、PayPal、Airbnb、Uber 等美国数字巨头企业启动了反垄断调查。

和世界各国对互联网巨头的反垄断调查相比，美国针对互联网平台企业的竞争监管整体上较为谨慎。但自 2020 年 10 月起，美国联邦司法部联合 11 个州政府正式对谷歌提起反垄断诉讼，指控其通过签订搭售等排他性协议，非法维持其在搜索引擎和广告市场的垄断地位。2020 年 11 月，美国联邦贸易委员会和其他 48 个州的总检察长联合，对脸书发起反垄断诉讼，指控其滥用社交网络媒体市场的支配地位收购潜在竞争企业。这些案件虽然目前尚未出结论，但已经显示出美国反托拉斯执法机关转变态度，释放出对互联网平台企业加强竞争监管的信号。

---

① See EU Commission Website, Competition Cases, available at https://ec.europa.eu/competition/elojade/isef/index.cfm?fuseaction=dsp_result&policy_area_id=1, 2, 3, last viewed at June 10, 2021.

② 日本公正交易委员会 2017 年 6 月 1 日决定，参见日本公平贸易委员会官网：“（平成 29 年 6 月 1 日）アマゾンジャパン合同会社に対する独占禁止法違反被疑事件の処理について”，最后访问日期：2021 年 6 月 10 日。

在这一轮加强互联网平台竞争监管的全球浪潮中，我国市场监督管理部门也毫不逊色，积极落实中央经济工作会议做出的“强化反垄断，防止资本的无序扩张”的工作部署。2020 年 12 月 14 日，国家市场监督管理总局针对阿里巴巴、阅文集团、丰巢快递三家互联网企业未依法申报实施的经营者集中行为，分别作出 50 万元的行政罚款。① 2020 年 12 月 25 日，上海市市场监督管理局针对上海食派士商贸发展有限公司滥用市场支配地位作出行政处罚决定。② 2020 年 12 月 24 日，国家市场监督管理总局宣布对阿里巴巴集团公司实施“二选一”行为涉嫌垄断进行立案调查，并于 2021 年 4 月 10 日，正式作出 182.28 亿人民币的巨额罚款行政处罚决定。③ 2021 年 4 月 28 日，国家市场监督管理总局对腾讯公司未依法申报而实施的收购易车股权、途虎股权以及和大连万达设立合营企业各作出罚款 50 万元的行政处罚决定。④ 2021 年 10 月 8 日，国家市场监督管理总局对美团从事“二选一”涉嫌垄断行为作出 34.42 亿元的行政处罚决定。⑤ 今后我国国家市场监督管理总局和地方市场监督管理局的竞争执法案件会越来越多，互联网平台将会呈现常态化的监管态势。

① 国家市场监督管理总局行政处罚决定书，国市监处［2020］26、27、28 号。
② 沪市监反垄处〔2020〕06201901001 号。
③ 国家市场监督管理总局行政处罚决定书，国市监处［2021］28 号。
④ 国家市场监督管理总局行政处罚决定书，国市监处［2021］30 号、31 号、32 号。
⑤ 国家市场监督管理总局行政处罚决定书，国市监处［2021］74 号。

第二节　我国应对互联网平台竞争与垄断问题的原则

一、鼓励数字经济创新发展，秉持包容审慎和依法监管的原则

我国数字经济这些年来获得快速发展，一个公认的原因是作为新兴产业，各方对其发展和产生的问题都没有足够清晰的认识，监管制度和环境比较宽松，反而促进了平台企业的野蛮式增长。互联网行业进入门槛较低，平台企业的成长依赖于技术创新和经营模式创新，在宽松的政策环境下，任何一个技术突破或经营创新都能带动一个独角兽企业的快速发展。而独角兽企业的技术和经营模式创新会引发其他企业的模仿，获得先前发展的创新型企业一旦停止创新，很快就会被新的创新型企业超越。因此，在数字经济发展初期，能够看到各种创新一浪超过一浪，技术和经营模式的更迭非常迅速，任何获得暂时竞争优势的企业都不敢掉以轻心，这进一步推动了整个行业的创新迭代和快速发展。

但是，在一波又一波技术革新和经营模式创新之后，基于互联网行业发展的自然垄断效应，在各个经营领域都出现了一个巨无霸式的数字巨头。由于互联网行业的跨界经营并不需要传统工业经济时代的巨大转换成本，各行业领域领先的数字巨头企业开始向横向和纵向扩张，并且依赖其积累起来的数据、资本和技术优势，快速地收割其他新兴企业，改造传统行业的既有企业。而拥有巨大财力和竞争优势的

领先企业在追求利润的动力驱使下，也开始采用各种技术措施，打击竞争对手，扼杀潜在技术创新势力，甚至利用大数据计算和信息不对称的优势，进行用户画像，针对不同用户实行所谓“大数据杀熟”“二选一”等反竞争行为。因此，在互联网行业发展的第二阶段，虽然技术创新和经营模式创新仍然很旺盛，但是各种利用已建立起来的竞争优势从事算法合谋、排他性交易、歧视性交易、扼杀式收购等新型反竞争已经成为阻碍创新和排除市场公平竞争的重大问题。

毫无疑问，对互联网行业发展中出现的问题加强竞争监管已经成为世界各国的共识，世界主要经济体加强对互联网巨头的反垄断执法正是在这一背景下发生的。我国反垄断执法机构近年来也加强了对互联网行业的反垄断调查与执法，但是，必须看到，在互联网行业领域创新与发展仍然是数字经济今后较长时期内发展的主轴，数字技术运用产生的社会、经济甚至政治、军事效益已经成为 21 世纪国际竞争的新起点。我国数字经济发展取得了巨大的成就，但是和世界第一数字经济大国美国相比，无论是在企业规模还是在技术创新上仍然存在较大差距。对于数字经济发展产生的新问题，现有的监管法律制度需要不断改进以适应新形势下的监管需要，在对问题没有深入了解和足够客观的认识条件下，包容审慎的监管原则仍然是必不可少的。同时，要建立对互联网行业的常态监管和依法监管，防止政策监管被一时的舆论和意识形态所绑架。鼓励创新发展，坚持包容审慎和依法监管应当成为我国今后支持数字经济发展的一项重要原则。

二、加强协同监管，提高竞争执法能力和水平

在数字经济时代，互联网企业作为推动数字技术创新发展主力的

同时，也承担着互联网行业内部的部分监管职能，改变了传统工业经济时代政府作为唯一监管主体的社会形态。互联网企业成为行业内部的监管力量是市场推动的结果，反映了数字经济发展的时代需求。在由互联网企业领衔的全球数字产业化和产业数字化发展的浪潮中，互联网头部企业市场面临着缺乏相应的法律规范，但产业发展又需要建立相应市场规则的困境。在立法存在滞后性和政府监管不到位的前提下，互联网头部企业依赖自身实力，建立起行业内部的经营规范和监管规则，履行行业发展的部分监管职责，有其必要性和必然性。例如，淘宝购物平台建立了平台商家注册、经营、支付和售后服务相关规则，并对存在售假、质量问题和其他侵犯消费者权益的商家提供维权救济和责任追究方式，已经部分行使了传统的政府监管职责。微信平台建立了实名认证、不良言论或音像图片的删帖处理、侵权投诉及隐私保护规则等，也在部分履行即时通信市场的监管职能。这种由互联网企业自行建立的网络运营和纠纷解决机制，具有替代性在线争端解决性质，能够弥补数字经济时代立法滞后和公力救济不到位的问题，对数字经济的健康发展具有一定的积极作用。

顺应数字经济时代的现实需要，发挥互联网企业的行业内监管作用，已经成为数字经济领域协同监管的时代特色。对此，我国应当鼓励、支持互联网企业建立起行业自律，引导其正确履行行业内部分监管职责。而政府监管也不能放松，应当转变为推动互联网企业进行自身合规建设，加快符合互联网行业发展的法律法规的出台，推动政府监管、企业监管和第三方监管的协同监管机制建设。特别值得一提的是，基于政府与企业之间的信息不对称，引入第三方专业法律、经济和技术分析，发挥第三方评估机构的中间角色，不仅能够大大降低行政执法成本，而且能够及时、准确地把握行业动态，发挥第三方的专业经济、法律和技术优势，达到事半功倍的协同监管效果。

目前，我国政府已经充分认识到第三方机构在协助治理中的作用，第十三届全国人民代表大会常务委员会工作报告中专门强调第三方机构评估对提高执法检查的科学性、客观性、权威性所起到的作用，地方政府已经在诸如公平竞争审查和反垄断审查中设立第三方专家机构评估机制。但是，目前我国第三方专家评估的机制建设和政策法律都还没有确立，各级政府在发挥第三方机构评估时存在不规范和任意性等问题。[①] 今后，应当大力支持第三方评估机构的建设，发挥第三方法律、经济和技术分析机构的作用，加强政府自身执法水平和能力建设，强化数字经济领域的协同监管效果，引领平台治理的国际规则制定。

三、加强理论研究和立法创新，增设维护公平交易的法律制度

我国《反不正当竞争法》《电子商务法》《反垄断法》都把解决数字经济领域的新型反竞争行为作为重要任务。但是，现有竞争法律发端于工业经济时代的竞争与反垄断问题，把维护公平竞争作为重要的立法目的，在面临数字经济时代的市场竞争环境与新型反竞争行为时，仍然呈现出明显落伍和不能发挥有效监管的问题。

数字经济时代市场竞争环境的一大特点，就是数字平台企业不仅

---

① 参见周汉华：《全面依法治国与第三方评估制度的完善》，载《法学研究》2021 年第 3 期。

成为技术创新和市场竞争的主体，还承担着行业内的规则制定和交易监管的功能。在数字经济时代背景下，这本来是市场推动的产物，具有一定的合理性与必要性。问题在于，现有竞争法律的功能定位是规制具有竞争关系的经营者之间通过合谋、并购来排除或限制竞争，维护公平竞争的市场结构，对单个主体的垄断行为只有在其具有市场支配地位并且从事滥用该市场支配地位的剥削性或排他性行为时才进行干预。如前所述，数字经济发展天然具有自然垄断的趋势，并且即便在一家独大的情况下也不会完全消灭市场竞争，甚至会激发更多竞争。

数字平台企业的反竞争问题集中体现在数字平台企业行使了原属于政府的部分行业内监管功能，而数字企业作为私主体的商业逐利本性使其在行使行业内监管功能时偏向于自身利益的最大化，利用平台规则或合同条款限制和其具有上下游关系的供应商或消费者（用户）的合法权益。具体体现在，数字平台企业一方面通过诸如“二选一”或排他性协议限制其他竞争对手的公平竞争，另一方面其上下游企业或用户因为对无法摆脱对平台的依赖而只能接受不公平交易。传统的竞争法律主要关注维护平等主体之间的公平竞争，对实质上不平等主体之间的交易行为缺乏关注，甚至将其视为合同行为并交由民法、合同法等私法规范予以调整。只有在经营者具有市场支配地位时，这种实质上不公平的交易行为才可能转化为反垄断法框架下的剥削性滥用或排他性滥用行为，此种情况下，仍然要由原告承担证明被诉经营者具有市场支配地位和滥用行为不合理性的举证责任。在数字经济背景下，依据传统反垄断法建立的考虑因素和分析框架，要证明数字平台企业具有市场支配地位在多数情况下是不可能的。

因此，数字经济时代平台竞争监管的问题就体现在传统竞争法律过度关注维护公平竞争，而忽略了公平交易问题。市场经济体制下，交易行为本来受到合同自由、意思自治的私法规范调整，并不是具有公法性质的竞争法的调整对象。但是，数字经济发展中出现的诸多问题已经表明，仅凭私法主体依据民法或合同法进行权利救济是远远不够的。经济法的产生本来就是基于市场经济发展存在自然垄断、信息不对称、公共产品供给短缺等“市场失灵”现象，用“看得见的手”介入市场，弥补私法主导下的实质公平的缺失。数字技术的快速发展使现代社会在各个领域都产生广泛的信息不对称性，建立在“市场失灵”基础上的政府干预已然具备了广泛的基础。对于数字技术革命带来的社会主体之间日益扩大的“数字鸿沟”，竞争法律既不能抱残守缺，也不能坐视不理，而是应该积极转变，顺应数字经济发展的需要，填补法律监管的漏洞，补齐在维护公平交易方面的制度短板。

事实上，世界主要经济体中已经有越来越多的国家开始反思过去竞争监管的空白，通过出台法律或修改法律扩大对数字平台企业有违公平交易的行为监管。欧洲议会和欧盟理事会于2019年出台《关于促进在线中介服务商业用户的公平与透明的指令》①，就是对在线中介服务平台有违公平交易的合同行为进行干预的最新法规。我国《电子商务法》第35条引入对电子商务平台经营者的更为宽泛和严格的义务，也是基于电子商务平台经营者可能利用服务协议、交易规则以及技术等手段，针对具有上下游关系的平台内经营者从事有违公平交易的不合理价格或其他限制行为进行干预。日本与韩国基于其历

① REGULATION (EU) 2019/1150 OF THE EUROPEAN PARLIAMENT AND OF THE COUNCIL of 20 June 2019 on promoting fairness and transparency for business users of online intermediation services, Official Journal of the European Union, L 186/57 –79. Nov. 7, 2019.

史发展和产业经济结构的特殊性，可能是最早意识到维护公平交易重要性的国家，在其反垄断法律制度中把规制不公平交易方法作为一项主要的立法目的，并通过后续细化立法与法律实施介入上下游企业之间的不公平交易行为监管之中。

基于数字经济时代的市场竞争新特点以及我国现有立法的规制空白，我国应当对数字经济和贸易中有违公平竞争和公平交易的行为加强研究。我国数字经济发展迅猛，各种新型反竞争行为和不公平交易行为花样繁多，远非通过抽象概括或立法列举所能穷尽。上述欧盟理事会的2019年指令以及日韩的不公平交易规制立法，都值得我国认真研究，但更重要的是要结合我国数字经济发展水平和限制交易行为的特点，加强立法创新。在理论研究比较成熟和立法条件具备的情况下，可以考虑通过新型立法或修改现有法律，增设维护公平交易的法律制度，弥补当前对数字平台企业履行平台内监管功能的政府监管缺位，满足数字经济时代强化平台公平交易监管的现实需要。

第三节　知识产权规则和竞争法律体系的协调

一、知识产权法与反不正当竞争法在平台治理中的协调

知识产权法是“将特定种类的信息拟制为‘物’，通过赋予类似所有权的方式加以保护”；而反不正当竞争法则是“在侵权行为的延长线上展开保护”。[①] 换言之，知识产权法通过设立权利的方式对客

---

① 参见［日］中山信弘：《多媒体与著作权》，张玉瑞译，专利文献出版社1997年版，第6~8页。

体进行保护，而反不正当竞争法则从规制侵权行为的角度对相应权益进行间接保护。关于知识产权法和反不正当竞争法之间的关系，学界众说纷纭，存在较大的分歧，有“补充说”① “平行保护说”② 等。其中“补充说”为多数学者所采纳。无论是从保护的确定性、保护的周全性还是保护的效率来看，知识产权法较反不正当竞争法而言，均具有其独特的制度优势。在知识产权法能够提供有效保护的前提下，诉诸反不正当竞争法的必要性和实用性不大。“平行保护说”所主张的两者平行适用保护知识产权的观点，只会架空权利保护的确定性更强、利益考虑更为周全的知识产权法，导致法律制度的重叠和冗余。因此在对知识产品的保护中，知识产权法应发挥主要作用且优先适用；而反不正当竞争法则发挥次要作用，对知识产权法进行补充适用。③

就“补充说”而言，司法实践中存在“兜底性保护”和“有限保护”两种态度。前者也就是“知识产权搭便车论”，即不能纳入专门法保护范围的客体或者行为，如果可以归结为搭便车的情形，就可以给予相关法益予以反不正当竞争的补充保护；而后者强调应基于权利与公有领域之类的立法政策的考量，权衡专有权保护与反不正当竞争法保护在立法政策上的协调性，仅在不抵触专门法立法政策的前提

---

① 参见郑成思：《反不正当竞争——知识产权的附加保护》，载《知识产权》2003 年第 5 期。

② 参见张伟君：《从“金庸诉江南”案看反不正竞争法与知识产权法的关系》，载《知识产权》2018 年第 10 期。

③ 参见卢纯昕：《反不正当竞争法在知识产权保护中适用边界的确定》，载《法学》2019 年第 9 期。

下进行有限的补充保护。[①] 最高人民法院就这一问题出台的相关司法政策也支持“有限保护”的主张，相关司法政策概括起来就是只有在不与专门法的立法政策相抵触，且专门法未作穷尽性保护的情况下，法官才可以援引反不正当竞争法为知识产权提供附加保护。[②]

有学者总结反不正当竞争法所保护的三类法益为独立型法益、补充型法益以及孵化型法益。其中，独立型法益是反不正当竞争法为维护竞争之需而保护的竞争利益；补充型法益则为明确不属于知识产权法调整或者保护的利益，但又有保护的必要，遂通过反不正当竞争法予以保护，由此形成两者之间在保护法益上的结构性互补；孵化型法益是指知识产权法是否予以保护尚不明确，但确有保护的必要性，以反不正当竞争法进行临时性、过渡性或试验性保护的法益。[③] 商业数据权益属于孵化型法益，当前知识产权法对其是否持保护态度尚不明朗，各种传统知识产权保护路径面对商业数据较传统知识产权客体的独特性存在不同程度的困境，反不正当竞争法以兜底条款提供补充保护具有实用性。随着未来数据知识产权制度的健全，这种临时性和过渡性的保护需要逐渐脱离反不正当竞争法的轨道，对于未来数据知识产权制度不予保护，但确有保护必要的权益，则可作为补充型法益，由反不正当竞争法予以保护。

---

① 参见孔祥俊：《知识产权强国建设下的反不正当竞争法适用完善——基于行政规章和司法解释征求意见稿的展开》，载《知识产权》2021 年第 10 期。

② 参见《最高人民法院关于当前经济形势下知识产权审判服务大局若干问题的意见》第 11 条、《最高人民 法院关于充分发挥知识产权审判职能作用推动社会主义文化大发展大繁荣和促进经济自主协调发展若干问题的意见》第 24 条。

③ 参见孔祥俊：《知识产权强国建设下的反不正当竞争法适用完善——基于行政规章和司法解释征求意见稿的展开》，载《知识产权》2021 年第 10 期。

二、知识产权法与反垄断法在平台治理中的协调

关于知识产权法和反垄断法的关系，主要涉及的是知识产权的滥用这一领域。行使知识产权的行为违反反垄断法是滥用知识产权保护的一种典型情形。[①] 反垄断法是规制知识产权滥用行为的核心工具。在当前的数字经济时代，随着大数据技术的深度发展和广泛应用，知识产权的滥用呈现出许多新形态，给反垄断法律体系带来了新的挑战与冲击。

在数据治理中，商业数据成为数字经济领域中重要的生产要素。超级平台往往是排除、限制相关市场竞争的主要经营者，大平台拥有的数据若拒绝其他经营者使用则会为相关市场设置进入障碍。数据共享可以削弱超级平台依靠先占形成的市场进入壁垒，有利于初创企业等新进入者依靠技术、资金等其他资源，形成新型商业模式，获得与在先企业竞争的机会与实力，促进平台价值链各相关市场的有效竞争。[②] 建立商业数据知识产权制度体系在给商业数据赋权的同时，也要重点关注商业数据的垄断问题，以保证商业数据的流通共享，充分释放商业数据的内生价值。因此，需要在商业数据知识产权权利限制的制度设计上实现和反垄断法的有机衔接，建立数据共享规则，如商业数据“必要设施”制度、强制共享制度、消费者的数据可携带权

---

① 参见王先林：《知识产权滥用及其法律规制》，载《法学》2004 年第 3 期；宁立志：《论反垄断法对专利权行使的规制》，载《法学杂志》2005 年第 1 期；许春明：《阻击专利大棒——浅谈专利权滥用的法律 规制》，载《中国发明与专利》2007 年第 8 期；吴汉东：《试论知识产权限制的法理基础》，载《法学杂志》2012 年第 6 期；张世明：《滥用知识产权与滥用市场支配地位之辩》，载《人大法律评论》2020 年第 2 期。

② 参见袁嘉：《互联网平台竞争的反垄断规制》，中国政法大学出版社 2021 年版，第 189 页。

制度以及数据交易市场的完善等。[①]

第四节 平台治理中竞争法与其他数据专门立法的协调

通过2022年的修正，我国《反垄断法》一举超越发达国家传统的反垄断法律制度，呈现出巨大的制度创新，开启了反垄断法律制度中国化的新篇章。今后，我国应当在反垄断法律规制的基础上进一步结合其他数据专门立法，如《网络安全法》《个人信息保护法》《数据安全法》等法律，推动反垄断法与数据专门法之间的密切合作，推动多主体、多制度、多工具的数据协同治理。

我国《网络安全法》《数据安全法》《个人信息保护法》的相继施行，为调整数据开放竞争与数据安全保护的关系提供了新的法律保障。[②]从竞争促进的角度上看，数据专门立法也推动了数据经济市场的良性竞争，例如《个人信息保护法》第45条第3款规定“个人请求将个人信息转移至其指定的个人信息处理者，符合国家网信部门规定条件的，个人信息处理者应当提供转移的途径”，这在客观上有促进数据跨主体流动、增强平台主体间开展数据竞争的效果。为了确保个人免遭信息处理者的算法歧视，该法第24条第3款规定个人有权就特定算法获得说明，并有权拒绝个人信息处理者通过自动化决策方

① 参见李勇坚：《互联网平台数据垄断：理论分歧、治理实践及政策建议》，载《人民论坛·学术前沿》2021年第21期。

② 参见陈兵：《平台经济数据治理的法治基调与未来走向——以“竞争与保护”的平衡为中心》，载《人民论坛·学术前沿》2021年第21期。

式推送信息或商业营销。2022 年《反垄断法》和其他数据相关立法在数据治理上能够前后呼应，在竞争法的基础上发挥和其他数据立法的协作效应，在依法促进数据流动和开放治理、避免数据垄断的同时，化解制度冲突，形成对于大型数据平台治理问题上的更大合力。

在实现竞争和数据保护问题上，我国仍需在《反垄断法》的框架下继续摸索两者的动态平衡，结合数据立法为数据治理领域的反垄断规制提供一个充分有效的法制支撑。《个人信息保护法》作为个人信息数据保护的专门法律，有利于弥补目前主要依赖竞争法规制数据竞争与数据保护问题的不足，也有利于推动《反垄断法》的进一步完善；另外，《数据安全法》《个人信息保护法》《网络安全法》等倾向于数据“保护优先”，以《反垄断法》为主的市场监管法则倾向于将数据要素置于整个市场竞争秩序中予以调整，两类法律的立法目的与实现路径各有侧重，客观上很可能导致法律适用的冲突。① 因此有必要在完善、搭建“数据保护”优先的相关立法制度中，加强对“数据竞争”的保护，明确“数据保护”并非排除数据合理使用下的有序竞争，而是鼓励高质量竞争，只有高质量竞争才能解决当前数据保护水平有限的问题，进一步发挥《反垄断法》的作用。

2021 年 2 月 7 日国务院反垄断委员会发布了《平台反垄断指南》，在第 3 条强调“激发创新创造活力。营造竞争有序开放包容发展环境，降低市场进入壁垒，引导和激励平台经营者将更多资源用于技术革新、质量改进、服务提升和模式创新”。同时，该指南还指

① 参见陈兵：《平台经济数据治理的法治基调与未来走向——以“竞争与保护”的平衡为中心》，载《人民论坛·学术前沿》2021 年第 21 期。

出，“防止和制止排除、限制竞争行为抑制平台经济创新发展和经济活力，有效激发全社会创新创造动力，构筑经济社会发展新优势和新动能”等。在平台经济治理及数据企业的反垄断规制中，我国应该从《反垄断法》的视角出发统筹数据竞争与安全保护之间的多元利益，平衡数据竞争行为与数据保护措施之间的张力，通过出台不同层级的法律法规和政策措施实现协同治理，构筑多主体、多制度、多工具的数据治理模式，实现平台经济下技术创新、数据竞争与有效保护的动态平衡。

一、《网络安全法》与竞争法制的协调

《网络安全法》作为我国网络安全领域的宪法典，构建了我国网络安全保护和网络空间治理的综合性基本法规范，确立了网络空间主权法律制度、关键信息基础设施安全保护法律制度、关键信息基础设施重要数据本地化储存法律制度、个人信息保护法律制度、网络安全人才培养法律制度以及惩治新型网络违法犯罪法律制度六大制度，[①] 具有综合性、基础性和原则性的特点，[②] 对于我国统筹维护网络安全与促进信息网络发展具有重要的意义。

《网络安全法》重在强化国家对网络安全的监管，通过授予政府和有关方面广泛而刚性的权力，形成了一个庞大的权力集群。[③]《网

---

① 参见王春晖：《〈网络安全法〉六大法律制度解析》，载《南京邮电大学学报（自然科学版）》2017 年第 1 期。

② 参见王玫黎、曾磊：《中国网络安全立法的模式构建——以〈网络安全法〉为视角》，载《电子政务》2017 年第 9 期。

③ 参见龙卫球：《我国网络安全管制的基础、架构与限定问题——兼论我国〈网络安全法〉的正当化基础和适用界限》，载《暨南学报（哲学社会科学版）》2017 年第 5 期。

络安全法》第 2 条规定了该法的调整对象，即在中华人民共和国境内建设、运营、维护和使用网络，以及网络安全的监督管理。可见，该法赋予相关行政主体监管建设、运营、维护和使用网络的权力，应当以保障网络安全为限。《网络安全法》中有关监管者的职权、网络运营者的义务以及包括用户在内的其他主体的权利和义务的规定都应合乎维护网络安全的目的，即《网络安全法》以网络安全为规范对象，旨在通过确立各项网络安全监管制度达到实现保障网络安全的目的。《网络安全法》第 1 条有关该法的立法目的，即“保障网络安全，维护网络空间主权和国家安全、社会公共利益，保护公民、法人和其他组织的合法权益，促进经济社会信息化健康发展”，应理解为具有两层含义：第一，该条明确了《网络安全法》的直接立法目的，即保障网络安全；第二，从规范的效果来看，既有助于维护网络秩序，也有助于维护国家、社会、个人以及法人和其他组织的合法利益。该法的适用范围应当限制在严格意义上的网络安全事项，而非一般的网络事项，否则会使该法成为泛泛的网络管理法。①

对于数据治理，《网络安全法》立足数据载体，侧重从数据物理层面着手对数据安全进行保护。在适用《网络安全法》时，明晰其目的，严格限制其适用范围，一方面遵从《网络安全法》的立法本意，另一方面把握《网络安全法》同其他法律的关系至关重要。就《网络安全法》同竞争法制的协调而言，尽管某些数据抓取行为可能同时触发两者的适用，但两者在调整对象上的侧重点有所不同，前者

① 参见龙卫球：《我国网络安全管制的基础、架构与限定问题——兼论我国〈网络安全法〉的正当化基础和适用界限》，载《暨南学报（哲学社会科学版）》2017 年第 5 期。

偏向保障网络秩序的安全与稳定，后者重在鼓励和保护公平竞争、维护市场经济秩序，兼顾经营者、消费者和社会公共多方利益。《网络安全法》对网络安全的维护给平台的公平竞争提供了稳定的基础，即《网络安全法》的实施可以间接维护网络平台公平的竞争秩序，进而达到竞争法制的规范目的。

二、《数据安全法》与竞争法制的协调

《网络安全法》的指导性和原则性条款过多，[①] 对数据安全规定得不够系统。作为《网络安全法》的重要补充，《数据安全法》立足数据本体，从数据逻辑层面规范与任何类型数据的收集、存储、处理、使用、提供、交易和发布相关的广泛问题。[②]《数据安全法》统筹数据发展与数据安全，建立数据安全制度体系，明确数据安全保护义务，并提出电子政务建设和政务数据安全保护要求，对我国的数据处理活动和业务运营产生了深远影响。

《数据安全法》在规定众多行政管理机制之余，在第 32 条第 1 款规定："任何组织、个人收集数据，应当采取合法、正当的方式，不得窃取或者以其他非法方式获取数据。"该条规定构成了对数据权益予以保护的规范性基础，但该条仅为原则性规定，缺乏具体的适用规则，"合法、正当"以及"窃取或者以其他非法方式获取"有待进

---

① 参见王玫黎、曾磊：《中国网络安全立法的模式构建——以〈网络安全法〉为视角》，载《电子政务》2017 年第 9 期。

② 参见徐凤：《网络主权与数据主权的确立与维护》，载《北京社会科学》2022 年第 7 期。

一步明确。[①] 前面已经提到数据权益的保护对竞争法制，尤其是《反不正当竞争法》的依赖，而适用《反不正当竞争法》的一般条款保护数据权益存在标准不明，容易滥用的问题。而且在实践中，《反不正当竞争法》的一般条款的泛化适用在一定程度上反而导致了限制甚至排斥数据竞争，阻碍数字经济发展的后果。[②] 因此，《数据安全法》与竞争法制和数据安全保护与数据竞争规制的协调问题值得探讨。一方面，竞争法制可以在数据权属立法尚未健全的情形下，对一些数据获取和处理行为的正当性进行界定，弥补《数据安全法》相关规定不够明确的不足，并对不正当的数据侵权行为予以规制，也为未来《数据安全法》的解释与修订奠基；另一方面，以《数据安全法》为代表的数据治理规范也有可能被竞争法制内化，解决传统竞争面对平台数据竞争规制不足的问题。

针对数据抓取行为问题，《反不正当竞争法》与《数据安全法》均未能很好地回应。但竞争法制在实践中积累的处理数据抓取纠纷的经验教训，尤其是对不当数据抓取行为与不当限制数据抓取行为的界定，可以为《数据安全法》就相关问题的进一步完善提供基础。数据行业的竞争呈现出不同于传统行业的竞争的特性，而竞争法制对此没有予以针对性回应。尽管《反不正当竞争法》增设“互联网专条”，但“互联网专条”并未明显体现出数据竞争与传统竞争模式之间的个性，所列举的数据不正当行为类型过于宽泛，且不具有互斥性。因而，该条制定之后基本就被束之高阁，司法实践仍然经常诉诸

① 参见张浩然：《数据财产与数据安全法益保护的重叠及协调》，载《法律适用》2022年第9期。

② 参见蔡川子：《数据抓取行为的竞争法规制》，载《比较法研究》2021年第4期。

《反不正当竞争法》的一般条款解决相关纠纷。[①] 就数据抓取行为的正当性的界定，可以由以《数据安全法》为代表的数据治理规范完成，数据治理规范就可以在规制数据竞争方面为竞争法制的实施提供竞争法制在非价格竞争参数方面所缺乏的规范性指导。[②] 此外，欧盟DMA构建的“守门人”制度，发挥了预防性竞争治理的效果，对我国数据治理规范的完善具有重要的启发意义，也给数据治理规范同竞争法制的协调提供了一种全新的方案。

《数据安全法》第7条规定：“国家保护个人、组织与数据有关的权益，鼓励数据依法合理有效利用，保障数据依法有序自由流动，促进以数据为关键要素的数字经济发展。”《数据安全法》在保护相关主体的数据权益的基础上，保障数据的自由流动，有助于促进平台之间就数据展开竞争。新修订的《反垄断法》也将“鼓励创新”作为立法目的之一。可以看出以《数据安全法》为代表的数据治理规范与竞争法制在促进数字经济的发展方面相契合，协调好两者的关系对于平衡保护相关主体的数据权益与促进数据产业良性竞争及业态发展具有重要的意义。

三、《个人信息保护法》与竞争法制的协调

《个人信息保护法》立足数据价值，从价值层面出发规范平台的数据行为。《个人信息保护法》与《数据安全法》相比，前者重在保护个人信息选择自由，后者侧重保护个人信息安全。《个人信息保护

---

① 参见蔡川子：《数据抓取行为的竞争法规制》，载《比较法研究》2021年第4期。

② 参见殷继国：《大数据市场反垄断规制的理论逻辑与基本路径》，载《政治与法律》2019年第10期。

法》作为我国个人信息保护领域的基本法，从保护个人信息自决权出发，以补强个人相较平台的弱势地位，构建了“告知—同意”个人信息处理机制，并赋予个人以查询权、复制权、更正权、删除权、携带权等一系列权利，保障个人对其个人信息在利用过程中一定程度的排他性控制。①

《个人信息保护法》在立法目的和规则制度方面强调对个人信息的保护，但并没有排除对个人信息合理使用下的有序竞争。②《个人信息保护法》第1条规定了立法目的，即保护个人信息权益，规范个人信息处理活动，促进个人信息的合理利用。《个人信息保护法》的诸多规则制度也体现出数据保护与数据竞争的平衡。例如《个人信息保护法》第45条关于个人信息可携带权的规定，不仅赋予了用户对其个人信息的复制权和控制权，还可以在一定程度上打破平台在个人信息收集方面的垄断地位。又如《个人信息保护法》第10条关于不得买卖个人信息的规定、第16条关于不得以不同意或者撤回同意为由拒绝提供产品和服务的规定、第24条关于不得对个人在交易条件上实行不合理的差别待遇，即大数据杀熟与推送个性化广告的规定以及第26条关于在公共场所收集个人图像、身份识别信息的规定，与竞争法制的有关规定的衔接提供了制度接口。再如《个人信息保护法》第4条第1款在个人信息的定义中排除匿名化处理后的信息，

① 参见叶明、张洁：《反垄断法保护个人信息权益的理据与路径》，载《华中科技大学学报（社会科学版）》2023年第1期。

② 参见陈兵：《平台经济数据治理的法治基调与未来走向——以“竞争与保护”的平衡为中心》，载《人民论坛·学术前沿》2021年第21期。

有助于促进匿名化处理后的数据的自由流通与竞争。[①]

通常来说，要充分实现消费者的选择权，一方面要求保障需求方的消费自由；另一方面需要供给方存在“完全”竞争。[②] 这对于保障用户的个人信息选择自由而言，同样适用。但实践中，作为供给方的平台往往都有一定程度的垄断地位。平台市场供给不足的问题很难通过《个人信息保护法》解决，因此《个人信息保护法》难以救济因平台结构性垄断导致的个人信息权益受到的侵害。[③] 故在充分保障平台用户的个人信息权益方面，必须依赖《个人信息保护法》与竞争法制的协调配合。

值得警惕的是，当前平台滥用个人信息保护制度限制甚至妨碍数据市场化竞争的现象。例如，平台在个人信息保护政策上对平台内经营者实行差别待遇，对平台的自营业务实行自我优待，滥用用户同意政策，将其作为竞争手段的一部分，阻碍部分平台通过竞争获取数据，最终实现反竞争的效果。虽然平台市场竞争不足会导致用户的个人信息自由被剥夺，但一味强化个人信息保护措施可能不仅不会有效保障用户的个人信息权益，反而还会强化平台的垄断能力。[④] 数据权益保护与数据竞争促进并非互斥的，两者反而是相辅相成的，是平台数据治理的鸟之两翼、车之双轮。《个人信息保护法》与竞争法制的

---

① 参见陈兵：《平台经济数据治理的法治基调与未来走向——以“竞争与保护”的平衡为中心》，载《人民论坛·学术前沿》2021 年第 21 期。

② 参见陈启杰、田圣炳：《论从消费者主权到可持续消费的转型》，载《上海财经大学学报》2008 年第 5 期。

③ 参见叶明、张洁：《反垄断法保护个人信息权益的理据与路径》，载《华中科技大学学报（社会科学版）》2023 年第 1 期。

④ 参见徐可：《数字广告市场中个人信息保护与竞争规制的协调》，载《暨南学报（哲学社会科学版）》2022 年第 6 期。

协调配合无论是在保护个人信息方面，还是在维护良性竞争方面，都是至关重要的。

第五节 小　　结

平台数据治理是一个庞大的系统工程，关涉平台、平台经营者、消费者多方主体利益、社会公共利益甚至国家安全利益，融合保障数据权益和促进数字经济发展两大理念，涉及立法、执法、司法和守法的全过程和各方面，需要竞争法制、知识产权法以及数据法等多种规范协调配合。竞争政策视野下的平台规制，一方面，需要防止平台垄断与资本的无序扩张；另一方面，也要正视平台的创新动力，在平台良性有序竞争的基础上促进平台经济的发展繁荣，增进消费者福利。

本章从互联网平台竞争与垄断问题的应对方针与应对原则出发，梳理了《反垄断法》与《反不正当竞争法》对互联网平台竞争与垄断问题的回应与完善，并分析了知识产权法规以及以《网络安全法》《数据安全法》《个人信息保护法》为代表的数据法规与竞争法制应对互联网平台竞争与垄断问题的协调配合问题，全面分析了竞争政策视野下的互联网平台的规制问题。

面对互联网平台竞争与垄断问题，与外国政府组织和国际组织不同，我国政府组织对相关的调查研究并不多见，对平台经济领域垄断问题的认识有待进一步深入。在立法层面，需要结合数字平台竞争的新特点，有针对性地完善相应规范，以应对平台垄断带来的挑战。在执法层面，有必要加强对平台反竞争行为的执法力度，提高威慑力。

在规制互联网平台垄断的原则方面，在加强互联网领域竞争监管力度的同时，也要肯定并鼓励数字经济的创新与发展，坚持包容审慎和依法监管。与传统工业经济时代政府作为唯一监管主体的社会形态不同，数字经济时代，平台自身发挥着行业内监督的作用，推动政府监管、企业监管和第三方监管的协同监管机制建设对互联网领域竞争监管将会发挥事半功倍的效果。针对数字经济领域中花样繁多的违反公平竞争与公平交易的行为，有必要加强理论研究，增设公平交易的法律制度。

为应对互联网平台竞争与垄断问题带来的新挑战，我国反垄断与反不正当竞争规制体制对此予以完善。本章分别分析了《反不正当竞争法》与《反垄断法》关于平台竞争规制的制度完善，如《反垄断法》中引入“鼓励创新”的立法目标，增加针对平台实施垄断行为的规制，改进了经营者集中申报与审查制度，引入“双罚制”和惩罚性罚款制度，建立反垄断民事公益诉讼制度，引入反垄断法刑事责任制度等。

互联网平台的竞争规制，仅仅依赖竞争法制本身不是不够的，还需要知识产权法规和以《网络安全法》《数据安全法》《个人信息保护法》为代表的数据法规的协调配合，促进平台数据治理中诸多法益的平衡。

第十章　我国反垄断与反不正当竞争规制体制的完善

自党的十八大以来，我国党和国家领导人多次提出要创新经济发展和社会治理模式。2019 年 10 月，党的十九届四中全会首次将数据与劳动、土地等并列作为重要的生产要素，按贡献参与收益分配。2020 年 5 月，中共中央、国务院发布《关于新时期加快完善社会主义市场经济体制的意见》，明确数据作为生产要素的地位，并提出完善数据权属界定、开放共享、交易流通等标准和措施，发挥社会数据资源价值。2021 年 3 月，《中华人民共和国国民经济和社会发展第十四个五年规划和 2035 年远景目标纲要》公布，进一步提出要建立数据资源产权、交易流通、跨境传输和安全保护等基础制度和标准规范，推动数据资源的开发利用。可以说，构建数据产权制度，促进数据交易，确保数据安全，已经成为我国发展数字经济的既定原则和方针政策。

党的二十大提出了建设“中国式现代化”的宏伟蓝图，提出到 2035 年我国发展的总体目标“经济实力、科技实力、综合国力大幅跃升”“实现高水平科技自立自强，进入创新型国家前列”“建成现代化经济体系，形成新发展格局”“全过程人民民主制度更加健全”“人的全面发展、全体人民共同富裕取得更为明显的实质性进展”

等。中国共产党领导中国人民坚持理论创新，坚持独立自主，坚持中国道路，成功走出中国式现代化道路，创造了人类文明的新形态，拓展了发展中国家走向现代化的新途径。在中国式现代化理论指导下，我们既要继续鼓励、支持以互联网平台为代表的新兴数字经济的发展，又要将其纳入中国式现代化的法治发展轨道，把科技创新、经济发展与社会公平正义融合起来，构建具有中国特色的互联网经济发展模式与监管模式。

在党中央、国务院的领导之下，我国近年来的市场经济立法建设步伐明显加快。早在2017年，我国第十二届全国人民代表大会常务委员会第三十次会议通过对实施了24年的《反不正当竞争法》的修订。2022年6月24日，第十三届全国人民代表大会常务委员会第三十五次会议通过了对《反垄断法》的修正。2022年11月22日，国家市监总局发布了《反不正当竞争法》（修订草案征求意见稿）。作为现代国家维护市场竞争秩序最重要的两部法律，我国《反不正当竞争法》和《反垄断法》不断加快修改步伐，反映了我国顺应数字经济时代发展的需要，大刀阔斧地进行完善的立法意志。本章以这两部法律为例，分析我国《反不正当竞争法》和《反垄断法》修改的目的、要解决的问题，并对可能存在进一步提高的地方进行总结性分析。

第一节　平台治理中反不正当竞争规制体制的完善

一、当前关于数据权益反不正当竞争保护路径及问题

通过《反不正当竞争法》对商业数据权益进行保护是当前司法

实践中最为常见的做法，并且形成了许多典型案例。[①] 总体上看，当前数据的反不正当竞争保护有突出特征和明显优势。一方面，从实用主义的角度看，这种保护回避了数据权益法律属性及具体权利边界等争议，通过灵活机动的保护标准运用，在较大程度上暂时满足了数据权益的保护需求；另一方面，这种保护具有高度的弹性，避免过于刚性的数据排他权保护。对这类案件，实践中已经形成较为统一的分析路径，即首先确定原告是否有可以受到保护的数据权益，然后判断行为是否具有正当性。[②] 法院主要援引《反不正当竞争法》第 2 条的“一般条款”和第 12 条的“互联网专条”对商业数据权益进行保护。

由于《反不正当竞争法》作为行为规制法，其宗旨在于维护市场竞争秩序，而非市场主体的私权利。因此，《反不正当竞争法》没有回应数据权益法律属性及具体权利边界等争议，仅对危害市场竞争秩序的行为进行规制，对商业数据权益提供事后的个案式的间接保护，保护力度有限。同时，这样适用兜底条款保护路径也缺乏明晰的保护标准，具有较大的不确定，存在被滥用的可能。另外，在决定是否保护相应商业数据权利时，需要考虑相关市场主体是否具有竞争关系。因此，对不具有竞争关系的市场主体之间的数据侵权行为，难以通过《反不正当竞争法》进行有力规制。

---

① 参见新浪微博诉脉脉案，北京微梦创科网络技术有限公司诉北京淘友天下技术有限公司、北京淘友天下科技发展有限公司不正当竞争纠纷案，北京知识产权法院（2016）京 73 民终 588 号民事判决书；大众点评诉百度案，上海汉涛信息咨询有限公司诉北京百度网讯科技有限公司、上海杰图软件技术有限公司不正当竞争纠纷案，上海知识产权法院（2016）沪 73 民终 242 号民事判决书。

② 参见孔祥俊：《论反不正当竞争法“商业数据专条”的建构——落实中央关于数据产权制度顶层设计的一种方案》，载《东方法学》2022 年第 5 期。

二、数据产权反不正当竞争规制体制的完善

通过《反不正当竞争法》对商业数据权益进行保护，是在当前商业数据产权未确立的情况下，为保护商业数据权益所采取的临时性、过渡性的做法。基于《反不正当竞争法》作为竞争法的立法本位，其更加注重行为规制，而非权利保护，无法对商业数据权益提供全面、及时的保护。尽管当前在商业数据权益保护方面，司法实践中对竞争关系的认定标准固然已不再局限于传统的“同业竞争者”，呈现出扩张解释的趋势，[①] 但通过扩大《反不正当竞争法》的适用范围以迎合商业数据权益保护之需终究不是长久之计，而且会出现背离竞争法立法本位，模糊与其他法律部门之间的界限的问题。以《反不正当竞争法》为框架构建商业数据产权制度的做法有待商榷。《反不正当竞争法》对商业数据权益的保护应定位于一种补充性的、间接性的保护。随着未来数据知识产权制度的完善，《反不正当竞争法》应回归其谦抑性。[②]

针对适用《反不正当竞争法》兜底条款保护商业数据权益存在的标准不明确的问题，可以借鉴日本在反不正当竞争法中引入数据保护条款的做法，建立系统、明晰和稳定的保护标准。[③] 商业数据侵权行为频发，也有必要针对这一类型的不正当竞争行为制定专条予以规定，避免兜底条款的滥用。有学者在当前保护实践并借鉴国外经验的

---

① 参见高阳：《衍生数据作为新型知识产权客体的学理证成》，载《社会科学》2022 年第 2 期。

② 参见张占江：《论反不正当竞争法的谦抑性》，载《法学》2019 年第 3 期。

③ 参见邓韬：《日本“限定提供数据”保护制度综述》，载微信公众号“清华大学智能法治研究院”2022 年 6 月 3 日。

基础上，将数据侵害行为归纳为：（1）以盗窃、胁迫、欺诈、电子侵入等不正当方式获取他人数据；（2）超出约定范围访问和利用他人数据；（3）全部或者部分披露、转让或者使用以不正当手段获取的数据；（4）以违反诚实信用和商业道德的其他方式获取他人数据；（5）帮助、教唆他人实施侵害数据的行为，并提出商业数据侵害行为的例外，如获取、使用或者披露与公众可以无偿利用的信息相同的限定提供数据的行为等。[①]上述各类问题，对于我国《反不正当竞争法》的修订都具有启发意义。

三、对《反不正当竞争法》（修订草案征求意见稿）的修改建议

为贯彻落实党中央、国务院决策部署，进一步完善公平竞争制度，按照《国务院2022年度立法工作计划》的安排，2022年11月22日，国家市场监督管理总局起草了《中华人民共和国反不正当竞争法（修订草案征求意见稿）》（以下简称修订草案）。修订草案完善了数字经济反不正当竞争规则，规范治理新经济、新业态、新模式发展中出现的扰乱竞争秩序的行为。修订草案结合数字经济领域中竞争行为的特点，针对数据获取和使用中的不正当竞争行为、利用算法实施的不正当竞争行为，以及妨碍开放共享等网络新型不正当竞争行为作出详细规定。同时，考虑到数字经济领域中不正当竞争行为认定的复杂性，规定了判断是否构成不正当竞争行为的考量因素，增强了制

① 参见孔祥俊：《论反不正当竞争法“商业数据专条”的建构——落实中央关于数据产权制度顶层设计的一种方案》，载《东方法学》2022年第5期。

度的可预期性和执法的规范性。此外，修订草案还规定了平台经营者加强竞争合规管理的责任，推动反不正当竞争的社会共治。

早在国家市场监督管理总局起草修订草案之前，国家市场监督管理总局委托笔者，专门开展了关于“《反不正当竞争法》中强化‘公平交易权’的立法建议”项目研究。当下，项目研究已经完成并提交了研究成果，笔者的立法建议反映在修订草案第13条和第15条，落实在有关强化公平交易秩序的条款中。本书第3章“《反不正当竞争法》维护公平交易的价值取向”就是在提交给总局项目成果的基础上进一步修改、完善的产物。在总局修订草案征求意见期间，笔者再次提交了专家意见。以下，就将笔者提交的修订草案专家意见的部分内容总结如下。

（一）第一条“立法目的”的修改建议

1. 修订草案第一条（立法目的）

为了预防和制止不正当竞争行为，鼓励和保护公平竞争，维护经营者、消费者的合法权益和社会公共利益，促进社会主义市场经济健康发展，制定本法。

【修改建议】

第一条　为了制止不正当竞争行为，鼓励和保护公平竞争，维护经营者、消费者的合法权益和社会公共利益，促进社会主义市场经济健康发展，制定本法。

2. 修改理由

征求意见稿在第1条立法目的中增加了“为了预防和制止不正当竞争行为”，这一说法可以理解为效仿《反垄断法》第1条中的

"为了预防和制止垄断行为"。但是,《反不正当竞争法》和《反垄断法》的立法目的、定位和规制方式都具有明显不同,笔者认为增设"预防"的立法目的并不符合《反不正当竞争法》的原意。众所周知,《反垄断法》的规制对象包括垄断协议、滥用市场支配地位以及经营者集中,前两者属于事后规制,经营者集中属于典型的事前规制。实行事前规制的目的就是预防集中行为发生后再进行规制的高成本,因而有必要在集中还没发生之前就进行事前审查,以防范经营者可能通过集中实现单独效应(可能造成滥用市场支配地位)或协同效益(可能联合从事垄断协议)。《反垄断法》对"预防和制止垄断行为"的区分是适应三大规制的不同行为特征,符合反垄断规制的立法目的和行为规制法的竞争法定位。

《反不正当竞争法》起源于《保护工业知识产权的巴黎公约》,其一开始就定位于防范针对工业知识产权的侵权行为,是一种典型的事后规制。虽然后来《反不正当竞争法》在不同司法辖区出现不同的立法形式,并且出现以行政执法和司法诉讼并行的实施方式,但其作为行为规制法的立法定位从未改变。晚近时期,由于《反垄断法》在更多国家得以立法和实施,《反不正当竞争法》和《反垄断法》作为竞争法框架下的两大立法,出现某种程度的融合,都将保护市场公平竞争和维护社会公共利益作为立法目的,但两者之间仍然存在立法位阶上的分工和差异。

具体而言,《反垄断法》侧重于维护宏观层面的市场竞争秩序,规制可能会改变市场经济秩序和产生排除、限制竞争效果的反竞争行为,基于这一立法定位,《反垄断法》不仅要规范已经产生排除、限制竞争的垄断行为,还要对未来可能产生排除、限制竞争效果的经营者集中行为进行事前审查，防范未经许可实施集中带来的竞争损害，降低社会成本以及给企业经营行为带来的冲击。而《反不正当竞争法》更侧重于在微观层面规制企业的不正当竞争行为，这种不正当竞争行为可能尚达不到垄断行为的规制标准，但是足以给竞争对手造成损害，进而损害消费者权益和社会公共利益，需要行政执法机关依法予以制止。因而，《反不正当竞争法》的立法定位决定了其始终是对已经发生的不正当竞争行为进行规制，以弥补传统司法救济功能的不足。人类从工业经济发展到数字经济时代，基于数字经济竞争中广泛存在信息不对称和消费者自我救济能力的不足，《反不正当竞争法》确有扩大行政执法功能的必要性。

然而，如果把《反不正当竞争法》的实施拓展到事前规制，用于预防可能发生的不正当竞争行为，就极大地扩张了其规制功能。这不仅引发对微观层面的不正当竞争行为的危害性是否需要扩大到事前规制的必要性讨论，还会导致其和《反垄断法立法》定位的混同。从实践层面来看，我国《反不正当竞争法》的实施可以下沉到县级市场监管部门，将原本属于事后规制的法律实施拓展到事前预防规制后，可能引起低层级市场监管部门的执法权限的极大扩张，造成过度干预市场，任意干预企业经营行为的不良后果。

基于以上原因，笔者在所提交的专家意见中提出，应当删除修订草案第 1 条中的“预防”这一提法，回归《反不正当竞争法》的行为规制法和事后规制法的立法定位，不适合将其规制功能拓展到事前预防阶段。

（二）第二条“一般原则”的修改建议

1. 修订草案第二条（一般原则）

经营者在生产经营活动中，应当遵循自愿、平等、公平、诚信的原则，遵守法律和商业道德，不得实施或者帮助他人实施不正当竞争行为。

本法所称的不正当竞争行为，是指经营者在生产经营活动中，违反本法规定，扰乱市场竞争秩序，损害其他经营者、消费者的合法权益或者社会公共利益的行为。

本法所称的经营者，是指从事商品生产、经营或者提供服务（以下所称商品包括服务）的自然人、法人和非法人组织。

【修改建议】

第二条 经营者在生产经营活动中，应当遵循自愿、平等、公平、诚信的原则，遵守法律和商业道德，不得实施或者帮助他人实施不正当竞争行为。

本法所称的不正当竞争行为，是指经营者在生产经营活动中，违反本法规定，扰乱市场竞争秩序，损害其他经营者、消费者的合法权益或者社会公共利益的行为。

本法所称的经营者，是指从事商品生产、经营或者提供服务（以下所称商品包括服务）的自然人、法人和非法人组织。

本法所称相对优势地位，是指交易相对方之间在技术、资本、用户数量、销售网络、行业影响力等方面存在的明显优势地位，以及一方经营者对另一方经营者在交易上存在依赖关系。

2. 修改理由

《反不正当竞争法》第2条自1993年最初立法开始就作为该法的“一般条款”被广泛认知，并且在司法实践中得到广泛适用。修订草案在第2条第1款末尾加上“不得实施或者帮助他人实施不正当竞争行为”是非常合适的，并且也顺应了数字经济时代的发展变化以及市场竞争行为的客观规制需要。

但是第2款和第3款属于对《反不正当竞争法》基础概念的定义，从逻辑上看，与第1款的一般条款之间并没有逻辑联系或因果关系。在修订草案第5章第47条增加了“相对优势地位”的概念定义后，更凸显了整部法律对概念的界定分散，缺乏整体逻辑性的立法架构问题。因此，笔者建议将第2条第2款和第3款单独列为一条，和第47条合并在一起，增设“相关定义”的条款。

修订草案第47条对“相对优势地位”的定义并不符合概念界定的语法规则，相对优势地位重点在于强调交易相对方之间存在的一方对另一方的交易优势地位，或者一方对另一方存在的依赖关系，本书第4章第2节对此有专门论述。故此，笔者提交的修改建议中重新对“相对优势地位”进行了概念界定。

笔者认为，对“相对优势地位”的概念界定要确立具体标准，防止该条款在实践中被任意扩大解释。一是限定适用对象，将相对优势地位仅限于“交易相对人”之间；二是将相对优势地位限定为一方当事人在“技术、资本、用户数量、销售网络、行业影响力等方面存在的明显优势地位”；三是突出“一方经营者对另一方经营者在交易上存在依赖关系”。[①] 凡此限定，都是为了防范相对优势地位规制条款可能因其标准不清晰而导致实践中被过度适用的问题，以增加其可操作性。

（三）第七条“混淆行为”的修改建议

1. 修订草案第七条（混淆行为）

经营者不得实施下列混淆行为，引人误认为是他人商品或者与他人存在特定联系：

（一）擅自使用与他人有一定影响的商品名称、包装、装潢等相同或者近似的标识或者包装、装潢；

（二）擅自使用与他人有一定影响的市场主体名称（包括简称、字号等）、社会组织名称（包括简称等）、姓名（包括笔名、艺名、译名等）等相同或者近似的标识；

（三）擅自使用与他人有一定影响的域名主体部分、网站名称、页面设计、自媒体名称、应用软件名称或者图标等相同或者近似的标识或者页面；

（四）擅自将他人有一定影响的商业标识设置为搜索关键词，误导相关公众；

（五）其他足以引人误认为是他人商品或者与他人存在特定联系的混淆行为。

经营者不得销售构成本条第一款规定的混淆商品，不得为实施混

---

① 参见戴龙：《关于〈电子商务法〉对滥用优势地位规制的适用研究》，载《价格理论与实践》2019 年第 2 期。

淆行为提供仓储、运输、邮寄、印制、隐匿、经营场所等便利条件。

【修改建议】

第七条 ……

（四）擅自将他人有一定影响的商业标识设置为搜索关键词，足以误导相关公众；

……

经营者不得销售构成本条第一款规定的混淆商品，不得故意为实施混淆行为提供仓储、运输、邮寄、印制、隐匿、经营场所等便利条件。

2. 修改理由

本条为商业混淆条款，构成混淆是构成该条的必要条件。将商业标识设置为搜索关键词，分为前台显现型和后台算法型两种设置模式，前台显现型除合理使用情形外本质就是足以导致混淆，因此可使用本条规制；而后台算法型不一定导致混淆，如果不混淆的，不应用本条规制。因此，笔者所提意见中强调，混淆行为需要以“足以”误导公众为条件。

从司法争议及实践需求来看，经营者通过后台算法型设置关键词引起混淆，在国内外司法实践中尚有争议，在部分行业中该类型仍属于较为普遍的商业经营或竞争模式，因而对该类型的设置关键词行为需要引导、规范，但不宜直接否定。

反不正当竞争行为系行为规制法，而非权利法，行为规制法需要明确该行为到达何种程度才能受到规制，混淆程度应以相关公众为标准，而不能以最低注意能力人群为标准。因此，依据比例原则，对混淆行为需要强调“足以”程度，避免不当扩大规制范围。

如果经营者主观上没有为实施混淆行为提供便利条件的故意，对此类行为进行民事归责或行政处罚则赋予了行为人过高的注意义务，与2021年完成修订的《行政处罚法》第33条确定的无过错不处罚的精神不符，与《最高人民法院关于适用〈中华人民共和国反不正当竞争法〉若干问题的解释》（法释〔2022〕9号）第15条规定“故意为他人实施混淆行为提供仓储、运输、邮寄、印制、隐匿、经营场所等便利条件，当事人请求依据《民法典》第一千一百六十九条第一款予以认定的，人民法院应予支持”的内容也不能保持一致。

（四）第十四条“恶意交易行为”的修改建议

1. 修订草案第十四条（恶意交易行为）

经营者不得为了牟取不正当利益，实施下列恶意交易行为，妨碍、破坏其他经营者的正常经营：

（一）故意通过短期内与其他经营者进行大规模、高频次交易、给予好评等，引发相关惩戒，使其他经营者受到搜索降权、降低信用等级、商品下架、断开链接、停止服务等处置；

（二）恶意在短期内拍下大量商品不付款；

（三）恶意批量购买后退货或者拒绝收货；

（四）其他利用规则实施恶意交易，不当妨碍、破坏其他经营者正常经营的行为。

【修改建议】

第十四条 经营者不得为了牟取不正当利益，实施下列恶意交易或诉讼、举报、投诉行为，妨碍、破坏其他经营者的正常经营：

（一）故意通过短期内与其他经营者进行大规模、高频次交易、给予好评等，引发相关惩戒，使其他经营者受到搜索降权、降低信用等级、商品下架、断开链接、停止服务等处置；

（二）恶意在短期内拍下大量商品不付款；

（三）恶意批量购买后退货或者拒绝收货；

（四）恶意反复提起知识产权或其他侵权诉讼；

（五）在招投标中，自身或指使他人恶意投诉、举报竞争对手；

（六）其他实施恶意交易或诉讼、举报、投诉，不当妨碍、破坏其他经营者正常经营的行为。

2. 修改理由

随着我国市场经济发展水平的提升，各种新型不正当竞争行为不断涌现。从事市场经营活动的经营者为了干扰、打击或阻却竞争对手上市融资、参加招投标或其他正常经营活动，以知识产权侵权或其他侵权为由，反复多次向法院提起诉讼，或者向具有市场监管职能的行政机关发起举报、投诉，恶意阻挠对方上市，致使对方错失招投标的时间。即便在诉讼或行政机关调查后证实原告或举报方证据不足，被驳回起诉或停止调查，但已经对被诉方造成巨大的经济损失，或者使其错失上市或招投标机会。

我国2021年《民事诉讼法》第115条第1款规定："当事人之间恶意串通，企图通过诉讼、调解等方式侵害……他人合法权益的，人民法院应当驳回其请求，并根据情节轻重予以罚款、拘留；构成犯罪的，依法追究刑事责任。"但这一条款限于"当事人之间恶意串通"，并不能覆盖实践中发生的大量恶意诉讼行为。对于竞争对手之间一方利用恶意诉讼或者投诉、举报等方式阻挠对方上市或参加招投标行为，现有法律并没有明确的法律规定。通过《反不正当竞争法》第2

条的原则条款进行规制，往往会使被诉一方承担过高的举证责任，不足以打击实践中形式多样的恶意诉讼或举报投诉行为。故此，在《反不正当竞争法》修订时不限于经营者的恶意交易行为，而将之扩展到恶意诉讼、举报和投诉行为，有其必要性。

（五）第三十四条“法律责任”的修改建议

1. 修订草案第三十四条（法律责任）

经营者违反本法第十三条规定实施不合理限制或者附加不合理条件的，由监督检查部门责令停止违法行为，没收违法所得，处十万元以上一百万元以下的罚款；情节严重的，处一百万元以上五百万元以下的罚款。

【修改建议】

第三十四条 经营者违反本法第十三条规定实施不合理限制或者附加不合理条件的，由国务院市场监督管理部门认定，由省级以上市场监督管理部门责令停止违法行为，没收违法所得，处十万元以上一百万元以下的罚款；情节严重的，处一百万元以上五百万元以下的罚款。

2. 修改理由

修订草案第13条新增“滥用相对优势地位”条款，是适应我国反不正当竞争法执法实践以及顺应数字经济时代发展需要的，是值得肯定的巨大制度创新。

但是，自2017年《反不正当竞争法》修订、2018年《电子商务法》立法，以及2022年《反垄断法》修订以来，是否需要引入滥用相对优势地位条款，一直饱受争议，并且导致最后都没有正式引入

“滥用相对优势地位”的立法表述。我国《反不正当竞争法》如何引入该条款需要谨慎，需要借鉴国际上实施该制度国家的有益经验，结合我国的立法情况和执法实践需要，科学、合理地设计该条款。对此，本书第3章关于《反不正当竞争法》的维护公平交易的价值分析中有过深入论述，可以参照该章内容。

笔者认为，在《反不正当竞争法》中引入滥用相对优势地位条款有其必要性与合理性，但是基于该条款可能引发对《反垄断法》滥用市场支配地位规制的替代效果，《反不正当竞争法》的执法层级较低，实践中可能面临的违法标准不清晰和引发过度执法、选择性执法的担忧，应当将其执法权限上调，由具有更高执法水平和判断能力的“国务院市场监督管理部门认定，由省级以上市场监督管理部门责令停止违法行为，没收违法所得”作为滥用相对优势地位条款的限制性执法条件。①

（六）第三十七条“法律责任”的修改建议

1. 修订草案第三十七条（法律责任）

经营者违反本法第二条规定，实施严重破坏竞争秩序、确需查处的不正当竞争行为，本法和有关法律、行政法规未作明确规定的，由国务院市场监督管理部门认定，由省级以上市场监督管理部门责令停止违法行为，没收违法所得，处十万元以上一百万元以下的罚款；情节严重的，处一百万元以上五百万元以下的罚款。

---

① 参见戴龙：《论我国〈电子商务法〉竞争规制条款的适用》，载《法治研究》2021年第2期。

【修改建议】

第三十七条　经营者违反本法第二条规定，实施严重破坏竞争秩序、确需查处的不正当竞争行为，本法和有关法律、行政法规未作明确规定的，由省级以上市场监督管理部门责令停止违法行为，没收违法所得，处十万元以上一百万元以下的罚款；情节严重的，处一百万元以上五百万元以下的罚款。

2. 修改理由

笔者认为，可以删除中间“由国务院市场监督管理部门认定”的内容，或者改为“可以由国务院市场监督管理部门认定”。

对经营者从事的行为涉嫌违反《反不正当竞争法》，但是又不符合后面列举的任一项不正当竞争行为时，拓展适用第 2 条的一般条款，是司法实务中常见的做法。由于司法和行政执法的理念不同，司法审判中法官可以行使主观裁量权，根据经营行为是否违背自愿、平等、公平、诚信的原则，是否遵守法律和商业道德，判断是否适用一般条款规定，这是符合司法理念和实践需要的。

但是，行政执法寓于依法行政的理念，在没有法律明确列举的情况下，行政机关一般不能对法律没有明确禁止的不正当竞争行为进行扩大解释。即便在确实需要认定为新型不正当竞争行为的情况下，也需要由具有较高执法层级和理论水平的国家市场监督管理部门进行认定。从其他司法辖区的实践经验来看，也是授权中央国家机关认定法律没有规定的新型违法行为。

修订草案中“由国务院市场监督管理部门认定”，限制了司法机关进行司法裁量的权限，既不符合司法理念，也不符合《反不正当竞争法》的执法实践需要。建议删除“由国务院市场监督管理部门认定”的内容，或者改为“可以由国务院市场监督管理部门认定”，这样既不排除司法实践中的裁量认定权限，又能够在必要情况下由国家市场监督管理部门认定新型不正当竞争行为。

第二节　我国2022年《反垄断法》关于平台竞争规制的制度完善

2022年《反垄断法》力图解决过去10余年间法律实施过程中出现的问题，回应数字经济时代竞争与垄断问题的挑战，在维持反垄断法律制度基本架构的前提下，通过立法确认了“强化竞争政策的基础性地位”，并把“建立公平竞争审查制度”写入总则。2022年《反垄断法》还引入针对垄断协议的“双罚制”和“安全港”制度，新增“经营者集中审查停表制度和分级分类审查制度”、增设“人民检察院提起反垄断民事公益诉讼”和“反垄断刑事责任制度”等，开创了《反垄断法》走向本土化和超越发达经济体反垄断法律制度的新篇章。本书前面章节已经专门对此次修法关于组织帮助型垄断协议规制进行了单章陈述，此处不再赘述，以下就2022年《反垄断法》应对互联网平台竞争监管的对策和制度创新进行分析。

一、《反垄断法》中引入“鼓励创新”的立法目的

我国经济发展已从过去的高速增长迈向高质量增长的新时代，如何发挥我国数字经济发展中积累的数据和竞争优势，在加强对数字平台规范发展的同时，推动数字技术革新和创新引领的经济发动机作用，在当前经济全球化遭遇西方国家抵制、国际社会在科技前沿领域

竞争加剧和分化严重的大背景下，具有重大的意义。2022 年 6 月 24 日第十三届全国人大常委会第三十五次会议通过对《反垄断法》的修订，将“鼓励创新”写入第 1 条的立法目的，有助于强化社会各界对数字经济和技术创新重要性的认识，澄清了社会上一些媒体与非专业人士对“平台垄断”和“数据垄断”的片面误导，在立法层面坚定了国家鼓励创新、重视数字经济发展和数字技术革新的政策立场。

在我国《反垄断法》修订阶段，也有学界观点认为把“鼓励创新”写入《反垄断法》的立法目的不仅不符合传统反垄断法的价值目标，而且还会加重《反垄断法》的多元价值冲突。从最终立法来看，我国选择在第 1 条的立法目的中增加“鼓励创新”，表明立法机关重视和支持技术创新在经济发展中的重要作用的鲜明立场。当然，仅靠增加“鼓励创新”4 个字并不足以支撑《反垄断法》推动数字经济和技术发展的立法宗旨，2022 年《反垄断法》在后续垄断协议的禁止［第 17 条（四）］及其豁免（第 20 条第 1 款第 1 项）、滥用市场支配地位规制（第 22 条第 2 款）、经营者集中审查考虑因素（第 33 条）等部分，都有鼓励技术创新、禁止利用技术手段实施阻碍技术创新行为的规定。

二、增加针对平台实施垄断行为的规制

当前我国数字经济竞争中已经出现了大量反竞争行为，并不局限在《反垄断法》的专属管辖范围。《反垄断法》的任务是预防和禁止那些影响市场竞争秩序，具有严重排除、限制竞争效果的垄断行为。2022 年修改《反垄断法》新增第 9 条，把“经营者不得利用数据和

算法、技术、资本优势以及平台规则等从事本法禁止的垄断行为”列入总则的原则性规定，表明我国政府把既要推动数字经济的创新发展，又要加强对平台竞争行为法律的规范和引导，这是立法上进行“规范与发展”并重的立场选择。

除了总则第 9 条关于数字经济竞争规制条款之外，在滥用市场支配地位规制部分增设了第 22 条第 2 款：具有市场支配地位的经营者不得利用数据和算法、技术以及平台规则等从事《反垄断法》第 18 条第 1 款规定的滥用市场支配地位的行为。这一规定和总则第 9 条形成呼应，表明数字经济竞争监管的主要问题体现在滥用市场支配地位规制领域。但总则的原则性规定范围更加宽泛，除了涵盖滥用市场支配地位的行为规制之外，还包括垄断协议规制和经营者集中规制的相关问题。从实践层面来看，本章第 2 节分析的算法合谋其实就是数字平台企业利用数据、算法和技术实行垄断协议的表现形式，而所谓“掐尖收购”或“扼杀式并购”问题，可以归类于利用“资本优势”实施排除、限制竞争的经营者集中行为。

三、改进经营者集中申报与审查制度

自 2007 年《反垄断法》实施以来，我国经营者集中审查制度已经成为与美国、欧盟并列为全球三大反垄断司法辖区，在国际上发挥着重要的影响力和调整市场竞争秩序的作用。但是，我国《反垄断法》的经营者集中规制一直存在申报标准过低、处罚力度较弱和未能反映数字经济行业经营者集中特殊性等问题。随着我国经济的快速发展，原来规定的标准已经逐渐不适应我国经济的高质量发展要求，特别是经营者集中申报标注不够精准的问题较为突出。一方面，与该规定制定时相比，我国经济总量、市场主体的数量和规模都发生了深刻变化，现行申报标准营业额设定偏低的问题愈发明显；另一方面，随着产业结构升级，资本、技术、数据等要素集中度不断提高，垄断和竞争失序风险增加，需要进一步提高经营者集中审查精准识别、防范风险的能力。①

通过修法，我国2022年《反垄断法》做出大力改革，一举克服了原来的制度缺陷，形成了富有中国特色的经营者集中审查制度。2022年《反垄断法》第26条第1款规定经营者集中达到国务院规定的申报标准的，应当向国务院反垄断执法机构申报，未申报的不得实施集中。在第26条第2款增加规定，经营者集中未达到国务院规定的申报标准，但有证据证明该经营者集中具有或者可能具有排除、限制竞争效果的，国务院反垄断执法机构可以要求经营者申报并进行审查的制度。

2022年《反垄断法》引入了经营集中审查期限中止制度，即所谓“停表”制度。第32条规定了国务院反垄断执法机构在存在三种情况之一时，可以决定中止计算经营者集中的审查期限，并书面通知经营者：（1）经营者未按照规定提交文件、资料，导致审查工作无法进行；（2）出现对经营者集中审查具有重大影响的新情况、新事实，不经核实将导致审查工作无法进行；（3）需要对经营者集中附加的限制性条件进一步评估，且经营者提出中止请求。这三种情况，实则是基于过去反垄断执法机构在经营者集中审查中出现的实际问

① 参见国家市场监督管理总局：《关于公开征求〈国务院关于经营集中申报标准的规定〉（修订草案征求意见稿）意见的说明》，载 https：//www. samr. gov. cn/hd/zjdc/202206/t20220625_ 348149. html，最后阅览时间：2022年7月3日。

题，分别对应了审查前、审查中和审查后三个时间点，即审查前出现资料不全、审查中出现新的重大情况、审查后围绕附加限制性条件需进一步评估，在存在任一种情形下，反垄断执法机构可以决定中止计算审查期限，从上述情形消除之日起，才继续计算审查期限。

2022 年《反垄断法》第 37 条规定：国务院反垄断执法机构应当健全经营者集中分类分级审查制度，依法加强对涉及国计民生等重要领域的经营者集中的审查，提高审查质量和效率。这一规定是针对近年来我国出现大型数字平台企业向横向和纵向市场扩张，收购了一批创新型中小企业，引发社会各界对大型数字平台"掐尖并购"和"扼杀式并购"担忧的立法回应。但是，"防止资本的无序扩张"绝对不是只针对数字经济领域，也不是要阻止数字平台企业的正常扩张，而是要防范数字平台在资本推动下对各行各业的无边界的扩张，防范系统性风险的发生。因此，今后建立经营者集中分类分级审查制度，将成为国务院反垄断执法机构需要深入研究并建立细化规则的新任务。而分级分类审查的关键应当是基于对国计民生产生重要影响的程度，区分不同行业领域，制定不同的优先审查或重点审查的经营者集中审查制度。虽然，最后立法删除了指向"民生、科技、金融和媒体等"领域的审查，但毫无疑问这些行业仍然会成为分级分类审查的重点领域。

经过 2022 年修正《反垄断法》，我国确立了针对经营者集中的审查制度和调查制度，这是两种具有不同性质、需要承担不同法律责任的执法方式。经营者集中审查制度，是针对符合《反垄断法》规定的经营者集中情形，在满足国务院规定的申报和审查标准的前提下，由国务院反垄断执法机构负责实施，按照集中行为具有或不具有排除限制竞争效果的具体审核结果，做出无条件许可集中、附限制性条件许可集中以及禁止集中决定的法律制度。经营者集中申报包括三种情形：一是在达到国务院规定的经营者集中申报标准的，需要依法申报；二是未达到国务院规定的经营者集中申报标准，但是有证据证明该集中具有或者可能具有排除限制竞争效果，国务院反垄断执法机构可以依职权要求经营者申报；三是经营者集中达到国务院规定的经营者集中申报标准，但是符合法律规定的免于申报情形（《反垄断法》第27条），可以不向国务院反垄断执法机构申报。对于满足条件符合申报标准而实行的经营者集中申报，国务院反垄断执法机构依法实行经营者集中审查，是履行正常法律程序的行为。

出现以下情形反垄断执法机构就不再进行审查，而是进行调查。一是当经营者集中达到国务院规定的申报标准而经营者没有申报就实施集中；二是经营者集中未达到申报标准但是具有或可能具有排除限制竞争效果，反垄断执法机构要求经营者申报而未申报；三是国务院反垄断执法机构尚未结束经营者集中审查程序，尚未做出许可决定之前，经营者就实施集中或者事实上已经实施了集中。这三种情形下，实际上是经营者集中已经符合法定的申报要求，在尚未得到许可之前经营者就开始“抢跑”，构成对法定义务的违反，对此反垄断执法机构不再进行审查，而是依法进行调查，以决定经营者需要承担的法律责任。根据2022年《反垄断法》第58条的规定，经营者违反《反垄断法》实施集中，且具有或者可能具有排除、限制竞争效果的，由国务院反垄断执法机构责令停止实施集中，限期处分股份或者资产，限期转让营业以及采取其他必要措施恢复到集中前的状态，处上一年度销售额10%以下的罚款；不具有排除、限制竞争效果的，处

500 万元以下的罚款。

四、引入“双罚制”和惩罚性罚款制度

2022 年《反垄断法》的修订，涉及法律责任的一个重要变化是在达成并实施垄断协议的情况下，不仅经营者本身要面临高额的罚款，对达成垄断协议负有个人责任的经营者的法定代表人、主要负责人和直接责任人员，还可以处罚 100 万元以下的行政罚款。这是针对经营者和其主要负责人员同时进行处罚的“双罚制”。目前在世界主要经济体的反垄断法律制度中，实行双罚制的国家并不多见，人们熟知的是美国反托拉斯法最早导入针对企业和个人实行双罚的制度，受美国影响的《日本反垄断法》在制度上也确立了“双罚制”，而其他绝大多数国家采用主要针对经营者进行惩罚的制度。可以说，我国 2022 年《反垄断法》第 56 条引入的“双罚制”，使我国反垄断法律制度一举超过绝大多数市场经济国家，走在国际反垄断法律制度的前列。当然，《反垄断法》引入的“双罚制”主要针对排除、限制竞争效果特别明显，违法性质特别严重的垄断协议行为，对滥用市场支配地位和经营者集中行为并未实行“双罚制”。

除了针对垄断协议的“双罚制”之外，我国 2022 年《反垄断法》第 63 条还增加了针对“三特”行为的惩罚性罚款制度。所谓“三特”行为，是指经营者违反《反垄断法》的相关规定，实施的情节特别严重、影响特别恶劣、造成特别严重后果的行为。对于“三特”行为，无论其是垄断协议、滥用市场支配地位、经营者集中行为，还是第 62 条规定的经营者恶意抗法行为，由国务院反垄断执法机构在法定罚款数额的 2 倍以上 5 倍以下确定具体罚款数额。国际上

比较熟知的是美国反托拉斯法中存在针对垄断行为的“三倍赔偿制度”，亦具有惩罚性赔偿性质，但是其主要是在反垄断民事诉讼中采用。在行政调查和执法中采用具有惩罚性质的加倍罚款制度是2022年《反垄断法》修订的又一制度创新，据此，我国确立了针对“三特”行为或案件的惩罚性罚款制度。①

五、建立反垄断民事公益诉讼制度

2022年《反垄断法》修订的一项重大制度变化就是增设了《反垄断法》民事公益诉讼制度。这一制度的设置，超出之前很多学术研究的预期，使我国《反垄断法》一举超越主要经济体实施数十年甚至上百年的竞争法律制度，在世界范围内成为屈指可数的少数最先进的反垄断法律制度之一。

反垄断民事公益诉讼制度最早可以追溯到美国反托拉斯法的父权诉讼，这一制度的初衷是代表美国各州住民利益的州司法部长作为私人原告，向实施垄断行为的企业提起三倍赔偿诉讼。在美国反托拉斯制度下，三倍赔偿诉讼的对象可以是针对固定价格等违反联邦反托拉斯法的行为，也可以是实施企业合并等违反州反托拉斯法的行为。美

① 引入这一制度的背景，让人联想到2019年山东省康惠医药有限公司、潍坊普云惠医药有限公司涉嫌实施垄断行为，在反垄断执法机构进行调查执法时实施暴力抗法的案件。该案在现场调查过程中，上述两公司不配合调查，切断公司办公系统网络，删除电脑文件资料，拒不提供有关资料，拒绝、阻碍执法。惠康公司法定代表人组织、指挥公司员工及社会闲散人员暴力抢夺证据材料，不顾执法人员阻拦，将有关证据资料强行隐匿、转移，甚至对执法人员进行暴力阻挠，造成部分执法人员受伤。该案在行政机关执法中影响恶劣，被国家市场监督管理总局处以反垄断法规定罚款额度下的顶格罚款，相关涉事人员被移交司法机关追究刑事责任。参见国家市场监督管理总局反垄断局：《中国反垄断执法年度报告》（2019），法律出版社2020年版，第42页。

国1976年颁布的《哈特—斯科特—罗蒂诺反托拉斯修订法》，授权各州可以代表居住在本州的自然人提起父权诉讼，以获得《谢尔曼法》所规定的赔偿。父权诉讼和美国反托拉斯法中的另一项集团诉讼制度（class action）相得益彰，后者是指垄断行为的受害者可以共同委托律师向实施垄断行为的企业提起三倍赔偿的集团诉讼，在胜诉后向集团诉讼律师付费，以避免垄断行为受害人分散、受害金额较小以及缺乏提起反垄断诉讼能力和动机的弊端。父权诉讼有利于弥补集团诉讼的不足，利用州政府作为地方政府官员的行政权力，代表弱势而分散的州住民，向实力强大的垄断行为实施者发起民事赔偿诉讼。父权诉讼中关于违法行为和损害的认定，与一般的反托拉斯法私人诉讼相同，但是关于损害的计算以及支付的履行方式是不同的。具体而言，第一，《哈特—斯科特—罗蒂诺反托拉斯修订法》准许采取抽样法这种更宽松的证据计算损害，而不必实际证明每个原告人受到多少损害；第二，赔偿可以当作民事处罚直接支付给州，或采用法院认可的其他方式支付。①

我国公益诉讼制度近年来发展迅速，法律层面上已经在环境保护、消费食品安全和个人信息保护领域确立了公益诉讼法律制度。2022年《反垄断法》的修订正式确立了反垄断领域的民事公益诉讼制度。根据2022年《反垄断法》第60条第2款的规定，经营者实施垄断行为，损害社会公共利益的，设区的市级以上人民检察院可以依法向人民法院提起民事公益诉讼。据此，我国反垄断民事公益诉讼制

① 参见［美］赫伯特·霍温坎普：《联邦反托拉斯政策：竞争法律及其实践》（第3版），许光耀、江山、王晨译，法律出版社2009年版，第653~655页。

度的基本特点已经比较清晰：（1）经营者实施了《反垄断法》禁止的垄断行为，仅达成而未实施的垄断协议、经营者集中不构成反垄断公益诉讼的对象；（2）经营者实施垄断行为，损害了社会公共利益，这与垄断行为造成特定经营者或消费者的个体利益损害而提起的私人民事诉讼有本质的不同；（3）提起诉讼的主体限定为设区的市级以上人民检察院，排除了其他社会组织或消费者保护协会提起反垄断民事公益诉讼的主体资格。

反垄断民事公益诉讼制度的确立对于维护因遭受垄断行为侵害的分散、个体受损金额较小、缺乏诉讼能力和动机的中小型企业或消费者利益，无疑具有重大的意义。基于垄断行为本身一般比较隐秘，局外人很难获取垄断行为的证据，垄断造成损害的举证和诉讼都涉及专业的法学和经济学分析，这对于普通的受害企业或消费者几乎是高不可及的门槛。引入公权力机关提起反垄断民事公益诉讼，对于加强垄断行为的揭发检举，维护公平的市场竞争环境，加大对垄断企业的威慑等具有重要价值，开创了我国反垄断事业的一项重大制度创新。但是，这一制度的具体实施还需要人民检察院结合我国经济发展水平和市场竞争情况，参照国外反垄断民事公益诉讼的经验和教训，总结我国在环保、消费者食品安全和个人信息保护方面的成就和不足，制定更加细化的实施规则，有条不紊地持续推进。同时，作为受理反垄断民事公益诉讼的司法机关，如何处理反垄断民事公益诉讼和私益诉讼的关系，如何处理公益诉讼中的垄断行为损害赔偿，如何平衡社会公共利益、消费者利益以及创新与经济效率的关系，都是今后需要深入研究和解决的问题。

六、引入《反垄断法》刑事责任制度

是否需要导入刑事责任制度这一话题，早在我国《反垄断法》最初立法时，就一直是理论界和实务界具有争议的问题。在2007年出台《反垄断法》前，全国人民代表大会常务委员会一读稿中还规定了“经营者实施垄断行为，给他人造成损失的，依法承担民事责任；构成犯罪的，依法追究刑事责任”。但是，基于我国首次进行反垄断立法以及当时的市场经济发展水平，实践中还存在对垄断行为的法益侵害性与可谴责性的不同认知，在最终出台法律时删除了对垄断行为追究刑事责任的条款。在2022年《反垄断法》修订时，是否要引入针对垄断行为的刑事责任制度，仍然是当时重点考虑事项。2022年《反垄断法》第67条规定：“违反本法规定，构成犯罪的，依法追究刑事责任。”这表明，我国2022年《反垄断法》正式引入了违反《反垄断法》的刑事责任制度。

反垄断刑事责任制度的导入，意味着经营者实施垄断行为，不仅需要承担行政处罚和民事法律责任，在构成犯罪的情况下还需要承担刑事法律责任。也就是说，经营者实施垄断协议、滥用市场支配地位和具有排除限制竞争效果的经营者集中情形下，考虑到经营者的主观恶性和客观造成的损害后果，如果仅靠追究行政责任和民事责任不足以挽回垄断行为的严重后果，在必要的情况下可以对其追究刑事责任。因此，对垄断行为追究刑事责任应当是在已经穷尽行政措施和民事救济的前提下，仍然不足以挽回垄断行为所造成的损害，作为一种补充性和惩罚性的最后手段，对经营者追究刑事责任的犯罪打击方式。对经营者追究垄断行为的刑事责任，必定会对经营者形成强大的震慑效果，对经营行为形成强烈的犯罪警示作用，一般应当针对极度恶性的违法行为才有限地适用。

从国外反垄断法的实施来看，主要经济体中只有美国反托拉斯法对实施垄断行为的企业或自然人实施严格的刑事责任追究，但这主要由《美国反垄断法》实施是由司法主导的制度特点和反托拉斯执法机关缺乏有效的行政执法手段和惩罚措施所决定的。其他经济体诸如法国、德国、日本、韩国反垄断法中，虽然也规定了针对垄断协议行为的经营者主管人员和直接责任人员的刑事制裁，但在实践中一般都比较谨慎适用。以日本为例，反垄断法对违法行为的刑事责任追究实行日本公平贸易委员会专属告发制度。所谓专属告发制度，是指公平贸易委员会从专门的立场出发分析违法行为对消费者以及国民经济的影响，判断是否需要进行告发并要求进行刑事处罚的制度。[①] 对于违反反垄断法的行为，只有公平贸易委员会拥有向检察院提起刑事告发的权力，并且公平贸易委员会拥有判断是否进行告发的裁量权。虽然，日本公平贸易委员会拥有专属告发权力，但是对行使这项权力并不是十分积极，日本公平贸易委员会更愿意在自己的职权范围内对经营者进行命令采取排除措施或者征收课征金的行政处罚。[②] 实践中，日本公平贸易委员会行使专属告发权力追究经营者刑事责任的案件多是一些恶性卡特尔案件，特别是20世纪90年代以来日本公平贸易委员会告发了多起公共建设中的串通投标案件。[③]

---

① 参见［日］村上政博：《独占禁止法》，弘文堂2010年版，第460页。

② 参见戴龙：《日本反垄断法研究》，中国政法大学出版社2014年版，第72～74页。

③ 参见戴龙：《日本防止串通投标的法律制度研究》，载王晓晔主编：《竞争执法能力建设》，社会科学文献出版社2012年版，第43～70页。

就我国而言，虽然2022年《反垄断法》第67条确立了反垄断刑事责任制度，但今后如何实施尚有待进一步的立法明确，还需要就如何追究反垄断刑事责任确立一套实施机制。首先，当前我国《刑法》中涉及和《反垄断法》相关的罪名只有第223条规定的“串通投标罪”，今后如果对违反《反垄断法》的垄断行为追究刑事责任，还需要通过对《刑法》的修订确认相应的罪名。从垄断行为的社会危害性和行为人的主观恶性来看，横向垄断协议是国际公认的对市场公平竞争危害最大的行为，也是最有可能被增列为刑事犯罪的行为，而针对纵向垄断协议、滥用市场支配地位或经营者集中行为，基于对其行为定性有待客观、科学的分析，一般较难确定入罪。其次，对于垄断行为追究刑事责任的起诉机关仍有待进一步的制度落实。基于《反垄断法》的专业性和技术性，由专门的机关负责检举揭发具有必要性。但是由国务院反垄断执法机构负责起诉，还是由人民检察院作为公诉机关提起刑事诉讼，是今后需要通过立法确定的事项。

2022年《反垄断法》第67条的适用范围并不限于追究垄断行为的刑事责任，还可以适用于以下两种情形。一是被调查的经营者不配合反垄断执法机构的调查执法，进行恶意阻挠执法甚至暴力抗法的情形。二是针对反垄断执法机构工作人员滥用职权、玩忽职守、徇私舞弊或泄露执法过程中知悉的商业秘密，构成犯罪的行为。这两种行为是2007年《反垄断法》第52条和第54条规定可以追究刑事责任的犯罪行为，在2022年《反垄断法》第62条和第66条规定的违法情形中，如果情节恶劣构成犯罪的，应当依据第67条追究当事人的刑事责任。

参考文献

1. 安邦坤、湛晶心、万丽梅：《协议控制架构的特有风险及监管》，载《中国财政》2020 年第 1 期。

2. 蔡川子：《数据抓取行为的竞争法规制》，载《比较法研究》2021 年第 4 期。

3. 曹康泰主编：《中华人民共和国反垄断法解读——理念、制度、机制、措施》，中国法制出版社 2007 年版。

4. 陈兵：《“数据垄断”：从表象到本相》，载《社会科学辑刊》2021 年第 2 期。

5. 陈兵：《自由与秩序——互联网经济法治精神》，知识产权出版社 2020 年版。

6. 陈兵、马贤茹：《数字经济平台企业垄断认定完善理路》，载《上海大学学报（社会科学版）》2021 年第 3 期。

7. 陈兵：《数字经济新业态的竞争法治调整及走向》，载《学术论坛》2020 年第 3 期。

8. 陈永伟：《扼杀式并购：争议和对策》，载《东北财经大学学报》2022 年第 1 期。

9. 陈永伟：《人工智能的算法合谋挑战》，载《互联网经济》

2019 年第 4 期。

10. 陈肖盈：《日本平台经济领域竞争环境整顿的经验分析》，载《现代日本经济》2022 年第 1 期。

11. 陈丹舟：《相对优势地位理论基础研究》，载《竞争政策研究》2016 年第 3 期。

12. 陈伟华：《反垄断法视角下的数字经济垄断及规制思考》，载《杭州电子科技大学学报（社会科学版）》2021 年第 2 期。

13. 陈一宏：《论经营者集中控制制度中的创新考量》，载《上海法学研究》集刊 2020 年第 15 卷。

14. 崔海燕：《大数据时代“数据垄断”行为对我国反垄断法的挑战》，载《中国价格监管与反垄断》2020 年第 1 期。

15. 牛晓帆：《西方产业组织理论的演化与新发展》，载《经济研究》2004 年第 3 期。

16. 戴龙主编：《数字贸易法通论》，中国政法大学出版社 2022 年版。

17. 戴龙：《论组织帮助型垄断协议的规制——兼议我国〈反垄断法〉的修订》，载《法学评论》2021 年第 1 期。

18. 戴龙：《论我国〈电子商务法〉竞争规制条款的适用》，载《法治研究》2021 年第 2 期。

19. 戴龙：《关于〈电子商务法〉对滥用优势地位规制的适用研究》，载《价格理论与实践》2019 年第 2 期。

20. 戴龙：《日本反垄断法研究》，中国政法大学出版社 2014 年版。

21. 戴龙：《滥用市场支配地位的规制研究》，中国人民大学出版社 2012 年版。

22. 戴龙：《反垄断法中的相关市场界定及我国的取向》，载《北京工商大学学报（社会科学版）》2012 年第 1 期。

23. 邓秋玲：《从 VIE 模式看新东方遭浑水机构做空问题》，载《会计师》2015 年第 11 期。

24. 全国人大财经委电子商务法起草组编：《中华人民共和国电子商务法解读》，中国法制出版社 2018 年版。

25. 丁道勤：《〈电子商务法〉平台责任“管道化”问题及其反思》，载《北京航空航天大学学报（社会科学版）》2018 年第 6 期。

26. 丁国峰：《大数据时代下算法共谋行为的法律规制》，载《社会科学辑刊》2021 年第 3 期。

27. 方燕：《互联网平台集中的助推剂和刹车器》，载《竞争政策研究》2019 年第 6 期。

28. 高阳：《衍生数据作为新型知识产权客体的学理证成》，载《社会科学》2022 年第 2 期。

29. 国家市场监督管理总局反垄断局：《中国反垄断执法年度报告（2019）》，法律出版社 2020 年版。

30. 国家市场监督管理总局反垄断局：《中国反垄断执法年度报告（2020）》，法律出版社 2021 年版。

31. 国家市场监督管理总局反垄断局：《中国反垄断执法年度报告（2021）》，法律出版社 2022 年版。

32. 国家发展改革委员会价监局反垄断二处：《纵向价格垄断协议法律适用问题研究》，载《中国价格监督检查》2013 年第 11 期。

33. 郭传凯：《美国中心辐射型垄断协议认定经验之借鉴》，载

《法学论坛》2016 年第 5 期。

34. 郭宗杰：《反垄断法上的协同行为研究》，载《暨南学报（哲学社会科学版）》2011 年第 6 期。

35. 郭慧阳：《算法共谋的认定与反垄断执法》，载《中国市场监管研究》2021 年第 2 期。

36. 郭一璟：《从“支付宝事件”析 VIE 模式的法律风险与监管对策》，载《河南司法警官职业学院学报》2014 年第 2 期。

37. 洪莹莹：《欧盟〈数字市场法〉及其对中国的启示》，载《上海政法大学学报（法治论丛）》2023 年第 2 期。

38. 傅晓：《警惕数据垄断：数据驱动型经营者集中研究》，载《中国软科学》2021 年第 1 期。

39. 胡飞：《平台企业并购反垄断规制研究》，载《中国物价》2022 年第 7 期。

40. 胡光奎：《浅析算法合谋的规制路径》，载《中国集体经济》2021 年第 15 期。

41. 焦海涛：《反垄断法规制相对优势地位的基础与限度》，载《时代法学》2008 年第 3 期。

42. 焦海涛：《反垄断法上轴辐协议的法律性质》，载《中国社会科学院研究生院学报》2020 年第 1 期。

43. 荆文君：《互联网行业垄断会阻碍创新吗？——兼论熊彼特假说争论的新解释视角》，载《财经问题研究》2021 年第 7 期。

44. 孔祥俊：《反不正当竞争法新原理——总论》，法律出版社 2019 年版。

45. 孔祥俊：《知识产权强国建设下的反不正当竞争法适用完

善——基于行政规章和司法解释征求意见稿的展开》，载《知识产权》2021 年第 10 期。

46. 孔祥俊：《论反不正当竞争法修订的若干问题——评〈中华人民共和国反不正当竞争法（修订草案）〉》，载《东方法学》2017 年第 3 期。

47. 孔祥俊：《反不正当竞争法新论》，人民法院出版社 2001 年版。

48. 孔祥俊：《论反不正当竞争法的现代化》，载《比较法研究》2017 年第 3 期。

49. 孔祥俊：《论反不正当竞争法的竞争法取向》，载《法学评论》2017 年第 5 期。

50. 兰磊：《论我国垄断协议规制的双层平衡模式》，载《清华法学》2017 年第 5 期。

51. 李振利、李毅：《论算法共谋的反垄断规制路径》，载《学术交流》2018 年第 7 期。

52. 李怀、高良谋：《新经济的冲击与竞争性垄断市场结构的出现——观察微软案例的一个理论框架》，载《经济研究》2001 年第 10 期。

53. ［英］戴维·M. 沃克：《牛津法律大辞典》，李双元等译，法律出版社 2003 年版。

54. 李国杰、程学旗：《大数据研究：未来科技及经济社会发展的重大战略领域——大数据的研究现状与科学思考》，载《中国科学院院刊》2012 年第 6 期。

55. 李剑：《论结构性要素在我国〈反垄断法〉中的基础地

位——相对优势地位滥用理论之否定》，载《政治与法律》2009 年第 10 期。

56. 李剑：《论垄断协议违法性的分析模式——由我国首例限制转售价格案件引发的思考》，载《社会科学》2014 年第 4 期。

57. 李勇坚、夏杰长：《数字经济背景下超级平台双轮垄断的潜在风险与防范策略》，载《改革》2020 年第 8 期。

58. 李勇坚：《互联网平台数据垄断：理论分歧、治理实践及政策建议》，载《人民论坛 · 学术前沿》2021 年第 21 期。

59. 李剑：《相对优势地位理论质疑》，载《现代法学》2005 年第 3 期。

60. 李昌麒：《发展与创新：经济法的方法、路径与视域（上）——简评我国中青年学者对经济法理论的贡献》，载《山西大学学报（哲学社会科学版）》2003 年第 3 期。

61. 李丹：《算法共谋：边界的确定及其反垄断法规制》，载《广东财经大学学报》2020 年第 2 期。

62. 李凯、樊明太：《我国平台经济反垄断监管的新问题、新特征与路径选择》，载《改革》2021 年第 3 期。

63. 梁上上：《论行业协会的反竞争行为》，载《法学研究》1998 年第 4 期。

64. 刘传平、徐鹏：《美国数字平台反垄断立法动向与借鉴》，载《电子政务》2022 年第 12 期。

65. 刘继峰：《“中心辐射型”卡特尔认定中的问题》，载《价格理论与实践》2016 年第 6 期。

66. 刘继峰：《俄罗斯反垄断法规制行政垄断之借鉴》，载《环球法律评论》2010 年第 2 期。

67. 刘继峰：《依间接证据认定协同行为的证明结构》，载《证据科学》2010 年第 1 期。

68. 刘桂清：《大型数字平台猎杀式并购初创企业的反垄断规制难题与破解进路》，载《吉首大学学报（社会科学版）》2022 年第 5 期。

69. 龙睿等：《德奥〈强制性事前并购申报交易额门槛指南〉》，载《经济法论丛》2019 年第 1 期。

70. 龙卫球：《我国网络安全管制的基础、架构与限定问题——兼论我国〈网络安全法〉的正当化基础和适用界限》，载《暨南学报（哲学社会科学版）》2017 年第 5 期。

71. 卢延纯、苏华：《美国纵向价格限制反垄断十年回顾：2007—2016 年》，载《竞争政策研究》2017 年第 1 期。

72. 卢纯昕：《反不正当竞争法在知识产权保护中适用边界的确定》，载《法学》2019 年第 9 期。

73. 柳欣玥：《垄断协议规制中算法合谋分类研究》，载《竞争政策研究》2019 年第 5 期。

74. 傅瑜、隋广军、赵子乐：《单寡头竞争性垄断：新型市场结构理论构建——基于互联网平台企业的考察》，载《中国工业经济》2014 年第 1 期。

75. 韩伟：《算法合谋反垄断初探——OECD〈算法与合谋〉报告介评》（上），载《竞争政策研究》2017 年第 5 期。

76. 韩伟：《数字经济时代中国〈反垄断法〉的修订与完善》，载《竞争政策研究》2018 年第 4 期。

77. 韩伟:《“平台经济反垄断指南” 正式稿简评》,载《竞争政策研究》2021 年第 2 期。

78. 韩伟主编:《OECD 竞争政策圆桌论坛报告选择》,法律出版社 2015 年版。

79. 韩伟主编:《数字市场竞争政策研究》,法律出版社 2017 年版。

80. 侯利阳:《轴辐协议的违法性辨析》,载《中外法学》2019 年第 6 期。

81. 黄勇、刘燕南:《关于我国反垄断法转售价格维持协议的法律适用问题研究》,载《社会科学》2013 年第 10 期。

82. 靳静:《反垄断法价格协同行为的认定研究——以艾司唑仑药品垄断案为例》,载《中国价格监督与反垄断》2016 年第 9 期。

83. 秦勇、宋丽玉:《平台经济领域扼杀式并购的反垄断规制》,载《南方金融》2022 年第 4 期。

84. 戚聿东、蔡呈伟、张兴刚:《数字平台智能算法的反竞争效应研究》,载《山东大学学报(哲学社会科学版)》2021 年第 2 期。

85. 宁立志:《论反垄断法对专利权行使的规制》,载《法学杂志》2005 年第 1 期。

86. 任爱荣:《竞争执法工作及面临的挑战》,载《中国工商管理研究》2014 年第 4 期。

87. 赖源和编审:《公平交易法新论》,中国政法大学出版社、元照出版公司 2002 年版。

88. 邵建东:《德国反不正当竞争法研究》,中国人民大学出版社 2001 年版。

89. 时建中:《新〈反垄断法〉的现实意义与内容解读》,载《中国法律评论》2022年第4期。

90. 时建中、马栋:《双重身份视角下平台自治与反垄断监管的界限》,载《竞争政策研究》2020年第4期。

91. 苏永钦:《走入新世纪的私法自治》,中国政法大学出版社2002年版。

92. 盛杰民、焦海涛:《论中国反垄断法对行业协会的规制》,载《重庆大学学报(社会科学版)》2008年第4期。

93. 孙晋:《数字平台的反垄断监管》,载《中国社会科学》2021年第5期。

94. 孙晋:《数字平台垄断与数字竞争规则的建构》,载《法律科学(西北政法大学学报)》2021年第4期。

95. 孙浩林、程如烟:《〈2021财年美国创新与竞争法案〉将大幅增加美国研发投入》,载《科技中国》2021年第10期。

96. 滕云啸、王岩洲:《市场竞争中算法合谋的反垄断规制》,载《现代企业》2020年第11期。

97. 唐要家、尹钰锋:《算法合谋的反垄断规制及工具创新研究》,载《产经评论》2020年第2期。

98. 汤玉喜、李鑫:《对互联网经济下经营者集中的控制:困境与调适》,载《黑龙江生态工程职业学院学报》2021年第4期。

99. 吴汉东:《试论知识产权限制的法理基础》,载《法学杂志》2012年第6期。

100. 吴韬、何晴:《美国"苹果电子书价格垄断案"争点释疑》,载《法学》2017年第2期。

101. 吴汉洪、钟洲：《论搭售的反垄断争议》，载《中国人民大学学报》2016 年第 4 期。

102. 吴东美：《纵向价格垄断协议的法律规制探析》，载《中国价格监管与反垄断》2014 年第 1 期。

103. 吴太轩：《互联网新型不正当竞争行为法律规制的实证研究》，法律出版社 2019 年版。

104. 王安康：《论大数据的反垄断法规制——以其生产要素内涵为视角》，载《电子知识产权》2021 年第 3 期。

105. 王春晖：《〈网络安全法〉六大法律制度解析》，载《南京邮电大学学报（自然科学版）》2017 年第 1 期。

106. 王玫黎、曾磊：《中国网络安全立法的模式构建——以〈网络安全法〉为视角》，载《电子政务》2017 年第 9 期。

107. 王晓晔：《反垄断法》，法律出版社 2011 年版。

108. 王晓晔：《数字经济反垄断监管的几点思考》，载《法律科学（西北政法大学学报）》2021 年第 4 期。

109. 王健：《垄断协议认定与排除、限制竞争的关系研究》，载《法学》2014 年第 3 期。

110. 王健、吴宗泽：《反垄断迈入新纪元——评美国众议员司法委员会〈数字化市场竞争调查报告〉》，载《竞争政策研究》2020 年第 4 期。

111. 王健、吴宗泽：《论数据作为反垄断法中的必要设施》，载《法治研究》2021 年第 2 期。

112. 王先林主编：《竞争法律与政策评论》（第 6 卷），法律出版社 2020 年版。

113. 王先林：《知识产权滥用及其法律规制》，载《法学》2004年第3期。

114. 王学政：《中国反不正当竞争法的理论与立法经验》，载《中国工商管理研究》1998年第11期。

115. 王艳芳：《〈反不正当竞争法〉在互联网不正当竞争案件中的适用》，载《法律适用》2014年第7期。

116. 王忠宏：《哈佛学派、芝加哥学派竞争理论比较及其对我国反垄断的启示》，载《经济评论》2003年第1期。

117. 许昆林：《宽大政策适用于纵向垄断协议》，载《中国经济导报》2013年10月31日，第A03版。

118. 徐新宇、苏华：《汽车售后市场反垄断对策研究——配件与维修技术信息的价格与渠道限制》，载《中国价格监管与反垄断》2014年第11期。

119. 许灿英：《算法合谋反竞争问题初探》，载《合肥工业大学学报（社会科学版）》2019年第2期。

120. 徐可：《数字广告市场中个人信息保护与竞争规制的协调》，载《暨南学报（哲学社会科学版）》2022年第6期。

121. 许光耀：《“相对优势地位”与“市场支配地位”的法理辨析——对〈反不正当竞争法〉（征求意见稿）第6条的不同阐释》，载《价格理论与实践》2016年第5期。

122. 徐士英、唐茂军：《滥用相对支配地位行为的法律规制研究》，载《东方法学》2008年第3期。

123. 许春明：《阻击专利大棒——浅谈专利权滥用的法律规制》，载《中国发明与专利》2007年第8期。

124. 徐凤:《网络主权与数据主权的确立与维护》，载《北京社会科学》2022 年第 7 期。

125. 叶明、张洁:《反垄断法保护个人信息权益的理据与路径》，载《华中科技大学学报（社会科学版)》2023 年第 1 期。

126. 袁嘉:《互联网平台竞争的反垄断规制》，中国政法大学出版社 2021 年版。

127. 袁嘉:《数字背景下德国滥用市场力量行为反垄断规制的现代化——评〈德国反限制竞争法〉第十次修订》，载《德国研究》2021 年第 2 期。

128. 袁嘉:《德国滥用相对优势地位行为规制研究——相对交易优势地位与相对市场优势地位的区分》，载《法治研究》2016 年第 5 期。

129. 杨东:《论反垄断法的重构：应对数字经济的挑战》，载《中国法学》2020 年第 3 期。

130. 杨东、周鑫:《数字经济反垄断国际最新发展与理论重构》，载《中国应用法学》2021 年第 3 期。

131. 杨东、臧俊恒:《数字平台的反垄断规制》，载《武汉大学学报（哲学社会科学版)》2021 年第 2 期。

132. 阳镇、陈劲:《算法治理：成为责任型数智企业》，载《清华管理评论》2021 年第 4 期。

133. 殷继国:《大数据市场反垄断规制的理论逻辑与基本路径》，载《政治与法律》2019 年第 10 期。

134. 于立、徐洪海等:《“店选网购”跳单问题的竞争关系分析——以图书行业为例》，载《中国工业经济》2013 年第 9 期。

135. 余杰：《移动平台软件干扰的反不正当竞争法规制——简评“互联网专条”》，载《竞争政策研究》2018年第5期。

136. 岳中刚：《双边市场的定价策略及反垄断问题研究》，载《财经问题研究》2006年第8期。

137. 翟巍：《〈德国反限制竞争法〉数字化改革的缘起、目标与路径——〈德国反限制竞争法〉第十次修订述评》，载王先林主编：《竞争法律与政策评论》第6卷，法律出版社2020年版。

138. 翟巍：《欧盟谷歌反垄断案》，载《网络法律评论》2015年第1期。

139. 詹馥静、王先林：《反垄断视角的大数据问题初探》，载《价格理论与实践》2018年第9期。

140. 张占江：《论反不正当竞争法的谦抑性》，载《法学》2019年第3期。

141. 张世明：《滥用知识产权与滥用市场支配地位之辩》，载《人大法律评论》2020年第2期。

142. 张枭：《互联网经济对反垄断法的挑战与制度重构——基于互联网平台垄断法经济学模型》，载《浙江学刊》2021年第2期。

143. 张浩然：《数据财产与数据安全法益保护的重叠及协调》，载《法律适用》2022年第9期。

144. 张伟君：《从“金庸诉江南”案看反不正竞争法与知识产权法的关系》，载《知识产权》2018年第10期。

145. 张晨颖：《平台相关市场界定方法再造》，载《首都师范大学学报（社会科学版）》2017年第2期。

146. 张晨颖：《垄断协议二分法检讨与禁止规则再造——从轴辐

协议谈起》，载《法商研究》2018 年第 2 期。

147. 张淑玲：《破解黑箱：智媒时代的算法权力规制与透明实现机制》，载《中国出版》2018 年第 7 期。

148. 赵丰：《欧盟数据驱动型企业扼杀式并购的监管发展及启示》，载《电子政务》2022 年第 6 期。

149. 仲春：《我国数字经济领域经营者集中审查制度的检视与完善》，载《法学评论》2021 年第 4 期。

150. 周围：《价格差别待遇的抗辩事由探析——以“适应竞争”抗辩为中心》，载《法律适用》2013 年第 4 期。

151. 周汉华：《全面依法治国与第三方评估制度的完善》，载《法学研究》2021 年第 3 期。

152. 周智高：《价格协同行为的认定思路分析》，载《中国价格监督检查》2013 年第 7 期。

153. 周孝：《平台企业横向并购反垄断规制：争议、难点与对策》，载《法治研究》2021 年第 4 期。

154. 邹青松：《德国相对市场优势地位理论与实践中的依赖性要素研究》，载《福建金融管理干部学院学报》2011 年第 3 期。

155. 郑成思：《反不正当竞争——知识产权的附加保护》，载《知识产权》2003 年第 5 期。

156. 郑戈：《算法的法律与法律的算法》，载《中国法律评论》2018 年第 2 期。

157. 曾彩霞、朱雪忠：《必要设施原则在大数据垄断规制中的适用》，载《中国软科学》2019 年第 11 期。

158. 曾雄：《数据垄断相关问题的反垄断法分析思路》，载《竞争政策研究》2017 年第 6 期。

159. 钟原：《大数据时代垄断协议规制的法律困境及其类型化解决思路》，载《天府新论》2018 年第 2 期。

160. 中国社会科学院法学研究所法律词典编委会编：《法律词典》，法律出版社 2003 年版。

161. 中国政法大学竞争法研究中心：《“〈反不正当竞争法〉修订的重大问题学术研讨会”综述》，载《竞争政策研究》2017 年第 4 期。

162. 中国世界贸易组织研究会竞争政策与法律专业委员会编著：《中国竞争法律与政策研究报告 2015》，法律出版社 2016 年版。

163. ［法］让·梯若尔：《创新、竞争与平台经济——诺贝尔经济学奖得主论文集》，寇宗来、张艳华译，法律出版社 2017 年版。

164. ［韩］权五乘：《韩国经济法》，崔吉子译，北京大学出版社 2009 年版。

165. ［美］理查德·A. 波斯纳：《反托拉斯法》（第 2 版），孙秋宁译，中国政法大学出版社 2003 年版。

166. ［美］戴维·S. 埃文斯：《平台经济学：多边平台产业论文集》，周勤、赵驰、侯赟慧译，经济科学出版社 2016 年版。

167. ［美］赫伯特·霍温坎普：《联邦反托拉斯政策：竞争法律及其实践》（第 3 版），许光耀、江山、王晨译，法律出版社 2009 年版。

168. ［美］J. E. 克伍卡、［美］L. J. 怀特编著：《反托拉斯革命——经济学、竞争与政策》（第 4 版），林平、臧旭恒等译，经济科学出版社 2007 年版。

169. ［美］劳伦斯·莱斯格：《思想的未来——网络时代公共知识领域的警世喻言》，李旭译，中信出版社2004年版。

170. ［美］约瑟夫·熊彼特：《资本主义、社会主义与民主》，吴良健译，商务印书馆1999年版。

171. ［日］村上政博：《独占禁止法》，弘文堂2010年版。

172. ［日］正田彬：《经济法讲义》，日本评论社1999年版。

173. ［日］中山信弘：《多媒体与著作权》，张玉瑞译，专利文献出版社1997年版。

174. ［英］西蒙·毕晓普、［英］迈克·沃克：《欧盟竞争法的经济学：概念、应用和测量》，董红霞译，人民出版社2016年版。

175. ［英］安东尼·奥格斯：《规制：法律形式与经济学理论》，骆梅英译，中国人民大学出版社2008年版。

176. ［英］维克托·迈尔－舍恩伯格、［英］肯尼思·库克耶：《大数据时代——生活、工作与思维的大变革》，盛杨燕、周涛译，浙江人民出版社2013年版。

177. Carl Shapiro and Hal. Varian, *Information Rules, A Strategic Guide to Network Economics*, Harvard Business School Press. 1998.

178. Catherine Tucker, *The Implications of Improved Attribution and Measurability for Antitrust and Privacy in Online Advertising Markets*, 20 GEO. MASON L. REV. 1025, 1030, 2013.

179. Christopher S. Yoo, *When Antitrust Met Facebook*, 19 George Mason L. Rev. 1147, 2012.

180. Catherine E. Tucker & Juanjuan Zhang, *Growing Two – Sided Networks by Advertising the User Base: A Field Experiment*, 29 MK-

TG. SCI. 805, 2010.

181. Douglas Bernheim and Michael D. Whinston, *Common Marketing Agency as a Device for Facilitating Collusion*, Rand Journal of Economics, No. 16, 1985.

182. D. S. Evans and M. D. Noel, *The analysis of mergers that involve multi – sided platform business*, Journal of Competition Law and Economics, p. 16, 35, 2008.

183. Herbert Hovenkamp, *The Antitrust Enterprise: Principle and Execution*, Harvard University Press, 2005.

184. H. S. Kim, *Market definition and dominance analysis in two – sided markets*, Anam Law Review, Vol. 34, 2011.

185. Inge Graef, *Market Definition and Market Power in Data: The Case of Online Platforms*, 38 WORLD COMPETITION: LAW AND ECON. REV. 473, 2015.

186. Lina M. Khan, *Amazon's Antirust Paradox*, The Yale Law Journal, Volume 126, No. 3, January 2017.

187. Lina Khan, *The New Brandeis Movement: America's Antimonopoly Debate*, Journal of European Competition Law & Practice, Vol. 9, No. 3, 2018.

188. Lennart Ritter & W. David Braun, *European Competition Law: A Practitioner's Guide*, third edition, Kluwer Law International, 2004.

189. Jean – Charles Rochet and Jean Tirole, *Platform Competition in Two – Sided Market*, Journal of the European Economic Association 1, No. 4, 2003.

190. John Asker and Heski Bar – Isaac, *Raising Retailers' Profits: On Vertical Practices and the Exclusion of Rivals*, American Economic Review, 104 (2), 2014.

191. Maurice E. Stucke & Allen P. Grunes, *Debunking the Myths over Big Data and Antitrust*, CPI ANTITRUST CHRON. , May 2015.

192. Michael L. Katz and Carl Shapiro, *Network Externalities, Competition, and Compatibility*, The American Review, Vol. 75, No. 3, 1985.

193. Nathan Newman, *Search, Antitrust, and the Economics of the Control of User Data*, 31 YALE J. ON REG. 401, 2014.

194. OECD, *Market definition in multi – sided markets*, DAF/COMP/WD (2017) 33/FINAL, 2017.

195. Rogier W. de Very, *Towards a European Unfair Competition Law*, A Clash Between Legal Families, Martinus Nijhoff Publishers, 2006.

后　记

我国互联网产业开始于20世纪90年代初一批赴美留学归国人员开创的网络新媒体，新浪、网易、搜狐是这一时期的互联网企业代表。第二批互联网企业产生于进入21世纪最初10年的信息检索、社交媒体和网络零售领域，这一轮互联网创业潮中形成了以百度、阿里巴巴和腾讯为代表的BAT平台企业。2010年以来，中国互联网平台企业呈现百花齐放的发展态势，电子商务、网约车、外卖、共享出行、在线订购、电子支付、数字视听等成为这一时期的主导产业，京东、拼多多、滴滴、美团、抖音、快手、贝壳、支付宝和微信等众多网络平台成为互联网行业的佼佼者。在这一时期，大型互联网平台竞争中出现的一些行为开始引发社会关注，诸如平台“二选一”、大数据杀熟、自我优待、平台封禁、扼杀式并购等问题，成为理论研究和政府监管部门高度关注的对象。

自2020年年底中央经济工作会议作出“强化反垄断和防止资本无序扩张”工作部署以来，我国市场监督管理部门迅速出手，针对平台“二选一”、实施集中而未申报等行为开出多张巨额罚单，加强了对平台竞争的监管。同一时期，新冠疫情给世界各国经济发展带来巨大冲击。在逆全球化贸易保护和经济增长滑坡的加持下，我国针对互联网行业的强监管给互联网企业发展也带来很大影响。不仅原来发展势头迅猛的互联网行业整体出现创新与市场信心不足，甚至头部企业还出现了降薪潮、辞退潮，我国互联网企业和美国数字巨头的发展差距也拉大了。美国互联网头部企业在“星链”技术、大语言模型、生成式人工智能运用等领域，似乎又开始主导新一代数字经济发展和技术创新。

国内外政治、经济环境的变化，促使我国理论界和实务界开始思考今后数字变革的态势和政策走向，反思我国互联网行业健康与可持续发展的问题以及监管对策。在数字经济时代背景下，国家、社会和公民的传统角色在虚拟空间里变得模糊，政府与市场两分的传统功能定位面临调整。数字网络空间的虚拟性和无边界性，与有地理疆域的国家管辖权之间发生冲突，旧有的国家治理模式在数字经济时代需要做出相应的调整或重构。当下日趋激烈的大国博弈和中美竞争态势，使我国在纯属于国内治理的问题上也来不得半点马虎，任何网络治理和市场监管措施都要考虑到其可能产生的市场效果和溢出效应，需要进行更加审慎的综合评估和更加科学的制度设计。

本书的理论构想最初来自作者申请获批的2018年国家社科一般项目“竞争政策视野下的平台规制研究”的成果。该项目研究期间正值我国互联网平台经历数年的高速发展，一系列平台竞争中出现的问题引发社会各界的高度关注，我国平台监管的政策立场面临调整的关键时期。作者不仅参与了我国相关互联网行业治理的多部法律、法规和部门规章草案的制定和研讨，还广泛地接触互联网平台企业，开展了一系列关于平台竞争和创新发展的调研，深入了解到我国互联网平台竞争的现状及存在的问题。作者多次为相关政府部门竞争执法或互联网企业诉讼案件中出具专业法律经济分析报告，还组织了多起大、中、小型理论研究会，探讨互联网平台竞争与垄断规制的前沿问题，开创了理论研究和实践运用的高度结合。本书的推出正是作者多年来从事互联网平台治理研究的成果结晶，汇总了作者关于互联网平台竞争监管和综合治理的独到认识及政策建议。

在构思形成本专著过程中，作者根据互联网行业发展和现实变化，坚持客观中性与科学理性的原则，全面梳理平台经济竞争监管的现状与问题，分析国际社会开展平台治理的理论与实践，提炼出对我国平台经济健康与可持续发展的竞争监管建议。在本书的写作过程中，中国政法大学研究生院同学协助进行了大量的资料收集，并参与部分章节内容的起草。具体而言，陈嘉雯、陈菁仪同学参与了第 2 章的初稿起草，莫慧吉同学参与了第 6 章的初稿起草，朱家辉同学参加了第 7 章的初稿起草，曹元琪同学参与了第 8 章的初稿起草，刘靖山同学参与了第 9 章部分内容的初稿起草，在此一并表示感谢。

本书能够顺利出版，首先要感谢中国政法大学科研处的大力支持，让本书获得“中央高校基本科研业务费专项资金”的资助。其次，感谢法律出版社的大力帮助，让本书以最快的速度和读者见面。

最后，遵照旧例，在书后附上一首之前创作的五言绝句，略表自勉之意。

风紧路犹在，
雨疾人更行。
千山皆踏尽，
大道我独寻。

——《行路》

戴　龙

2023 年 11 月 30 日于北京